KB189136

다문화 시대의 기독교 윤리

이장형

장로회신학대학교 신학과와 신학대학원을 졸업하였으며, 숭실대학교 대학원에서 라인홀드 니버에 관한 연구로 철학박사(윤리학 전공)학위를 받았다. 장신대, 숭실대, 한남대 등에서 강의했으며, 소망교회, 가나안교회 등에서 교육목회를 담당하기도 하였다. 2002년부터 현재까지 백석대학교 기독교윤리학 교수로 있다.

2012년 McCormick Theological Seminary 방문교수로 연구했으며, 한국연구재단 지원으로 '다문화 사회의 갈등분석과 극복 방안', '한치진의 윤리와 사상', '한국 기독교윤리학의 수용과 정립' 등에 관한 연구를 수행하였다. 기독교윤리학개론, 기독교문화신학, 종교와 문화, 종교사회학 등을 강의하며, 한국기독교사회윤리학회 회장 및 니버연구소(RISE) 소장, 기독교윤리실천운동 윤리연구소 운영위원, 미래목회포럼 자문위원, 새세대 교회윤리연구소 연구위원 등으로 활동하고 있다. 저서로는 『라인홀드 니버의 사회윤리 구상과 인간이해』(2003, 선학사), 『기독교윤리의 교육적 실천』(2004, 선학사), 『기독교윤리학 개론』(공저, 2005, 대한기독교서회), 『글로벌 시대의 기독교 윤리』(2012, 북코리아) 등이 있으며 기독교와 사회, 문화, 정치, 인간론, 신학교육 등에 대한 다수의 논문이 있다.

다문화 시대의 기독교 윤리

2012년 9월 15일 초판 인쇄
2012년 9월 20일 초판 발행

지은이 • 이장형
펴낸이 • 이찬규
펴낸곳 • 북코리아
등록번호 • 제03-01240호
주소 • 462-807 경기도 성남시 중원구 상대원동 146-8
       우림2차 A동 1007호
전화 • (02) 704-7840
팩스 • (02) 704-7848
이메일 • sunhaksa@korea.com
홈페이지 • www.bookorea.co.kr
ISBN 978-89-6324-238-5 (93230)

값 15,000원

다문화 시대의 기독교 윤리

이장형 지음

북코리아

■ 머리말

　기회가 있는 대로 저작과 출판을 통해 기여해야 한다는 생각과 잘 읽히지도 않는 책을 내는 것은 아닌가 하는 갈등과 망설임 속에 지난 저작을 내 놓은 지 벌써 5년이 되었습니다. 다행히 올 해는 연구년을 가질 수 있는 형편이 되어 모든 강의를 멈추고 자신과 그동안의 시간과 성과들을 돌아보는 시간을 갖게 되었습니다.

　사실 이 책의 상당 부분은 지난여름 다양한 모습의 사람들이 보이며 다양한 소리들이 들리는 미국 시카고대학교의 도서관에서 작업한 것들입니다. 시카고대학교 레겐스타인 열람실은 외관상으로도 특이해서 그곳 사람들도 상당한 관심과 긍지를 갖고 있는데, 모든 일에서 해방되어 오직 저술에만 집중할 수 있는 곳입니다. 지난 번 책의 제목을 〈글로벌시대의 기독교 윤리〉라 한 것은 급속하게 한 가족이 되어가는 세계화의 흐름에 한국사회 및 기독교인들은 어떻게 대응해야 하는가하는 고민들을 함께 나누고자하는 의도에서 비롯되었는데, 지금도 환경은 크게 바뀌지 않은 것 같습니다. 저 역시 같은 고민에 대해 연구하고 있기에 일단의 연속성을 갖고 이번에는 〈다문화 시대의 기독교 윤리〉란 제목으로 책을 내게 되었습니다. 상당수의 글들

6

이 목회와 신학, 학회지 등에 발표된 글들이지만 좀 더 쉽게 읽히기 위한 작업을 거쳤기에 저자의 수고는 새로 쓰는 수고에 버금갔음을 이해해 주시길 바랍니다.

감사하게도 올 해는 개인적으로 여러 성과들이 나오는 복된 해가 되는 것 같습니다. 온 마음으로 후원하는 어머니와 장인 어르신, 사랑하는 아내와 아들 본, 가족 및 친우들, 연구년을 갖도록 배려해주신 백석대학교와 동료 교수들, 책 자료 확보에 많은 도움을 준 오지석 박사와 교정을 본 신승익 군, 삶의 멘토인 분당 가나안교회 장경덕 목사님께 감사 말씀드립니다. 끝으로, 항상 손익을 따지지 않고 성의 있는 출판을 담당해 주시는 북코리아 출판사 이찬규 사장님께도 감사를 표합니다.

2012년 9월
천안 입장 서재에서
저자

■ 차례

제 **1** 부

다문화 사회를 이해하는 기독교

예상했던 것보다 훨씬 더 빠르게 한국사회가 다문화 사회로 진입하고 있다. 도시뿐 아니라 농어촌에서도 쉽게 외국인을 접하게 된다. 통계를 보면 2002년 3만 4,710명이던 국제결혼 이민자가 2008년에는 12만1168명으로 증가했다. 2007년에는 외국인과의 혼인이 3만 8,000여건으로 전체 결혼의 11% 이상을 차지했다. 특히 농어촌에서는 40% 이상 된다.

이제 인권적 시각에서 벗어나 진정한 의식 전환이 필요하다. 전에는 외국인 근로자들의 노동 관련 기본권 보장 문제, 부정직한 소개자들에 의해 온 결혼이민자 관련 폭력 및 학대 문제, 이주동포 및 탈북자 대우 문제 등 거론하기 부끄러운 수준의 인권보장과 관련된 문제들이 많았다. 물론 아직도 미비한 점들이 있지만 외국인과 관련된 법적, 제도적 문제들은 많이 보완됐다. 외국인 노동자들의 인권도 많이 해소되고, 다문화가족지원법 제정과 다문화센터 설립 등을 통한 경제적 지원도 많아졌다. 내국인들은 잘 느끼지 못하지만 우리 사회의 중요한 구성원인 결혼가정 이민자, 외국인 노동자, 탈북자(새터민)들을 위한 여러 정책과 제도들이 시행되고 있다.

한국사회의 다문화화 과정에서 기독교는 가장 선구적인 자리에 있어야 한다. 나와 다른 사람들을 용인해 주고 받아들인다는 차원을 넘어서야 한다. 그들을 귀한 존재로 인정하고 격려해주는 단계로 나아가야 한다. 근본적인 변화와 구체적인 배려를 통해 선도적인 모습을 보여줘야 한다.

다문화 사회로의 진입이 한 사회가 정체성을 잃어버리고 혼란에 빠지는 부정적인 모습으로 전개되면 안 된다. 다양한 구성원들이 공존하는 문화적 다양성을 증진시키는 바람직한 차원으로 전개돼야 한다. 이 일은 일정한 자기포기와 손해를 감수하지 않고는 불가능하다. 한국교회는 그동안 한국사회의 다문화화에 크게 기여해 왔다. 앞으로도 기독교인들의 신앙적 실천이 바람직한 다문화 사회로의 이행을 선도할 수 있기를 기대한다.

제 **1** 장

세계종교로서의 기독교[*]

1. 왜 '다문화'에 주목하는가?

수년 전 우즈베키스탄의 한 공항에서 비행기를 갈아타기 위해 넓지 않은 대합실에서 몇 시간을 보낸 적이 있다. 한 미국인 청년과 대화 도중 중앙아시아 고려인에 대한 이야기가 나왔다. 스탈린에 의해서 강제 이주 등 여러 어려움을 겪은 사람들에게 한국 사회가 너무 무관심 한 것 아닌가하는 이야기였다. 당시 고려인들의 이주에 대해

---

[*] 이 장은 두란노서원 발행, '목회와 신학' 2010년 1월호 '지상강좌' 기독교와 문화(1)에 게재된 글을 수정, 보완한 것입니다.

깊은 관심이 없었던 필자에게는 새로운 도전이 되었고, 솔직히 부끄러운 생각이 들기도 하였다.

예상했던 것보다 훨씬 더 빠르게 한국사회가 다문화 사회로 진입하고 있다. 전에는 특별한 사람들로 보이던 피부색이 다르고, 다른 언어를 모국어로 하는 외국인들이 이제는 더 이상 낯선 존재로 여겨지지 않고 있다. 얼마 전 조사에 따르면 국내 거주 외국인 수가 110만명이 넘은 것으로 파악 되었다. 통계 자체가 쉽지 않기 때문에 정부에서는 복지부, 법무부, 여성부 3개 부처 합동으로 '다문화가족 실태조사 및 사회통합도 측정'이란 전수조사를 실시하기도 하였다.

도시에서 뿐 아니라 농어촌에서도 쉽게 외국인들을 접하게 된다. 통계를 보면 2002년 3만 4,710명이던 국제결혼이민자가 2008년에는 12만 1,168명으로 증가되었다. 2007년에는 외국인과의 혼인이 3만 8,000여 건으로, 전체 결혼의 11% 이상을 차지했다. 특히 농어촌에서는 40%이상을 차지하는 것이다. 교육 현장에서도 소수의 외국인 교수를 대학에서 보는 정도가 아니라 초등학교에서부터 많은 외국인 강사들을 만나게 된다. 텔레비전에서도 어눌한 한국어 발음을 소재 삼아 오락 프로그램을 만들기도 하고, 국내거주 외국인들의 삶을 주로 다루는 프로그램이 등장한지 꽤 오래 되었다. 이주 외국인들이 자체적으로 운영하는 인터넷 방송도 여러 개 있다고 한다.

국가 정책에 있어서 다문화 사회는 매우 중요한 고려 요소 중 하나가 되었으며, 기독교와 교회에 있어서도 간과할 수 없는 사회적 현상이라고 볼 수 있다. 이러한 상황 속에서 많은 사람들이 왜 기독교가 다문화 사회에 관심을 갖는가 질문할 수 있다. 이에 대한 근본적인 대답은 기독교와 문화의 관계에서 찾을 수 있을 것이다. 기독

교는 문화와 공존하고 있다. 문화를 외면한 기독교는 여러 시행착오
를 겪을 수밖에 없었고, 문화에 대한 바른 이해와 해석 및 적용이 필
요한 것을 상기할 필요가 있다. 즉 다문화는 현 시대 문화의 중요한
현상으로 드러나고 있기에, 우리는 다문화 사회에 주목하는 것이다.
이런 면에서 고전적인 주제인 신앙과 문화의 관계를 점검해 볼 필요
가 있다.

2. 문화와 기독교의 관계

문화와 기독교의 관계는 여러 차원에서 생각해 볼 수 있다. 에른
스트 트뢸치는 분파 유형과 교회 유형을 구별하면서 교회의 영향력
이 통전적으로 세계 및 사회에 미칠 수 있는 모델을 강조한 바 있는
데, 가장 고전적이면서도 여전히 설득력을 갖고 있는 모델은 리차드
니버(Richard Niebuhr)의 '그리스도와 문화(『Christ and Culture』)'에 대한
연구라고 생각한다. 널리 알려진 논변이고 도식화의 위험과 상당한
서구적 한계 및 시간차가 있음에도 불구하고 문화에 대한 기독교적
입장 및 태도를 잘 분석해주고 있다. 다섯 유형을 간단히 살펴보면
서 바람직한 입장 정리에 참고하고자 한다.

첫째 유형은, "대립의 유형(Type of opposition)"이다. 이 유형은 문화
와 기독교의 대립을 주장한다. 즉 기독교적 삶이란 "이것이냐 저것
이냐"라는 결단이 요구된다. 대표자로는 터틀리안, 소종파 운동, 톨
스토이 등에서 찾아볼 수 있다. 중세기 수도원 전통은 결혼이나 가

정생활까지도 영성생활에는 적대적인 것으로 간주되었다. "출산을 목적으로 하지 않는 성행위는 죄악이다"라는 사고가 팽배해 있으며, 문화와 성 등은 여전히 위험한 것으로 간주되고 있다. 둘째 유형은, "일치의 유형(Type of agreement)"이다. 이 유형은 기독교와 문화 사이의 "근본적 일치"를 주장한다. 19세기의 자유주의 신학 즉 문화기독교주의에 의해서 대표되며, 이 유형에서는 그리스도의 절대성과 성경의 권위 등이 무너지는 위험성과 약점이 드러난다. 셋째 유형은, "종합의 유형(Type of synthesis)"이다. 이 유형은 상호 일치를 인정하면서도, 그리스도를 문화 속에서 찾을 수 없는 새로운 무엇으로 인정하여, 인간 문화와의 접속선 가운데서 그리스도의 불연속적인 위대한 비약을 주장한다. 토마스 아퀴나스가 이 유형의 대표자라고 볼 수 있다.

넷째 유형은, "역설의 유형(Type of paradox)"이다. 이 유형은 그리스도와 문화 사이의 "양극성과 긴장성"을 인정함에 있어서는 대립 유형과 일치하나, 하나님에 대한 복종에 있어서 사회제도에 대한 복종을 전제로 한다. 사회에 대한 충성과 심판자인 그리스도에 대한 충성을 동시에 요청하고 있으며, 마르틴 루터와 키에르케고르 등에 의해서 대표된다. 다섯째 유형은, "변혁의 유형(Type of transformation)"이다. 이 유형은 그리스도를 문화와 사회의 변혁자로 이해한다. 이 유형은 그리스도와 인간적 제도를 "대립관계"로 파악하나 이 대립관계는 그리스도에 의해서 문화가 개혁되므로 지양될 수 있다고 본다. 이 유형은 인간들에게 문화를 떠나라고 요구하지 않고, 문화와 인간의 불가분적 관계가 언급되며 문화 변혁이 강조된다. 이 유형은 바울, 요한, 어거스틴, 칼빈, 칼빈주의 등에서 볼 수 있다.

문화는 인간을 둘러싸고 있는 공기와 같다고 볼 수 있다. 그렇다면 우리가 처해 있는 문화에 대한 이해와 해석 없이 기독교가 생존 및 발전할 수 있을까? 생존은 가능할지모르나 발전적인 모습과 효과적인 선교를 기대할 수는 없을 것이다. 니버가 제시한 다섯 유형에서 어느 특정한 유형만을 바람직하다고 볼 수는 없다. 니버 자신도 특정한 유형을 우월한 것으로 언급하고 있지는 않다. 그러나 중요한 것은 기독교 신앙이 문화와 바람직한 관계를 형성해야 한다는 점을 보여주고 있다.

특히 '경작하다(cultivate)'는 어원과 관련되어 자연에 인공적인 노력을 가하는 것이 문화라는 이해보다는, 문화의 종교적 의미를 제시해주는 '제사하다(cult)'에 주목할 필요가 있다. 전통적으로 기독교인들에게는 교회와 세상을 구분해서 생각하는 태도가 우세했다고 볼 수 있다. 그러나 인간은 문화적인 존재이며, 문화를 떠나서 살아갈 수 있는 사람은 아무도 없다. 따라서 사람은 다른 사람들 및 자연의 관계 속에서 생겨나는 문화의 영향을 받으며, 또 문화를 형성해가며 살아가는 것이다. 기독교적 가치관 및 세계관도 결국은 문화를 통해서 매개되는 것이므로 문화에 대한 세심하고 지속적인 관심이 요청되는 것이다.

문화와 분리된 기독교는 결국 지극히 추상적이며 기형적인 모습이 된다. 위에서 언급한 리차드 니버의 문화와 그리스도의 유형 분석으로 볼 때, 대다수의 교회와 신앙인들이 이론적으로는 다섯 번째 유형인 '문화를 변혁하는 신앙'을 지지하면서도, 문화에 대한 이해나 접근 방식에 있어서는 실제로 그렇지 않은 경우가 많기에 부단히 현재의 모습에 대한 평가와 반성이 필요하다.

또한 다문화는 실제적으로 다민족화 혹은 문화의 다원화, 다양화라는 모습으로 전개된다는 면에서 그 기원을 포스트모더니즘과 관련시켜 이해할 필요가 있다. 현대 사회를 다문화 사회로 볼 수 있는 데에는 단일문화가 아닌 다원문화를 지향하고 있는 포스트모던적 배경이 있다. 보통 서구에서 모던 혹은 근대라고 하면 18세기 계몽주의로부터 시작된 이성 중심의 시대를 가리킨다. 종교나 외적인 힘보다 인간의 이성에 대한 신뢰를 강조한 계몽사상은 합리적 사고를 중시했지만, 지나친 객관성의 강조로 인해 20세기에 들어서면서 도전을 받기 시작했다. 특히 니체(Nietzsche)와 하이데거(Heidegger)의 실존주의는 포스트모던적 사고에 큰 영향을 주었다. 대표적인 사상가 데리다(Derrida)는 어떻게 글쓰기가 말하기를, 이성이 감성을, 백인이 흑인을, 남성이 여성을 억압했는가를 보여주었다. 미셸 푸코(Michel Foucault)는 지식이 권력에 저항해왔다는 계몽주의 이후 발전 논리의 허상을 보여주고 지식과 권력의 관계를 지적하였다.

근대성을 논할 때 가장 중요한 기준은 합리성이었다. 즉 어떤 사실이나 논증이 이성에 부합하면 진리로서의 타당함을 갖는 것이다. 이런 사고방식은 계몽주의의 산물이라고 볼 수 있는데, 가치 및 행위의 판단기준이 지나치게 이성에 의존하고 있음을 보여준다. 포스트모더니즘은 일종의 반토대주의(anti-foundationalism)의 성격을 갖고 있다. 포스트모더니즘은 개성, 자율성, 다양성, 대중성 등을 중시하면서 절대이념을 거부하고 있기 때문이다. 사실 포스트모더니즘에 대한 평가는 기독교 안에서 뿐 아니라 밖에서도 다양하다. 기독교 안에서는 현대사회가 갖고 있는 지극히 제한적이며 협소한 실증주의 · 객관주의의 압박에서 기독교를 자유롭게 해 준 측면이 있다. 우리가 아는 대로 기독교의 성경에 대한 해석 및 교리는 계시에 근거해 있는데, 편협한 합리주의는 그런 권위를 인정할 수 없다고 흔들어 놓았기 때문이다. 그러나 다양한 사고, 감성까지도 판단의 근거로 삼고 있는 포스트모던적 사고는 다원문화화의 가능성을 열어 놓는 사고라고 하겠다.

문화는 독립적이지 않고 언제든 상호문화적(혹은 "통관문화적" "inter-cultural" or "transcultural")인 성격을 갖는다. 즉 문화는 경계 안팎에서 상호교류, 충돌, 전이, 지배, 호환 등의 과정을 통해 발전한다. 이러한 과정을 통과하면서 자신의 정체성(identity)을 잃지 않은 채, 이질적인 주변문화들과 폭넓게 소통함으로써만 생존할 수 있기 때문이다. 기독교 신앙은 다문화 사회를 통관문화적으로 재해석하는 체계를 담고 있으며, 더욱 효율적으로 전개할 필요가 있다.

3. 혼란에 있는 한국사회와 다문화 이해

한국 사회가 다문화 사회로 접어들고 있다는 사실은 부인할 수 없는 현실이다. 특별히 한 · 미 FTA 타결과 이에 뒤따를 것으로 예상되는 한 · 유럽공동체 FTA, 한 · 중 FTA, 한 · 일 FTA 등은 한국사회를 다문화국가로 급속하게 몰고 갈 것으로 본다. 현재 한국 사회에서 통용되는 다문화 사회(multicultural society)라는 용어는 크게 두 가지의 개념을 포괄하는 용어로 사용되는데, ① 다문화 사회의 문화적 다양성과 평등성이 강조된 "다원문화사회"라는 개념이고, ② 인구학적 구조와 변동의 의미가 강조된 "다민족(인종)사회"라는 개념이다.

"다원문화사회"는 한 사회를 구성하는 다양한 문화가 나름의 독자
성을 가지고 상호존중의 원리 위에서 평화롭게 공존하는 사회라고
정의할 수 있다. 즉 독자성, 상호존중, 평화로운 공존이 전제된 다원
문화(multi-intercultural)사회는 단일 지배문화(mono-imperial-culture)의 반
대 의미로서, 주변과 중심문화, 주류와 비주류문화의 구분이 사라지
고 모든 문화가 중심문화로 존재하는 사회를 의미한다. "다민족(인종)
사회"는 한 사회의 태생과 유지가 다양한 종류의 인종과 민족구성에
기초해 있거나, 역사와 사회변동의 과정에서 정주형(定住形) 외국인들
의 숫자 또는 외국인과 본국인이 결합한 가구 수가 늘어나는 인구학
적 현상을 의미하는 것으로 이해 될 수 있다. 그런데 현재 한국사회
에서 논의되는 다문화 관련 논의는 문화의 다양화라는 의미에서의
다문화 사회라기보다는, 외국인과 결혼한 가정의 수적 확대 등 인구
구조 차원의 변동, 즉 단일민족사회에서 다민족(인종)적 사회로의 변
화에 큰 비중을 두고 있는 것이 사실이다. 그러나 이 둘은 함께 고민
하고 논의되어야 할 문제이다.

국민대비 장기체류(등록)외국인 비율

구 분	1980년	1985년	1990년	1995년	2000년	2005년	2007년 현
등록외국인	40,519명	40,920명	49,507명	110,028명	210,249명	510,509명	724,967명
국 민	38,123천	40,805천	42,869천	45,092천	47,008천	48,294천	49,134천
대비(%)	0.10	0.10	0.11	0.24	0.44	1.05	1.48

(자료: 법무부 외국인정책위. 2007)

　　필자는 최근 200여명 이상의 성인을 대상으로 다문화 관련 인식조사를 한적이 있다. 통계 중 다문화에 대한 인식과 관련하여 다문화, 다민족화의 필요성에 대해 물은 바 있다. 전체 응답자 213명 중 99명(46.5%)가 동의하는 편이라 응답했고, 전혀 동의하지 않는다는 응답자도 3명(1.4%)으로 나타났다. 즉 다문화화에 대해서 대부분이 절실하게 느끼고 인정하는 상황이 전개되고 있음을 확인할 수 있다.

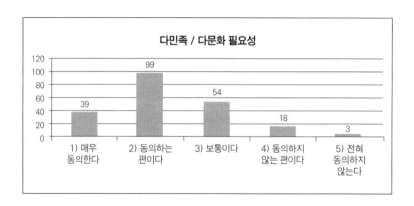

"다문화, 다민족화는 필요하다고 생각하십니까?"라는 질문에 대한 응답

응답	빈도	퍼센트
1) 매우 동의한다.	39	18.3
2) 동의하는 편이다.	99	46.5
3) 보통이다.	54	25.4
4) 동의하지 않는 편이다.	18	8.5
5) 전혀 동의하지 않는다.	3	1.4
합계	213	100.0

20

그런데 "우리나라의 인종, 문화의 다양성이 커지면 국가 경쟁력에 도움이 된다고 생각하십니까?"라는 질문에 대해서는 전체적으로는 긍정적인 대답이 많지만, 다소 부정적인 대답이 증가하고 있다. 즉 응답자 중 "때때로 그렇다"는 응답자가 94명으로 44.1%로 차지했으며, 별로 그렇지 않다는 응답도 26명 12.2%으로 나타났다.

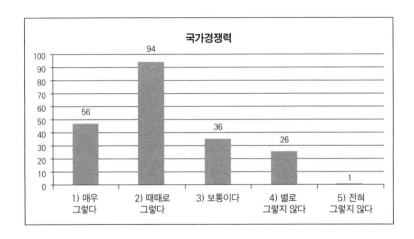

응답	빈도	퍼센트
1) 매우 그렇다.	56	26.3
2) 때때로 그렇다.	94	44.1
3) 보통이다.	36	16.9
4) 별로 그렇지 않다.	26	12.2
5) 전혀 그렇지 않다.	1	.5
합계	213	100.0

한국사회의 다문화 과정에서 볼 수 있는 두 가지 특징이 있다. 우선, 출신국가가 다른 다양한 이주민들이 있다는 점과 이주민 대부분이 소수의 국가에 치우쳐 있다는 점이다. 이주민 대다수가 소위 조선족 문제와 관련이 있는 중국, 미국, 베트남, 필리핀, 태국 등에 집중되고 있다. 다인종화와는 거리가 먼 다민족문화 개념으로 다문화화 과정을 이해할 수 있을 것이다. 또한 국내에 머무는 외국인들이 하는 일에 따라 계층화되고 있음도 고려해야 한다. 즉 전문직에 종사하는 사람들은 상당히 많은 것을 누리고 산다. 한국인들에게도 별 문제를 야기시키지 않는다고 보며, 아시아권 국가에서 결혼 이민자들로 들어온 사람들이 겪는 고민은 사회의 계층구조와 연관되어 다양한 경험을 하게 되는 특징이 있다. 소위 오래전부터 들어오기 시작한 선진국민들은 거주지 문제, 직업선택의 자유 등에 있어서 별로 제한받는 것이 없었다. 하지만 최근에 유입되는 이들은 다양한 우려의 목소리에 시달리고 있음을 고려할 필요가 있다.

한 민족에게만 실제적으로 적용될 수 있는 민족종교가 세계종교로 발전하는 데에는 반드시 통과해야 할 과정이 있다. 기독교의 경우도 교회 안에서 조차도 유대파와 헬라파의 적지 않은 갈등이 있었던 것으로 보인다. 물론 초대교회의 집사를 선출하는 과정 등을 보면 기득권을 가졌던 집단이 새로 유입되는 집단을 배려한 모습을 짐작해 볼 수 있다. 바람직한 다문화 사회로 가기 위해서는 배려와 공존의 덕목이 요청된다고 하겠다.

4. 다문화 이해와 기독교 신앙

다문화 사회를 이해하고, 신앙적 실천을 이행하기 위해서 어떻게 접근할 것인가? 그동안 한국 사회와 교회는 다문화 문제를 주로 인권적 시각에서 접근하던 관점에 서 있었는데, 이제는 문화와 의식, 신앙의 차원에서 전개할 필요가 있다. 즉 우리 사회의 다문화 관련 논의는 외국인 근로자들의 노동 관련 기본권 보장 문제, 부정직한 소개자들에 의해 온 결혼이민자들과 관련된 폭력 및 학대 문제, 이주동포 및 탈북자들에 대한 대우 문제 등 거론하기 부끄러운 수준의 인권보장과 관련된 문제들이 많았다. 물론 아직도 미비한 점들이 많이 있지만, 외국인들과 관련된 법적, 제도적 문제들은 많이 보완 되었다. 외국인노동자들의 인권 관련 문제도 많이 해소되었고, 다문화가족지원법 제정과 다문화센터 설립 등을 통해 경제적인 지원도 좋아졌다. 특히 다문화가족지원법이 2008년 9월 제정되었는데, 결혼가정 이민자와 관련한 여러 문제점들을 잘 해결하고 제도적으로 충실하게 지원하고 있다는 평가를 받고 있다. 내국인들은 별 관심이 없는 경우가 많지만 우리사회의 중요한 구성원들인 결혼가정 이민자, 외국인 노동자, 탈북자(새터민)들을 위한 여러 정책과 제도들이 시행되고 있는 것이다. 이제 더 강조되어야 할 부분은 시민들의 의식전환과 더불어 기독교인들의 신앙적인 해석과 적용이라고 볼 수 있다.

선진국의 사례를 보더라도 다문화 사회 초기에는 동화주의적 관점에서 다문화 사회를 이해하려는 경향이 있다. 동화주의는 흔히 '용광로 이론'이라고 하는데 다양한 구성원들의 문화와 태도를 하나로 녹

여서 동일한 것으로 만들어 내려는 태도를 말한다. 아직도 많은 시민들은 외국인들에 대해서 막연한 피해의식이나 무시하는 경우가 많은 것을 볼 수 있다. 그러나 이런 태도로는 바람직한 다문화 사회를 이루어갈 수 없다. 이제는 '샐러드 용기 이론'이라고도 불릴 수 있는 다문화주의가 적절하다고 볼 수 있다. 즉 우리 사회에 유입되어 온 여러 종족들이 자신들의 정체성을 어느 정도 유지하면서 함께 공존할 수 있는 방향으로 전환될 필요가 있다. 특히 한국 사회는 오랜 시간동안 단일민족 국가를 이루고 살았고, '순혈주의'에 대해 상당한 긍지를 갖고 있다.

그런데 순혈주의를 극복하고 바람직한 다문화주의를 이룬 모델을 기독교 역사는 보여주고 있다. 기독교는 이미 유대교의 종족주의와 민족주의를 극복하고 태동한 종교이다. 유대교는 유대인들에게만 구원이 가능한, 유대인 중심의 종교체계이다. 즉 유대인이 아니면 모두가 이방인이라고 간주될 수밖에 없었다. 그러나 기독교의 구원과 복음은 유대인과 이방인을 가리지 않고 보편적으로 열려 있는 것이다. 이제 기독교는 이스라엘이라는 지역적, 민족적 한계를 넘어서서 온 세계인을 대상으로 구원의 길을 제시하는 세계종교가 된 것이다.

다문화주의에 대해서 다양한 비판도 있을 수 있다. 자유주의자들이나 여성주의자들 입장에서는 인권 억압이나 여성 차별을 유지하는 데 악용되어서는 안 된다는 점을 지적한다. 특히 소수자에 대한 배려라는 미명 하에 그들을 더욱 고립시키거나 동정의 대상으로 고립화시키는 결과를 초래할 수 있다는 면을 지적하는 사람이 많다. 다문화 관련 행사에서 빠지지 않고 등장하는 각국 요리대회, 음식축제나 전통의상 행진 등이 과연 다문화화에 얼마나 도움이 될 수 있을까? 오히려 차이를 고착화시키며 더욱 큰 선을 그어놓는 결과를 초래할 수도 있음을 깊이 생각할 필요가 있다. 결국 성숙한 다문화 사회로 진입하기 위해서는 다문화 관련 국제이해교육 등이 절실한 문제라고 볼 수 있다. 지나치게 단순화되기 쉬운 시각을 버리고 문화의 다양성과 단일성, 지역성과 보편성을 동시에 이해할 수 있는 의식전환과 이해교육이 중요한 의미를 갖고 있다.

한국 사회의 다문화화 과정에 있어서 기독교는 가장 선구자적인 자리에 있어야 할 것이다. 나와 다른 사람들을 인정해 주고 받아들여 준다는 차원을 넘어서서, 그들을 귀한 존재로 인정해주고 격려해주는 단계로 나아가는 좀 더 근본적인 변화와 구체적인 배려를 통해 모범적으로 앞서 나아가는 모습을 보여주어야 한다. 원하든 원하지 않든, 우리사회는 급속히 다문화화 되고 있다. 내가 정서적으로 싫다고 하여 이 문제를 피해갈 수 없다. 그런데 다문화 과정 속에서 누군가 기득권을 포기해야하는 부분이 있게 마련이다. 사실 이 문제가 다문화화 과정의 걸림돌이 되는 경우가 많다.

다문화 사회로의 진입이 우리 사회가 정체성을 잃어버리고 혼란에 빠지는 부정적인 모습으로 전개 되어서는 안 될 것이다. 다양한 구성원들이 공존하는 문화적 다양성을 증진시키는 바람직한 차원으로 전개될 수 있어야 한다. 이 일은 일정한 자기 포기와 손해를 감수하지 않고는 불가능하다. 한국교회는 그동안 한국사회의 다문화화에 크게 기여해 왔음에 긍지를 가질 필요가 있다. 다문화 사회로 이행하면서 새로운 종교의 유입 등과 관련되어 우려되는 문제도 많은 것이 사실이다. 그러나 "헬라인이나 야만인이나 지혜 있는 자나 어리석은 자에게 내가 다 빚진자라"(롬 1:14)라는 바울의 고백을 되새겨

볼 필요가 있다. 이제 다문화에 대한 바른 이해와 태도 정립을 통한 한국교회와 기독교인들의 적실성 있는 실천이 한국사회를 바람직한 다문화 사회로 이끌어갈 수 있을 것이다.

제2장

다문화 시대의 기독교인의 책무*

1. 신앙인들의 책무를 찾아내고 함께 협력해야

한국사회는 2007년 여름 외국인 거주 인구가 100만 명을 돌파하였고 결혼 이주 여성들과 2세, 3세들의 출생에 기인한 지속적인 외국인 인구 증가가 계속되고 있다. 그러나 다문화 사회에 대한 인식 전환이 절실함에도 불구하고, 우리 사회의 다문화 사회와 관련된 논의와 관련된 그 이면에는 아직도 초보적인 의식 수준과 다양한 잠재적인 갈등 요소들이 자리 잡고 있음을 볼 수 있다.

---

* 이 장은 두란노서원 발행 '목회와 신학' 2010년 2월호 '지상강좌' 기독교와 문화(2)에 게재된 글을 수정, 보완한 것입니다.

기독교는 성숙하고 바람직한 다문화 사회형성에 기여할 책임이 있으며, 실제로 크게 기여하고 있는 것이 사실이다. 이 일은 일부 관련 단체나 전문가들만 할 일이 아니고 신앙인들 모두에게 주어진 책무를 찾아내고 함께 협력할 부분을 찾는 가운데 감당할 일이다.

많은 종교학자들은 한국사회를 종교와 관련시켜서 두 가지 특징이 있다고 말한다. 우선, 한국 사회는 역사적으로 주 종교를 바꾼 경험을 갖고 있다. 예를 들어, 고려 시대의 주 종교는 불교였다. 그러나 조선 사회로 넘어오면서 주 종교는 유교로 바뀌게 된다. 근대화와 더불어 실질적인 주 종교로 기독교가 급부상했다고 볼 수 있다. 사실 짧은 기간 안에 한 민족의 주 종교가 바뀐 예는 역사적으로 그렇게 쉽게 볼 수 있는 예가 아니다. 그러나 우리 민족은 주 종교를 바꾼 경험이 있다. 아울러 한국 사회는 기독교, 불교, 유교 등 다양한 종교가 균형을 유지하면서 비교적 평화적인 공존을 하고 있는 특징이 있다. 지구촌 다른 구석을 살펴보면 지금도 전쟁이 끊이지 않고 있는데, 그 중요한 원인 중 하나를 종교가 제공하고 있음을 부정할 수 없을 것이다. 한국 사회는 몇 개의 종교가 비등한 세력을 형성하면서 공존하고 있으면서도 다행스럽게도 물리적인 충돌은 없는 편이다. 물론 최근에 정치 문제와 관련하여 지도자들의 종교 편향을 문제 삼는 등 종교 간 갈등 양상으로 보여질 수 있는 우려할 만한 일들이 없는 것은 아니나, 아직 문제가 그렇게 심각한 것은 아니었다. 하지만 우리가 이런 문제에 있어서 깊이 고려해야 할 요소 중 하나는 한국 사회가 급격하게 다문화화 되고 있다는 점이다. 물론 다문화화의 정의와 바라보는 시각 등은 무척 다양하다. 그러나 전에는 볼 수 없었던 다양한 인종과 출신 국가를 배경으로 갖고 있는 사람들이 한국 사회에서 많이 눈에 띄며, 시간이 지나면서 사회의 주변부에서 중심부로 이동하는 다문화 사회로의 발전 혹은 계층적 전이 과정을 경험하게 되는 것이다. 더 심각한 문제가 전개되기 이전에 다문화화 속에서 발생하는 여러 문제들을 미리 예견하고, 대책을 수립할 필요가 절실하다고 하겠다.

2. 발생하는 문제들을 예견, 대책을 수립해야

사람이 사는 곳에는 어디서나 갈등이 있게 마련이다. 신학적으로 보더라도 인간의 갈등은 본성에 기인하는 내면적 갈등에서부터 시작하기에, 인간이 풀어야 할 기본적인 문제 가운데 하나라고 볼 수 있다. 그런데 단순한 인격적, 내면적 갈등을 넘어서는 개인 대 개인의 갈등, 사회 대 사회의 갈등, 혹은 문화와 문화의 갈등 등을 종합적으로 내포하고 있는 다원 사회의 어려움들이 우리 사회 속으로 가까이 오고 있는 것이다. 이제 다문화화 사회에서 발생될 수 있는 갈등의 양상들과 그 원인들을 잘 해석하고 효과적인 대처 방안을 마련하는 일은 한 사회의 성숙하고 안정된 발전을 위하여 매우 중요한 일임을 강조하지 않을 수 없다.

2007년 12월 발표된 '한국사회의 다민족·다문화 지향성에 대한 조사연구(한국여성정책 연구원)'에 의하면,[1] 한국 사회 속에서의 이주

---

1) 한국여성정책연구원, 『한국사회의 다민족·다문화 지향성에 대한 조사연구』(2007년12월28일 발행)을 참고하였음.

의 증대, 다민족·다문화 사회로의 변화를 바라보는 한국인의 인식과 태도를 다음과 같이 소개하고 있다. 연구에서는 이주의 증대와 이주민에 대한 한국인의 태도를 포괄적으로 파악하기 위한 개념으로 '다민족·다문화 지향성'을 제시하고, 기존 연구 성과에 근거하여 네 가지 차원으로 다민족 다문화 지향성을 측정하였다고 한다. 네 가지 차원은 ① 사회적 거리(social distance), ② 국민 정체성과 시티즌십 (citizenship), ③ 문화적 다양성(cultural diversity)에 대한 태도, ④ 종족적 배제주의(ethnic exclusionism)인데 우리사회의 다문화 의식을 잘 보여주고 있기에 소개하고 의미를 살펴보고자 한다.

1) 외국인에 대한 사회적 거리감

사회적 거리 측정에서 널리 쓰이는 보가더스 척도(Borgadus scale)를 이용하여 분석한 결과 응답자들은 미국인을 가장 가깝게 여기고 있었으며 그 다음으로는 새터민, 조선족의 순서이다. 반면 가장 거리감을 멀게 느끼는 대상은 남아시아인과 몽골인 이었다. 결혼 상대자로 가장 찬성도가 높은 집단은 새터민과 조선족이었다. 미국의 사회적 거리감 조사 결과와 비교하면 한국인은 상대적으로 외국인에 대한 거리감을 미국인에 비해 멀게 느끼고 있다. 또한 외국인에 대한 정서적 호감도를 알아보기 위해 위의 8개 집단에 대한 태도를 EPA 척도(호감도 emotion, 영향력 power, 능동성 activity)로 조사한 결과는 가장 높은 평가를 받은 대상이 미국인이며 그 다음은 조선족과 새터민이었다.

2) 한국인의 국민 정체성과 다문화 시티즌십

'한국인으로 인정받기 위해 갖춰야 할 요인', 즉 국민 정체성 (national identity)에 대한 응답을 민족적 요소와 시민적 요소로 나누어서 분석한 결과, 한국인들은 혈통 중심의 민족적 요소만을 중시하지 않고 시민적 요소(법적·제도적 요인)도 상당히 중시하는 것으로 나타났다. 그러나 이주자의 투표권 허용이나 적극적 조치(대학 입학 시 우대)에 대해서는 부정적인 응답이 상대적으로 높았다.

3. 내면적 갈등, 가족 갈등, 사회적 갈등

언급된 조사 내용을 살펴보면, 이제 혈통적 유대감에 기인한 정체성 강조는 한계를 드러내고 있음을 볼 수 있지만, 여전히 이익과 관련된 문제에 있어서는 부정적이고 예민한 태도를 보이고 있음을 알 수 있다. 이런 이면에는 사실 포괄적으로 설명하면 피해의식, 구체적으로는 다양한 차원의 갈등 양상이 전개되고 있음을 볼 수 있다. 필자는 다문화 사회 속에서 경험하는 갈등은 내면적 갈등, 가족 갈등, 사회적 갈등의 세 가지 형태로 구분해 볼 필요가 있다고 생각한다. 물론 이 세 가지는 유기적으로 연관되어 있기 때문에 도식화의 위험성을 배제할 수 없지만, 이해를 위해 구분해 볼 필요가 있다.

1) 내면적 갈등

내면적 갈등이란, 곧 정체성의 혼란에 기인한 갈등과 혼란을 말한다. 즉, "내가 누구인가"라는 질문에 대한 혼란에 빠지는 경우를 말한다. 다문화 사회에 진입하면서 대부분의 구성원들이 이것을 경험한다. 민족적, 인종적으로 다른 부모를 접하는 다문화 가정의 자녀들에게 특히 심각하게 드러나는 문제이다. 물론 문화가 다른 곳에서 생활하게 되는 이주민 대다수가 경험하는 가장 보편적인 갈등의 상황이기도 하다. 기독교 상담이나 일반 상담에 있어서도 정체성 혼란을 극복하고 내면적 갈등을 치유하는 방법에 대해서는 많은 논의가 있어온 것이 사실이다. 사회적 제도 이전에 내면적 갈등의 상황에 빠지는 이들에게 주목할 필요가 있다.

2) 가족 갈등

다문화 사회에서 접하는 갈등은 가족 공동체내에서 발생한다. 남편과 부인 사이에, 부모와 자녀 사이에, 친족 구성원 간에 발생하는 문제는 가족 갈등 차원에서 이해할 수 있을 것이다. 사실 가족은 다문화 사회를 이루는 가장 기본적인 단위이며, 한국 정부에서도 다문화 가정에 대한 법제적, 행정적 지원 등의 많은 관심을 쏟고 있기도 하다. 실제로 한국 사회에서 다문화 사회가 급속히 전개된 가장 대중적인 원인이 '농촌 총각 장가보내기 사업'등과 연관된 베트남, 필리핀 여성들의 집단적인 결혼이주임을 빼놓을 수 없을 것이다. 많은 외국인 여성들이 한국인 남성과의 결혼을 위해 우리 사회에 들어 왔는데, 잘 적응한 사람도 있지만 가족 내에서 많은 갈등을 일으키고 그 문제를 풀지 못해 갈등 상황을 지속하고 있는 안타까운 현실들을 어렵지 않게 접하게 된다.

3) 사회적 갈등

가정 혹은 가족의 문제는 사회적 갈등으로 확산되는 과정을 거치게 된다. 한 가정에서 풀어지지 못한 갈등의 문제는 사회에 여러 가지 부정적인 영향을 끼치게 되며 가정과 관련되지 않은 차원에서도 다문화 사회는 여러 사회적 갈등의 요소를 안고 있다. 중요하게 생각해야 할 문제는 외국인 노동자의 유입 등과 관련된 고용 구조의 변화, 경제 체제의 변화 등을 들 수 있을 것이다. 특히 한 사회에 있어서 언어소통과 관련된 문제가 발생하게 되는데, 궁극적으로는 어떤 언어를 우선적으로 가르칠 것인가라는 공용어의 논쟁도 촉발시키는 문제라고 볼 수 있다.

4. 다문화 관련 기관을 알리는 효과적인 장치 필요

언어와 관련해서는 우선적으로 자신의 모국어에 대한 자존감을 잃지 않게 하는 것이 중요하며 발전적으로 두 개의 언어를 공용어로 인정하는 사회적 공감대 형성도 때가 되면 가능하게 되리라고 생각된다. 한국에 이주한 대다수 여성들과 이주민들은 출신국의 언어와 문화에 대한 상당한 자신감과 긍지를 갖고 있는 것으로 알고 있다. 이주 초창기에 여건이 갖추어지지 않았을 때에는 그들이 자국 문화에 대한 전수나 소개 등에 있어서 소극적일 수밖에 없었지만 비교적

기관분류		기관명	성인프로그램	아동·청소년 프로그램
종교단체	92	거암교회	한국어교육	
	93	국제민간교류협회 희년선교회	한국어교육, 상담, 의료지원	
	94	나섬공동체	상담, 음식제공, 한국문화체험, 다문화체험	
	95	마리암 이주여성상담소	한국어교육, 상담, 의료지원, 사회적응서비스	
	96	벗들의 집	한국어교육, 미술교육, 상담, 의료지원, 한국문화체험	
	97	베들레헴어린이집		탁아
	98	사랑의 교회	한국문화체험	
	99	서울조선족교회	상담, 의료지원	
	100	세종교육센터	한국어교육, 음식제공	
	101	새세상을 여는 천주교여성공동체 부설	한국어교육, 상담	
	102	순복음 노원교회	한국문화체험	
	103	예수사랑교회	한국어교육	
	104	온누리 교회	한국어교육, 한국문화체험	
	105	원불교 서울외국인 센터	한국어교육, 컴퓨터교육, 문화예절교육, 상담	
	106	중국(동포)교회	상담	
	107	한국교회 여성연합회 부설	상담	

안정된 분위기를 갖게 된 현 상황에서는 자신의 문화와 언어에 대해 상당히 적극적인 교육과 소개의 의지를 갖고 있다. 한국 교회는 외국인 근로자들을 위한 지원 사업과 다문화 가족의 지원에 있어서 다양한 프로그램과 기관을 갖고 오래전부터 접근해 왔다. 좀 더 체계적이고 적극적으로 프로그램들을 보급하고, 전개할 필요가 있다. 앞의 표는 다문화관련 연구 보고서에서 종교 관련한 기관으로 소개된 부분이다.[2] 기독교 단체가 압도적인 숫자임을 볼 수 있는데, 프로그램 개발과 운영 못지않게 수요자들, 관련자들에게 기관의 존재를 알리기 위한 노력과 효과적인 장치가 필요함을 느끼게 해준다.

5. '다문화'에 대한 근본적, 비판적 검토 과정 필요

대화하고 논의하는 중에 다문화를 사용하는 이들은 많고, 대중 매체에서도 다문화 사회를 거론하면서 제작, 방영되는 프로그램을 제법 볼 수 있다. 그러나 말의 풍요함에도 불구하고 인식과 실천이라는 측면은 미치지 못하는 경우가 많기에 관련 학자들이 논하는 다문화 혹은 다문화주의와 관련한 비판적 성찰들에 귀 기울여 볼 필요가 있다. 한건수 교수는 "비판적 다문화주의"란 글에서 한국 사회의 이주민 증가와 관련하여 외국인의 인적 구성이 갖는 특징에 대하여 다음과 같이 설명한 바 있다.[3] 첫째, 한국 사회가 놀라울 정도로 다양한 국가

---

2) 김은미, 양옥경, 이해영 저, 『다문화 사회, 한국』(나남,2009), p.369-370 참조.
3) 한건수, '비판적 다문화주의' 『다문화 사회의 이해』(동녘, 2007년), p.135 이하 참조.

출신의 이주민이 공존하는 사회로 접어들고 있다. 둘째, 그럼에도 이
주민 대부분은 몇몇 국가 출신이 압도적으로 많다. 셋째, 국내에 체류
하는 외국인들은 출신 국가와 직종에 따라 명확히 구분되며 이들의 국
내 생활 역시 동일한 기준에 의해 차별화된다. 즉 한건수 교수의 지적
에 의하면 급속히 다양화가 이루어지고 있는 것 같지만 일종의 경향성
을 갖고 있다는 점이다. 일부는 소위 상층민들에게만 관심을 갖고, 일
부는 하층민들에게만 관심을 갖는 편향성을 드러낼 소지가 다분하다
고 하겠다.

인류학자들 중 일상적으로 다문화주의라는 이름으로 통용되는 논
의들을 둘로 구분하며 다문화주의의 문제점을 극복할 수 있는 '대안
적 다문화주의'를 모색하는 이들이 있다. "차이의 다문화주의
(difference multiculturalism)"와 "비판적 다문화주의(critical multicultura-
lism)"란 용어도 그 한 예다.4) 터너(T. Turner)는 "백과사전식 다문화주
의(Encyclopedic multiculturalism)"와 "비판적 다문화주의"를 구분하며,
기틀린(Gitlin)은 "타자에 대한 낭만적 다문화주의"와 "사회문화적 차
이에 대한 실질적 존중에 근거한 다문화주의"로 구분하고 있다.

기독교에서는 인종과 국적을 넘어서는 사랑의 실천을 제시하면서
다음과 같은 성경구절들을 인용하는 경우가 많다. "너는 이방 나그
네를 압제하지 말며 그들을 학대하지 말라 너희도 애굽 땅에서 나그
네였음이라"(출 22:21), "고아와 과부를 위하여 정의를 행하시며 나그
네를 사랑하여 그에게 떡과 옷을 주시나니"(신 10:18) 물론 적용될 수

---

4) Turner, Terence, "Anthropology and Multiculturalism : What is Anthropology That
Multiculturalists Should Be Mindful of It?" *Cultural Anthropology*, 8(4)(1993), p.428.

있는 본문들이지만, 이방인들과 나그네들에 대한 단순히 감상적인 차원의 동정이라면 좀 더 근원적인 질문을 해볼 필요가 있다. 과연 누가 자국인이고 누가 이방인인가? 차이의 영속적인 구별은 가능하거나 의미 있는 것인가? 다양함을 늘어놓고 설명하기만 하는 백과사전식, 혹은 단순히 감상적 차원에 머무는 다문화에 대한 논의는 아닌지 질문을 던져보아야 한다.

UN의 인종차별위원회(CERD, Commitee on the Elimination of Racial Discrimination)의 한국관련 2007년 8월 회의보고서에 따르면, 한국은 CERD로부터 외국인과 혼혈인에 대한 인종차별적인 법과 제도 및 사회문화적인 관습을 바꾸어야 한다는 지적을 받았다. 이에 대해 한국정부는 한국사회는 다문화 사회로 진행할 것임을 명확히 밝혔다고 하지만 일반인들의 의식은 아직 기대에 못 미치는 부분들이 많다고 볼 수 있을 것이다.

6. 백과사전식, 낭만주의적 담론은 아닌지 질문해보아야

한 사회의 다문화화를 이해하는 데 있어서 모형을 통한 이해가 도움이 될 수 있다. 많이 사용되는 구별 가운데 하나는 다문화주의(Multiculturalism)와 문화다원주의(Cultural Pluralism)를 구별하는 것이다.[5] 문화다원주의는 주류사회를 중심으로 하면서 소수민족 정책이나 이민자 정책을 포함하는 모형이고, 다문화주의는 외국인과 이민

---

5) 김은미, 양옥경, 이해영 저, 『다문화 사회, 한국』(나남,2009), p.41-43참조.

자들을 존중하면서 주류사회와 외국인(이민자)들 간의 보다 대등한 관계와 사회 전체의 소통과 교류에 초점을 두는 모형이다.

다문화주의와 문화다원주의

	다문화주의	문화다원주의
시행국	캐나다 · 호주	미국
목표	- 주류사회 인정 - 다양한 인종 · 종교 · 문화 간의 평등한 발전지원 - 사회적 소통 강조	- 주류사회의 주도권 인정 - 주류사회가 소수민족 집단에 대한 포용 정신 보임 - 다양한 인종 · 종교 · 문화 유지 지원
정책 실행	- 각종 문화행사 재정 및 홍보지원 - 다문화교육 - 언어 · 문화 서비스 제공: 언어의 다양성 보존 가능 및 이후 이민자 정착에 활용 - 공무원의 다문화교육 - 관광자원화	- 자유방임적 접근 - 주류 언어 및 문화 · 교육기관 지원(강화) - 다양성 가치 교육

두 모델은 각기 다른 태동 배경과 장단점을 갖고 있다. 물론 우리 사회에서 그대로 적용될 수 있는 모델은 아닐 것이다. 우리는 소위 단일민족이라는 의식을 상당기간 갖고 있었고 외세 강점기를 경험하기도 했다. 따라서 다문화화 과정에 있어서 좀 더 적극적인 기득권과 주도권의 포기와 공존을 강조하는 모델이 필요할 것으로 보인다. 이 부분에 대해서는 다양한 이해관계와 입장 등이 있으므로 논란의 여지를 갖고 있다. 그러나 기독교적 가치를 우선한다면 누구나 인종, 민족, 국적에 상관없이 '하나님의 형상'을 갖고 있는 피조물들이기에,

이주노동자 정책의 변화

1992	1995	2000	2001	2003	2004	2005	2007

고용허가제
도입시도 → 산업연수생제 수정
및 확대 → 고용허가제 추진

산업연수생제도의
시기 → 고용허가제 및
산업연수제 병행 → 산업연수제 폐지
및 고용허가제

보편성과 평등성을 우선하는 인간관과 공동체의 실현을 목표로 하는 방향으로 나아가야 할 것이다. 타인종과 민족에 대한 태도나 의식은 사실 선천적으로 갖고 있다고 할 수 있을 정도로 '길들여져 있는' 의식이기도 한다. 나와 피부색이 많이 다른 사람을 만날 때 본능적으로 경계하게 된다는 고백들을 어렵지 않게 들을 수 있다. 이 문제의 해결이 그렇게 쉽지 않다는 것을 보여주는 대목이다. 이론적으로는 아무리 가깝게 여기려고 해도 무언가 설명할 수 없는 거리감과 긴장감이 놓여 있다면 이를 극복하는 데에는 상당한 시간이 소요될 것을 예상할 수 있다. 문제는 기간을 얼마나 효과적으로 단축시키는가하는 것이다. 외국인들의 노동허가와 관련한 문제도 지난 기간들을 돌이켜 보면 상당히 다양한 과정을 겪으면서 발전해 왔다고 볼 수 있음을 참고할 필요가 있겠다.

7. 다문화 사회를 발전시키기 위한 인식, 교육, 소통, 확산

다문화 사회를 안정적으로 발전시키기 위해서는 인식, 교육, 소통, 확산 등 네 단계를 거쳐야 한다고 볼 수 있다. 각 단계별로 기독교와 교회가 기여할 수 있는 부분이 많이 있을 것이다. 이를 좀 더 체계화할 필요가 있으며, 특히 다문화 사회를 경험시키는 일은 전국의 교회조직과 해외교회가 유기적으로 교류하는 가운데 가능할 것이다. 이론적인 인식 못지않게 다양한 문화와 나와 다르게 느껴지는 사람들을 체험하는 일은 더 이상 나와 다른 사람의 '차이'가 '차이'로 느껴지지 않게 하는데 있어서 가장 효과적인 역할을 하게 될 것이다.

어떤 경우 소기에 성과를 거두어야 한다는 강박증 때문에 문제를 발생시키거나 논란을 일으키는 경우가 많은 '단기선교'의 문제도 좀

다문화 사회 실현의 단계적 접근과 기독교의 역할

단계	주요 정책목표	- 구체적 정책 사업 및 실천 방안
1단계	인식	- 국제 이해교육의 필요성 확인 - 인종과 민족의 다양성에 대한 기본 이해와 신학적 논의 - 다양한 문화이벤트 발굴 및 지원에 교회 단위로 참여
2단계	교육	- 국가 기관의 다문화·다양성 교육 - 한국인 대상 다문화·다양성 교육 프로그램 개발 및 시행 - 외국인 대상 한국이해교육 프로그램 개발 및 시행
3단계	소통	- 외국인 대상 한국어 및 한국문화교육체계 구축에 기여 - 외국인 대상 한국어 교회교육 프로그램 개발, 시행 - 외국문화 및 언어교육 프로그램의 교회 내 시행
4단계	확산	- 교회교육 대상의 확대와 프로그램 개발 - 다문화 관련 기독교 시민단체 지원과 정책적 제안 - 국제이해와 교류를 위한 실천

더 현실적으로 '문화경험'이라는 측면에서 바라볼 필요가 있다. 즉 바람직한 다문화 사회를 위한 실천적 교육과 확산의 기회로 받아들인다면 좀 더 편하게 많은 이들이 참여하며 부작용도 최소화 할 수 있을 것으로 보인다.

풍성한 다문화 담론은 오히려 역인종차별주의(reverse racism)를 합리화하거나 특정인의 우월감을 증폭시키는 계기가 될 수도 있다. 사실 차이와 다양함은 창조의 질서 가운데 하나로 여겨질 수 있다. 조물주 하나님은 세상의 모든 것들을 모두 다르게 만드셨으며, 특히 인간은 그 누구도 동일한 존재가 없다. 사실 많은 사람이 우려했던 '복제인간' 이란 말도 편의상 논의된 것이지, 인간의 개별성과 존엄성을 전제로 하는 개념에 기초한다면 어불성설이다. 모두 다양하고 차이가 있는 것인데, 인간들은 나름대로의 구획을 설정하고 '끼리끼리' 뭉치기를 실천해 왔다. 물론 나름대로의 기여도 있는 것이 사실이다.

그러나 이제는 "차이를 무시하고, 차이를 인정하고, 차이를 경외하라"는 외침들에 귀를 기울여야 하며, 타자성에 대한 논의와 관심을 되새겨볼 필요가 있다. '내가 아닌 사람'에 대한 존경은 그의 성격, 외모, 심리 상태 때문이 아니라 오직 그의 다름 때문이다. 구약성경에는 과부와 고아에 관한 언급이 자주 나오는데, 이때는 거의 언제나 '나그네(이방인)'와 '가난한 사람'이 함께 나옴을 기억할 필요가 있다. "여호와께서 이와 같이 말씀하시되 너희가 정의와 공의를 행하여 탈취 당한 자를 압박하는 자의 손에서 건지고 이방인과 고아와 과부를 압제하거나 학대하지 말며 이곳에서 무죄한 피를 흘리지 말라."(렘 22:3)

제**3**장

다문화 시대의 선교와 문화전략*

1. 다문화 시대의 문화전략

시대는 하나의 흐름이기 때문에 사람들은 거칠게 달려드는 다양한 문제더미와 접하게 된다. 중요한 것은 마치 파도가 심한 바다에서 어떻게 대처하는가 하는 문제이다. 거친 파도가 치는 바다에서 첨단 의 항해 장치를 갖춘 큰 배들이나 노련한 선장들은 파도를 탄다. 하 늘을 나는 비행기도 마찬가지다. 비행시간이 제트 기류 때문에 운항

---

* 이 장은 두란노서원 발행, '목회와 신학' 2010년 3월호 '지상강좌' 기독교와 문화(3)에 게재된 글을 수정, 보완한 것입니다.

시간이 단축되었다는 기내 안내 방송을 들어본 분들도 많이 있을 것이다. 다문화 사회로 진입하고 있는 한국 사회에서 기독교인들과 교회들의 대응은 제대로 이루어지고 있는가?

다문화 사회는 한국이 앞으로 더욱 효과적인 선교지가 될 수 있는 가능성을 열어주고 있다. 물론 우리는 이미 다양한 나라에 인적, 물적 자원을 지원하는 선교국으로서의 역할을 하고 있지만, 다문화 사회는 한 단계 진보한 차원의 선교를 가능하게 한다. 흔히 동일한 문화권 안에서의 복음 전파를 전도로, 문화권을 넘어서서 복음을 전파하는 일을 선교라고 하는 경우가 많다. 이런 면에서 이제는 외국에 나가지 않고도 적극적인 선교가 가능하다고 할 수 있다. 국내에서도 다양한 인종과 민족, 종교를 가진 사람들을 접할 수 있기 때문이다. 그러나 이런 기대는 다문화 사회의 이행에 따른 여러 변화들을 잘 분석하고 제대로 된 정책을 수립하며 책임을 다할 때만 가능한 일이다. 만일 준비 없이 맞게 되면 혼란과 부작용 가운데 많은 대가를 감당해야할 부담이 있다. 다문화 시대에 있어서 선교와 문화 전략은 왜 필요하며 어떤 것일까?

국내의 다양한 다문화 관련 기관 및 센터를 선교기지화 할 수 있는 정책과 전략이 수립되어야 한다. 다문화 사회를 향해 나아가면서 '다문화센터'를 비롯한 다양한 기관들이 세워지고 있다. 기존 교회에서도 교회학교나 선교 담당 부서의 작은 파트를 넘어서서 독립된 기관으로 설립하는 경우가 늘어나고 있다. 이런 경우 정책적 목표를 분명히 설정하고 기준에 맞는 효과적인 대응을 해야 소정의 목적을 달성할 수 있다. 얼핏 보면 정부에서 요구하는 기준이나 요건 등이 종교의 자유나 자율성을 침해하는 것으로 보여질 수도 있다. 실제로 지역의 외국인노동자 관련 센터를 운영 중인 교회가 어려움을 겪는 것을 보았다. 그 단체는 외국인 선교를 오랫동안 해온 노하우를 갖고 있는 목회자가 운영 책임을 지면서 교회의 후원과 지방 자치단체의 지원을 동시에 받는 기관이었다. 그런데 공신력과 재정적 안정을 얻은 것은 좋은데, 일정한 제약이 따르고 특히 종교적인 성격이 보이는 프로그램 등은 예산과 관련하여 지원하기 어려운 한계를 겪게 되었다고 한다. 여기에다가 주변의 복지기관과 관련된 사람과의 갈등 때문에 무척 어려움을 겪는 것을 보았다. 사실 이런 경우는 복지기관이나 학교법인을 운영하는 이들도 공통적으로 경험할 수 있는 문제인데 어떻게 대처할 수 있을까?

어떤 분들은 아예 정부의 재정 지원을 금기시하는 경우도 있는데, 필자의 생각으로는 바른 태도가 아니라고 본다. 오히려 법에서 요구하는 기준 이상을 충족하고, 정부의 지원을 받을 수 있는 부분들은 받는 것이 효과적인 전략이 될 수 있을 것이다. 물론 복음 전파는 간접적이고 우회적인 방식을 취할 수밖에 없는 한계가 있다. 그러나 교회가 공인된 시설이나 프로그램을 운영하는 것 자체가 사회 속에서의 기독교에 대한 인식전환과 체계적인 전략수립의 기초임을 기억할 필요가 있겠다.

구약성경에 보면 갈대아 우르 지방에서 살던 아브라함이 하나님의 명령에 따라 고향을 떠나는 모습이 있다. 그를 향해 하나님께서는 이렇게 말씀하셨다. "이후에 여호와의 말씀이 이상 중에 아브람에게 임하여 가라사대 아브람아 두려워 말라 나는 너의 방패요 너의 지극히 큰 상급이니라"(창 15:1) 생각해 보면 아브라함이 경험하는 두려움은 다문화 사회 속에서 많은 사람들이 느끼고 있는 문제들이기도 하다. 이제 좀 더 그들의 입장과 자리에서 생각하는 '역지사지(易地思之)'의 태도가 필요하다.

2. 문화를 바라보는 근본적인 태도

우리에게는 지금 우리가 처해 있는 문화를 바라보는 근본적인 태도를 돌아보는 문화관 재정립이 요청되고 있다. 대부분의 사람들은 단일 문화에 익숙하기에, 기존의 고정관념을 벗어나는 일이 쉽지는 않은 일이다. 특히 우리 사회의 포스트모던적 경향을 파악하고, 좀 더 구체적으로 다가설 수 있는 문화 전략이 필요하다. 결국 자신의 문화에 대한 독단적인 긍지 차원을 넘어서야 한다. 즉 타인이나 문화에 대한 배타적인 태도를 버리고, 공존과 대안의 문화를 세우기 위한 노력이 필요하다. 우리 사회와 문화 이해에 필요한 포스트모더니즘은 그 용어의 구조에서 볼 수 있듯 모더니즘과 깊은 관련이 있다. 특히 예술 분야에서는 모더니즘적 표현이 극대화되었을 때 이미 포스트모더니즘이 지향하는 방식들이 표출되는 측면도 있다.

아울러 우리 사회는 합리성과 자유를 기본 원리로 하는 계몽주의적 단계를 온전하게 거쳤다고 보기 어렵기 때문에 포스트모더니즘으로만 설명할 수 있는 것도 아니다. 그러나 포스트모더니즘은 모더니즘에 대한 반작용적인 측면과 그 단절이 매우 강하기 때문에 서로를 대비하면서 현대사회를 분석해 볼 필요가 있다. 헤센(Hassan)은 '포스트모더니즘의 문화'란 글에서 포스트모더니즘을 모더니즘과 대비시켜서 35개의 단어로 설명한 바가 있다. 그 중 몇 가지를 대비해서 들어보면 다음과 같이 대비 시킬 수 있겠다. 목적(purpose)−놀이(play), 구상(design)−기회(chance), 대상(object)−과정(process), 거리(distance)−참여(participation), 경계(boundary)−교류(intertext), 선택(selection)−조화(combination), 깊이(depth)−표면(surface), 초월(transcendence)−내재(immanence) 등이다. 물론 도식화의 위험이 있긴 하지만 포스트모던적 성향을 잘 설명해 주고 있다.

　성경은 분명히 삶의 목적에 관해 말하고 있으며(전 3:1, "천하에 범사가 기한이 있고 모든 목적이 이룰 때가 있나니") 인생을 진지하게 살려는 자에게는 목적의식이 있게 마련이다. 근대성을 논할 때의 가장 중요한 기준도 '합리성'이었다. 그래서 이성에 부합하면 진리로서의 타당함을 가졌다고 본 것이다. 이에 비해서 포스트모더니즘은 어떠한 기초도 인정하지 않는다는 면에서 '반토대주의'(anti-foundationalism)라고 볼 수도 있다. 현대 사회의 포스트모던적 경향이 디오지니스 알렌(Diognes Allen)의 지적처럼 지극히 제한적이며 협소한 실증주의 및 객관주의의 압박에서 기독교를 해방시킨 측면도 있다. 그러나 포스트모더니즘은 성경에 대한 해석 및 교리가 계시에 근거해 있으므로 그 권위를 인정할 수 없다고 주장하고 있다. 즉 포스트모더니즘이 등장하면서 기독교 신앙과 신학의 진술이 그 정당성을 위협받고 있다. 또한 포스트모더니즘은 인간의 본성에 대한 단일성을 부정하고 윤리적 판단조차 무너뜨리는 위험도 있다. 성경의 경고에 귀를 기울여보자. "저희가 감각 없는 자 되어 자신을 방탕에 방임하여 모든 더러운 것을 욕심으로 행하되"(엡 4:19) 이론적인 가르침으로 이성과 문자적으로만 접근하는 것뿐만 아니라 가슴을 통해 감성적으로 다가설 때 기독교 신앙은 복음적 진리로 드러날 수 있을 것이다.

서양문화에서 오랫동안 유지되어 온 인간관은 인간은 '하나님의 형상'을 따라 지음 받은 존재로 모든 인간에게는 도덕적 양심이 부여되었다는 창조론적 신앙이 기초에 놓여 있다. 포스트모던적 정보화 시대는 근본적인 면에서 위험한 전환을 초래하고 있다. 세계와 인간에 대한 인식과 이해의 관점들이 변경되고 있는 것이다. 하벨(Vaclac Havel)이 말했던 것처럼, 인간이 스스로를 가장 중요한 의미의 원천이라고 생각하는 순간부터 세계는 인간의 영역을 상실하고 인간은 세계에 대한 통제력을 상실하고 만다. 처음에는 인간에게 자유를 주는 것처럼 보였던 포스트모던 사회와 문화는 무목적성과 상실이라는 위험한 모습으로 현대인들을 위협하고 있다. 기독교 신앙은 포스트모던적인 현대사상과 문화의 위험성을 예리하게 비판할 수 있어야 한다.

3. 다문화 사회와 '혼종결혼(混宗結婚)'

다문화 사회는 '혼종결혼(混宗結婚)'의 문제와 결혼과 관련한 인권 문제에 대한 숙고와 책임을 요청하고 있다. 이런 문제들에 대해 깊이 성찰해보고 교회는 지침을 내릴 필요가 분명히 있다. 정체성의 문제에 있어서 민족 정체성보다도 더 중요한 것은 신앙적 정체성이라고 볼 수 있을 것이다. 그런데 종교에 따라 혼종결혼을 금지하는 정도가 다를 것이다. 로마가톨릭은 이 문제에 있어서 좀 더 엄격하다고 할 수 있다. 기독교는 목회자 개인의 신앙적 성향이나 판단에 따라 다르게 판단하는 경우가 많은 것이 현실이다. 좀 더 깊은 성찰을 필요로 하는 대목이다.

특히 실제적으로 많은 여성 결혼이민자들이 농촌과 도시, 산촌과 어촌 전국 곳곳으로 퍼져 들어가고 있다. 그런데 이들이 들어간 대부분의 지역은 경제적 여건과 생활 기반이 상대적으로 취약하고 가부장적 가족구조와 성역할이 여전히 중요하게 작용하는 농어촌 지역이 많다. 이런 지역에서는 의사소통의 어려움과 문화적 갈등, 취약한 경제적 기반 등으로 인하여 한국 가족 특유의 문제가 여성결혼이민자에게 가중되어 나타나고 있다. 많이 줄어들었다고는 하지만 국제결혼 가정에서 여전히 남편의 일상적인 구타와 음주, 성적 학대와 인격모독 그리고 소외와 경제적 빈곤의 문제가 일어나고 있다. 오늘날 국제결혼과 관련된 문제에는 제3세계 여성(여성결혼이민자)에 대한 비인간적인 억압과 차별이 관련되어 있다. 결혼 대상의 여성이나 태어난 자녀들을 대함에 있어서 서구중심주의적 시각이나 서양을 흠모나 맹종의 대상으로 만든 '서구신화'에 빠져 있는 경우가 있기 때문이다. 인권과 관련해서 풀어야할 문제들이 여전히 있음을 생각해야 한다.

특히 기독교인들에게 국제결혼은 단순한 외국인과의 결혼이라기보다는 혼종결혼의 문제로 다가온다. 여성결혼이민자가 다행히 같은 종교 특히 개신교인이라면 이 문제에 대한 고민을 덜어줄 수 있겠지만, 현재 행해지는 제3세계 여성 또는 남성과의 국제결혼의 경우 종교가 같은 경우가 거의 없다는 데에서 고민이 커질 수 밖에 없다. 교회는 결혼의 문제에 있어 책임 있는 가이드라인을 제시할 수 있어야 하는데, 아직은 개인과 목회자의 신앙 양심에 따라 이루어지고 있는 경우가 대부분이다.

지금까지의 국제결혼에 관한 연구는 재야인권 단체를 중심으로 한 국제결혼(내국인)의 경우와 여성결혼이민자(외국인)의 피해사례 수집 및 대책 중심의 연구와 사회복지학, 인류학, 여성학에서 진행한 국제 결혼 남녀의 국적에 따라 외국인 남성과 한국인 여성의 결혼 연구, 한국인 남성과 결혼한 여성결혼이민자에 관한 연구가 대부분이다. 이러한 문제들에 대해 한국교회는 어떻게 접근하며 답해야 하는가? 물론 다양한 방식으로 접근할 수 있다. 특히 그동안 여러 NGO 들이 활동을 많이 해 왔다고 볼 수 있다. 특히 이들은 단순히 여성결혼이 민자의 문제에만 관심을 갖는 것이 아니라 코시안(Kosian)[1])에게 발생 하는 일에 대해 해결책을 내놓기 위해 고민하고 노력하고 있다. 그 러나 이와 달리 여전히 많은 교회나 선교단체의 활동은 일방적이며 베푸는 관점이 포함되어 있기에 그 한계를 드러내기도 한다.

---

1) 코시안(Kosian)은 Korean과 Asian의 합성어이다. 코시안은 1996년 안산 외국인노동센터의 소장인 박천응 목사에 의해 최초로 만들어진 용어이다. 1990년 이후 외국인 이주노동자들의 국내 유입이 활성화되면서 장기 체류자들도 늘어났다. 이들 중 결혼적령기에 있었던 일부는 국내인 또는 외국인 이주노동자 간의 결혼으로 가정을 이루고 2세를 출생하였다. 그러나 새 롭게 형성된 외국인 이주노동자 가정에 대한 적절한 표현이 없었다. 이에 우리 사회의 구성원 으로서 외국인 이주노동자를 긍정적으로 수용하기 위하여 '코시안'이란 호칭을 만들고 사회 적 관심을 불러일으키게 되었으며, 현재는 외국인 이주노동자 관련 가정을 부르는 대명사로 '코시안'이 사용되어지고 있다.(http://kosian.urm.or.kr) 하밍 타잉(2005), 「1992년 이후 한 국과 베트남 사이의 국제결혼에 대한 연구-베트남 여성의 문화적 적응을 중심으로」, 서울대학 교 국제대학원 석사학위논문. p. 71에서 재인용.

4. 한국교회의 과제

이제 다민족, 다문화, 다인종의 사회로 접어들고 있는 한국사회 속에서 한국교회가 풀어 나가야 하는 문제들을 좀 더 냉철하게 주목해야 한다. 국제결혼이란 단지 국적이 다른 두 사람의 결합일 뿐만 아니라 상이한 두 나라의 문화가 결합하는 과정이기도 하기 때문이다.[2] 그러나 역사적으로 우리 사회는 국제결혼에 대하여 심각한 편견을 가지고 있었다. 외국인과 결혼한 한국여성은 외국인에게 정복당했다고 비난을 받는 경향이 있었다. 상당수의 국제결혼은 일제강점기 동안 조선인 남성과 일본인 여성 또는 일본인 남성과 조선인 여성으로 이루어졌고, 1945년 이래로 한국여성과 미군사이에서 이루어진 결혼도 많았기 때문이다.

한국의 이주노동자의 수가 증가하면서 이루어진 가정도 많다. 이주노동자들 사이에서는 두 가지 형태의 결혼이 존재한다. 같은 민족 사이의 결혼, 그리고 다른 민족 사이의 국제결혼이 그것이다. 그런데 많은 이주노동자가 불법체류자나 일시적인 거주자로 간주되고 있기 때문에 한국인과 결혼하지 않으면 결혼은 공식집계가 되지 않는다. 실제로 한국에서 얼마나 많은 국제결혼이 이루어지고 있는지는 알기가 쉽지 않다. 국제결혼을 위해 이주하는 여성들이 증가하고 있는 상황 속에서 잘 적응하는 경우도 있겠으나 상당수는 여러 차원의 어려움을 겪는 것으로 보인다. 많은 사람들이 경험하는 경우는 다음과

---

2) 문화는 사회성과 종교성을 갖고 있는 특징이 있다. 서로 다른 문화권에서 성장한 사람들의 결혼이란 상당히 복잡한 문제들을 야기하게 마련이다.

같은 것들이다.

첫째로, 사회문화적 고립과 관련된 문제가 있다. 여성결혼이주자들은 결혼 한 이후에도 언어소통 문제, 생활전반의 문화적 차이 때문에 불편을 겪거나 가정이 파탄되는 등의 곤란한 상황에 노출되어 있다. 한국 사회 내에서의 각종 정보, 자원, 취업으로부터도 소외되어 있다.

둘째로, 자녀양육의 환경이 취약하다는 점이다. 상당수 여성결혼이민자 자녀들은 부모의 낮은 경제 및 사회적 지위, 언어, 문화, 교육방식의 차이 등으로 가정 및 학교 교육에서 문제를 겪고 있다. 이들은 언어발달 지체 및 문화 부적응으로 인해 학교수업에 대한 이해도가 낮으며, 지나치게 소극적이거나 반대로 폭력성 또는 과잉행동장애(ADHD)를 보이는 등 정서장애도 나타낸다. 교과서를 비롯한 교재와 일부 교사들의 다문화주의를 포용하지 못하는 데서 오는 '차별'과 '배제' 때문에 아동들이 조기에 사회적 소외를 경험할 가능성이 높다.

셋째로, 낮은 경제적 수준과 관련된 문제들이 있다. 그들은 저소득가구가 다수이나, 기초생활보장 수급자는 소수이다. 한 조사에 의하면 전체 여성결혼이민자 가구 중 소득이 최저생계비 이하인 가구가 50%를 넘어섬에도 불구하고 기초생활보장 수급가구는 13.7%에 불과하였다. 최저 생계비 이하인 전체 가구는 52.9%, 18세 미만의 아동이 있는 가구는 57.5%이며, 경제적 이유 때문에 끼니를 거른 경험이 있는 경우도 15.5%(복지부 실태조사, 2005)에 달한다.

넷째로, 가정폭력과 불화 등으로 이혼이 급증하는 문제가 있다. 특히 한국 사회의 전반적인 가정파괴와 이혼율의 증가가 영향을 주고 있는 것도 사실이다. 돈을 매개로 이루어진 상업화된 결혼, 시대과 친지의 비우호적인 환경, 남편의 정서적 불안정 등과 같은 이유 때문에 가정폭력과 불화로 이어지는 경우가 적지 않다. 알코올 중독, 이상 성행위자, 습관화된 폭력 등으로 결혼이 불가능한 상태에 이른 사람이 국제결혼 시장에 유입되는 경우 어떤 일이 일어나는가? 결혼을 유지하기위해 외국인 배우자를 철저히 통제하거나 성적 학대를 하는 등 심각한 문제들이 발생하는 경우가 많은 것으로 나타났다.

기독교인들이 타 종교인 혹은 무종교인과의 문제에 있어서 어떤 입장을 취해야 하는가 하는 문제가 다가와 있다. 즉 한국인이 제3세계출신 여성과 결혼하는 것은 부당혼인인가 하는 문제가 제기되는 것이다. 이 문제에 대해여 로마 가톨릭은 분명한 입장을 취하고 있는 것이 사실이다. 혼종결혼에 관한 교서는 다음과 같이 구체적으로 말하고 있다.[3)]

"실상 교회는, 종교의 차이와 그리스도교 신자들 간의 분리로 기인된 혼종혼인이, 예외적인 경우를 제외하고서는, 모든 그리스도교 신자들의 '제일치의 유조하지 못함을 알고 있다. 혼종혼인에는 수다한 곤란이 내재되어 있은즉, 의당히 크리스천 가정'이라 불리는 교회의 산 세포 속에 분리가 도입되어, 특히 교회의 예배와 자녀교육에 관한 일 등 종교사의 차이 때문에, 가정 안에 있어서 복음의 가르침의 준수를 더 어렵게 만든다."

그렇다면 결혼에 관해 성서는 어떻게 말하고 있는가? 성서의 처음 이야기가 인간의 창조와 결혼에 관한 것이고, 기독교는 세계종교 중

---

3) '사목' 제24집 정진석 역, "혼종에 관한 법규를 제정한 자발교서" 자료 참조.

가장 강하게 가정과 결혼의 소중함과 독특성을 말하고 있음을 주목할 필요가 있다. 성서에 나오는 예수님의 행적 중 첫 이적이 가나의 혼인잔치에서 물로 포도주를 만드는 사건임을 상기할 필요도 있다. 성서의 해석에 따라 다양한 의미와 상징성을 갖게 되는 것은 사실이지만 기본적인 의미를 간과해서는 안 될 것이다.[4] 결혼에 관해서도, 지나치게 이기적이고 인간중심적인 동기가 '윤리적 정당화'의 근거가 되기 쉬운 현대 상황 속에서 기독교의 결혼은 하나님과의 신뢰에 관계되는 언약적 특징과 의미가 있음을 강조해야 할 것이다.

한국 교회는 그동안 외국인 노동자들을 위한 선교 및 봉사에 많은 부분을 할애해 왔다. 지속적으로 한국 사회에 속해 있으면서도 이방인과 같은 존재로 있는 코시안들의 문제를 해결하기 위해서는 한국 사회의 문화적 편견 타파와 국제 결혼한 이들의 적응능력 강화가 가장 핵심적인 해결책으로 제시되고 있는데, 신앙 또한 매우 중요한 요소로 작용하고 있음을 고려해야 한다.

5. 다문화 사회와 한국교회

다민족, 다문화, 다인종 사회로 변해가고 있는 한국사회를 한국교회는 어떻게 볼 것인가? 그리고 파생되는 여러 문제에 대해 어떻게 대응할 수 있을까? 한국 사회는 중요한 기로에 서 있다. 내외적으로 문화에 대한 입장을 제대로 정리하지 못하면 기독교는 외면 받는 종

---

4) 신약성서 요한복음에 나오는 이적이다. (요한복음 2: 1 - 11)

교가 될 것이며 사회적 영향력을 행사할 수 없게 될 것이다. 위기는 또 다른 기회이기도 하다는 면에서 급속한 개방과 자유화의 상황 속에서 우선 결혼과 관련하여 다음과 같은 점을 고려해야 할 것이다.

첫째로, 한국교회는 결혼관에 대한 확고한 입장 정리 및 표명을 취할 필요가 있다. 개인의 문제만이 아니라 교회 공동체의 사활이 걸린 문제이기도하다.[5] 국제결혼 또는 여성결혼이민자의 문제를 이제 교회 밖의 문제로만 볼 것이 아니다. 즉 이 사회를 통합하고 안정을 기하기 위해 국제결혼을 바라보고 적극적으로 해석해 '성문 밖의 사람들'이 아니라 '성문 안 사람'으로 만드는 일에 심혈을 기울여야 할 것이다. 교회 헌법에 있어서나 지 교회의 규정 및 방침도 좀 더 그들에 대한 이해를 전제로 일관되게 유지될 필요가 있다.

둘째로, '제3세계'에서 온 여성결혼 이민자들의 자국문화에 대한 이해와 한국문화에 대한 이해를 돕기 위해 그들이 구체적으로 교회 공동체 또는 지역공동체 속으로 들어올 수 있게 하는 문화적 접근이 필요하다. 시대를 앞서던 교회의 교육과 봉사 프로그램들이 현재는 시민단체나 행정조직의 활동보다 뒤지는 경우도 많다. 문화의 상호 이해와 언어 및 사회 적응 능력 함양을 위한 프로그램들이 좀 더 적극적으로 교회 내의 프로그램으로 상설화될 필요가 있다. 외국인 근로자 사역과 상호 연대하면 상승작용도 있을 것으로 보인다.

셋째로, 한국교회는 한국 사회의 지나치게 물질화되고 세속화된

---

5) 극단적이고 잠정적인 추정이기는 하지만, 현재 우리나라의 결혼과 출산율이 계속 되면 2800년경 한국 땅의 인구는 0명이 된다고 한다. 결혼의 여러 의미를 발견하기에 앞서 인류의 종족 보존이라는 측면에서도, 결혼은 매우 신비롭고 종교적인 의미를 담고 있다고 보아야 할 것이다.

결혼관에 대해 경계와 대안을 제시하기 위한 방안을 모색하고, 교회 공동체 속에서는 타자를 소외시키지 않고 함께 하는 '배려의 윤리'를 확립하는 교육을 강화해야 할 것이다. 외국인과의 결혼동기 자체가 아주 실용적인 성격을 띠거나 광의의 매매혼으로 발생하는 경우가 있다. 결혼과 가정에 대한 근원적인 성찰을 위하여 '무엇을 위해 어떤 입장에서 결혼을 하는가?' 질문을 던져볼 필요가 있다. 특히 단순한 인간의 양심과 덕성에만 호소하는 차원에 머물지 말고 매매혼을 차단하기 위한 제도적인 장치와 불건전한 결혼과 관련한 비즈니스들이 성행하지 못하도록 법과 제도적인 장치를 마련하는 일도 병행되어야 할 것이다.

6. 다문화 사회와 커뮤니케이션

효과적인 커뮤니케이션을 위한 언어 교육의 중요성 인식과 더불어 기독교적인 접목 가능성을 모색할 필요가 있다. 한국어 교육을 위한 다양한 교재와 방법이 보급되고 있기는 한데, 아직도 그 내용을 살펴보면 기독교적인 컨텐츠를 담고 있는 경우는 거의 없는 것으로 보인다. 이 일은 개인적으로는 감당할 수 없는 일이므로 교육 전문가들의 지원을 통해서 개발과 보급 등을 장려할 필요가 있다. 또한 이중언어 혹은 공용어의 다변화 문제에 대해서도 좀 더 적극적인 담론과 합의 과정으로 대처할 필요가 있다. 물론 이 문제는 무척 예민한 문제이기도하다. 우리말을 제대로 못하는 사람이 어떻게 영어 등 외국어를 제대로 공부할 수 있냐는 반문도 있을 것이다. 이 문제에 대해 아니라고 대답하려는 것도 아니다. 조기 외국어 교육과 공용어 문제 등은 좀 더 시간을 두고 신중히 질문해 볼 필요가 있다. 한국 사회가 국제사회에서 갖는 위상도 나날이 높아지고 있다. OECD진입은 물론이고 G20 회의의 국내 개최를 눈앞에 두고 있다. 요즘 젊은 이들의 외국어 구사 능력이 상당한 것도 인정한다. 한국어 뿐 아니라 영어 등의 외국어가 좀 더 폭넓게 사용 된다면, 다문화 사회 속에서의 복음화와 선교에는 어떻게 작용할 수 있을까?

다문화 시대의 선교에 있어서 놓치지 말아야 할 문제는 복음과 회심의 진정성의 문제이다. 신앙을 삶과 문화 전체를 아우르는 문제로 접근하지 않고, 피상적인 '신앙 고백' 차원에만 두게 되면 복음을 전하는 것이 단순한 고백의 강요가 되기 쉽고, 결과적으로 진정성을 갖지 못한 교인을 양산할 가능성이 다분하다. 실제로 시행착오의 과정으로 볼 수도 있겠으나, 과거 개종한 것으로 판단된 많은 사람들이 본국으로 가서는 자신의 종교로 돌아갔다는 이야기가 있다. 사실 전에는 기독교에 친숙하고 우호적으로 다가오던 이들이 이제는 자신들의 종교에 매달리고 있고 오히려 적극적인 포교까지 하는 경우를 볼 수 있다. 이제는 다문화 사회로 변하면서 우리사회의 구성원이 된 사람들의 개종을 단순하게 쉽게 생각해서는 안 된다.

최근 중국과 일본 등 기독교가 주 종교가 아닌 나라들을 둘러 볼 기회가 있었다. 우리 한국 땅에서는 쉽게 볼 수 있는 교회와 십자가 종탑을 찾기가 결코 쉽지 않았다. 이런 면에서 한국의 기독교와 교회가 여러 어려움을 겪은 것은 사실이지만, 이미 힘 있는 종교가 되어 있다는 점을 직시할 필요가 있다. 이제는 얼마나 진정성을 갖는 교인들이 있고, 제대로 헌신할 수 있을까하는 문제가 중요하다.

진정성과 관련하여 중국의 선교를 놓고 볼 때 생각해야할 점들이 있다고 본다. 많은 이들이 중국 선교에 있어서 조선족 선교를 중요한 발판으로 생각했고, 그들의 신학교육에 주력했다. 소위 공인된 중국의 삼자교회들은 외국의 지원을 받지 않는 것을 원칙으로 하기 때문에 접근이 쉽지 않고, 교회의 분위기가 주는 정서적 매력 때문에 소위 가정교회, 처소교회를 중심으로 지원한 것으로 생각된다. 많은 비공식 신학교들이 운영되고 있음을 중국의 당국자들도 잘 알고 있을 것이다. 그러나 상당한 기간이 지났지만 처소교회의 성장이나 자립은 미미하다. 사실 삼자교회도 중국의 경제적, 사회적 발전 속도에 비하면 미미한 성장을 보이고 있다. 제도상 중국의 공산당원 등 지도자들은 기독교인이 될 수 없는 구조를 갖고 있다고는 하지만, 회심 및 개종자들의 진정성에 있어 의문이 가는 부분이 많이 있다. 복음화는 급하게 서두를 일이 아니라 진정성을 전제로 해야 한다.

바람직한 다문화 사회를 이루는 일은 기득권을 가진 편에서 본다면, 이미 가진 것의 포기와 최소한 불편을 감수해야하는 일이 따를 수도 있다. 이런 면에서 일종의 '노블레스 오블리주(사회지도층의 책임)'가 필요하다고 설명할 수 있다. 우리말로 적당한 용어가 없어서인지 불어를 그대로 쓰는 문자적으로는 귀족(노블레스)들의 책임(오블리주)이란 뜻이다. "사회에서 지도층에 있는 사람들이 더 큰 책임을 지고 도덕적인 모범을 보인다"는 말에서 유래했다. 귀족 중심 사회인 로마제국의 경우에도 귀족들은 전쟁이 났을 때 자신의 아들을 먼저 전쟁터에 보내고, 특히 전사하는 경우 명예롭게 여겼다고 한다. 이제 한국 사회는 국제적으로 지도적 위치를 갖고 있음을 고려해야 한다. 존경받는 지도자가 되기 위해서는 일정한 헌신과 책임을 다해야 한다. 그런데 진정한 '노블레스 오블리주'는 복음의 기초 위에서만 가능하다. 도덕과 종교의 요구 수준이 다른 경우가 많기 때문이다. 신앙생활은 다문화 사회 한 가운데서 일어나는 것이지, 교회 안에서만 이루어지는 것이 아니다. 다문화 사회는 개인적, 교회적으로 '노블레스 오블리주'를 요청하고 있다.

제**4**장

세상과 함께하는 기독교

　사회는 종교에 대해 많은 기대를 갖고 있는 것이 사실이다. 종교를 가진 사람들이나 성직자들에 대해 보통 수준 이상의 도덕적 수준을 요구하는 것도 종교에 대한 나름대로의 기대수준이 있기 때문이라고 볼 수 있을 것이다. 이 땅의 기독교인들이나 교회 또한 비판의 대상이 될 때가 있다. 기독교인들은 이런 비판을 진지하게 들어야 할 것이며, 여러 면에서 반성과 개혁을 추구해야 할 점들이 있을 것이다. 그러나 한 편으로는 정당한 근거에서 나오는 비판보다는 "~카더라" 통신과 같은 근거 없는 비판이거나 종교 자체에 대한 오해나 편견도 많음을 고려해야 할 것이다. 기독교에 대해서 가장 극단의 혐오를 드러낸 사상가는 아마도 칼 마르크스(Karl Heinrich Marx)일 것

이다. 그가 기독교에 씌운 "종교는 민중의 아편이다"라는 혐오는 현
재에도 지속적으로 영향을 발휘하고 있다. 또한 버트란트 러셀
(Bertrand Russell)이 『나는 왜 크리스천이 아닌가?』에서 언급한 신에
대한 불가지론(不可知論)이 마치 지성의 상징인 것으로 여기는 풍조
또한 유효한 것으로 보인다. 하지만 인간의 지적인 발전, 과학과 기
술의 발달과 함께 종교는 사멸될 것이라는 예상은 분명히 빗나갔으
며, 오히려 종교는 광범위하게 인류문명의 역사와 함께 발전해오고
있음을 알게 된다. 이런면에서 종교를 좀 더 냉정하고 가치중립적으
로 이해하려는 태도가 필요하다.

　현대사회의 특징은 개인의 인권과 자유와 평등이 중요하게 여겨진
다는 점인데, 이런 시대의 변화에는 기독교적 가치와 정신의 확장이
자리 잡고 있음을 발견할 수 있다. 특히 한국 사회에서의 인권 신장
과 민주화, 개방과 발전에 있어서 기독교는 중요한 역할을 감당해
왔으며, 지금도 세계화 다문화 시대로 진입하면서도 강한 민족주의
에 대한 유혹을 떨치기 어려운 한국사회에서 중요한 사명을 맡고 있
다. 해석과 평가의 다양함을 인정하더라도 과거 시대의 아픔과 어둠
속에서 갈 바를 몰라 방황하던 한국사회를 진보된 시민사회로 이끄
는데 기여한 한국 기독교와 교회의 역할을 부정할 수 없을 것이다.
특히 우리가 누리고 있는 과학기술과 대학 교육은 기독교와 불가분
의 관계를 갖고 있음을 참고할 필요가 있다.

1. 과학과 기독교

지동설을 주장하다가 교회에 의해 종교재판을 받은 갈릴레오
(Galileo Galilei) 사건은 교회가 과학적 탐구를 용인하지 않은 대표적인
일로 자주 거론된다. 그러나 이전의 체계와 달리 지구가 아닌 태양
을 천체 궤도의 중심에 놓았던 코페르니쿠스 및 그의 가족이 성 도
미니크스 제3수도회에 속해 있었음을 동시에 고려해야 한다. 1616년
갈릴레오가 코페르니쿠스 시스템을 가르치고 있을 때 교회는 코페루
니쿠스 이론을 가설로는 자유롭게 가르칠 수 있지만 진실로 가르치
는 것은 그만두라고 했던 것이며, 갈릴레오가 성서구절의 재해석을
제안하자 신학자들의 권위가 침해되는 것으로 받아들였던 것이다.
특별히 중세 기독교가 암울한 시대로만 그려질 수 있으나 토마스 아
퀴나스의 자연법사상, 안셀무스의 신의 정돈된 힘과 절대적 힘 등에
대한 언급 등은 자연은 불변의 명료한 패턴에 따라 작용한다는 일종
의 과학정신이라고 볼 수 있을 것이다.

우주의 본질적 질서는 기독교에서 당연한 것으로 받아들여 다른
법칙의 기초가 되는 한 인정되어졌으며, 기독교 신앙은 서양과학의
발전에 큰 영향을 주었다. 자키 신부는 이렇게 언급하였다. "과학이
운동하는 물체에 관한 양적 연구인 한, 그리고 뉴턴의 제1법칙이 다
른 법칙의 기초가 되는 한, 사람들은 실제로 현대과학의 실질적 기
원은 중세라고 말할 것이다."[1] 특히 16세기 이그나티우스 로욜라에

---

[1] 『가톨릭 교회는 어떻게 서양문명을 세웠나』, 우물이 있는 집, 2008, 토마스 E. 우즈 주니어, 김
정희 옮김, p. 116에서 재인용.

의해 세워진 수도단인 예수회는 수학, 천문학, 전기과학, 지진학 등 18세기 과학적 성취의 중요한 기관이었고, 인도 및 중국 등에 근대 과학이 전파되는 데에도 크게 기여한 것이 사실이다.

2. 대학과 기독교

현재와 같은 대학의 시작에 대한 이야기는 다양하다.[2] 혹자는 고전 그리스 시대의 아카데미아를 기원으로 삼기도 하고, 9세기의 샤를마뉴(Charlemagne, 742~814년, 재위 768~814년, 샤를 1세, 카를 1세, 샤를 대제, 칼 대제)가 세운 카롤링거(Karolinger) 궁중학교를 꼽기도 한다. 그리고 아랍의 문화에 관심 있는 이들은 이집트나 아랍의 도시에서 시작되었다고 한다. 한국의 경우 고구려의 태학이나 조선 시대의 성균관을 이야기하기도 한다. 하지만 대학은 유럽 역사에서 완전히 새로운 현상이었다. 그와 같은 것은 고대 그리스나 로마에도 없었다. 우리가 오늘날 알고 있는 교수진과 학사과정, 시험, 학위 그리고 대학과 대학원 사이의 차이 등을 가지고 있는 체제는 서양의 중세 때로, 대학의 체계를 발전시킨 것은 기독교였으며 그 구체적인 실천의

---

2) 오늘날 universitas(오늘날 사용하는 university의 어원)란 용어는 사람들의 모임이나 가르치는 과목에 중점을 두고 사용한 반면, 스투디움 제네랄레는 학생들이 모여드는 장소와 시설에 더 중점을 두고 사용되었다. 우니베르시타스란 또한 시설이나 장소보다는 학문의 보편성(university of learning)에 더 가까운 의미를 지니고 있었다. 이렇게 이원적으로 사용되던 용어들이 대략 15세기가 지난 후부터 유니버시티university라는 단일통칭으로 사용되었다.(대학의 역사, 2장)

장을 감당한 곳은 교회였다. 달리(Lowrie Daly)의 말처럼 "교회는 유럽에서 지식 보존과 양성에 끊임없이 관심을 보여주었던 유일한 기관이었다."

현재와 같은 틀의 대학은 그 출발에 있어서 기독교적 이념을 바탕으로 세워졌다. 서양 중세 사람들은 세계가 정신세계와 물질세계, 사회로 구성되었다고 생각하였다. 그래서 그들은 각각에 맞는 과정과 지금의 인문학이라고 불리는 과정을 가르쳤다. 중세 대학의 교육방법은 강의와 토론이었다. 강의가 교육방법의 주요수단이었지만 토론은 강의에 부족한 것을 보완하는 하는 것이었다. 대학교육에서 토론과정을 중시했던 첫 의도는 반복을 통하여 교리들을 익히고 문제의식을 가진 부분을 바로잡으려는 데 두었다. 이를 통해 대학은 토론문화를 정착시켰다.

중세를 극복한 르네상스와 종교개혁의 흐름도 결국은 교회와 함께한 대학에서 잉태되어 불을 지폈다. 대항해의 시대, 기독교는 다른 문명과의 만남에 적극적이었다. 유럽의 대학을 졸업한 예수회를 비롯한 각 교단의 선교사들은 각 대륙에 흩어져 기독교를 전하며 유럽의 문화를 전파하였다. 그 가운데 예수회의 활동이 아메리카와 동아시아에서 놀라운 성과를 나타냈다. 동서 문화교류의 물꼬를 트고 직접 참여한 이들은 기독교의 세계관으로 교육받은 선교사들이었다. 그들은 대학에서 배운 것들을 동아시아에 전하였다. 그들은 서양의 교육제도, 천문학, 철학, 수학, 미술, 음악 등을 전파하였다. 이들은 중국에서의 전례논쟁 이후 그 영향력을 상실하게 되지만 그들이 저술한 한역 서학서들은 새로운 세상을 알아가는 데 열쇠와 같은 역할을 하였다.

동아시아는 1800년 대 중반에 들어서면서 주로 미국 프로테스탄트들을 중심으로 기독교를 접하게 된다. 기독교 선교사들은 한국, 중국, 일본 등에 들어와서 서구식의 중등학교와 대학교육을 소개하고 교육을 실행하였다. 한국 대학 교육의 한 전형인 하버드 대학교와 예일 대학교도 그 출발점은 기독교의 후원에 의해서였다. 그리고 중요한 것은 19세기말 개화운동을 이끌고 조국의 근대화를 위해 헌신한 이들은 기독교에 귀의한 후 미국의 대학에서 공부하고 돌아와 교육에서부터의 개혁과 개방을 이끌었다. 특히 한국 근대교육에 있어서 기독교의 역할은 절대적이라고 할 수 있다. 봉건적 질서 속에서 우왕좌왕하던 19세기말 한국사회에 새로운 지표를 세우고 안내한 것은 기독교정신을 바탕으로 한 대학들의 헌신적 활동이었다.

1885년 언더우드는 입국 직후 미국공사에게 "우리는 서울에서 한국어 연구생으로 또는 교육 사업가로 일할 터인데, 미국의 국기 아래서 보호를 받을수 있겠습니까. 지금은 선교사업이 아니고 교육사업을 시작함이 어떻겠습니까"라고 글을 보낸 적이 있다.[3] 한국에서 기독교 선교는 교육과 함께 시작된 것이다. 1885년 8월 아펜젤러에 의해 세워진 배재학당은 근대사립학교의 효시로, 그 이름은 고종황제가 부여한 것이다. 근대식 고등교육의 효시는 광혜원에서 출발한 제중원이 의학교육이 1886년 제중원 의학부로 개설되고, 1889년 정식 의학교로 설립되어 1900년 한국 정부에 정식 등록되었다. 평양의 숭실학교는 1897년 10월 설립되었지만 고등교육기관으로는 1905년 9월 발족한 것으로 보인다. 많은 학교들이 기독교에 의해 설립된 것

---

3) 민경배, 「한국기독교회사」, 연세대학교출판부, 2007, p. 265 인용.

이다. 기독교계 학교는 최남선의 표현대로 "한국의 희망이었다"고 평가될 수 있을 것이다.

일제하에 서울과 평양을 중심으로 대학교육을 펼친 한국의 기독교는 의료분야, 농촌운동, 문맹퇴치와 위생 생활 등 사회 전 분야에 걸쳐 상호 영향을 주고받았다. 일제 지배를 벗어난 한국사회에 필요한 일꾼들을 양성하기 위해, 그리고 전쟁 후 복구를 위한 인재들을 배출하기 위해 꾸준히 힘 쓴 것은 기독교의 후원을 얻은 대학들이었다. 그리고 그뿐 아니라 세계시민으로서 갖추어야 할 교양을 전하고 교육한 것도 한국기독교계 대학들이었다.

한국기독교는 대학을 비롯한 한국교육 전반에 큰 역할을 담당해왔고, 앞으로도 한국사회의 나아갈 방향을 제시하고 함께 할 것이다.

3. 봉사와 기독교

"4세기 초 기근과 질병이 로마의 콘스탄티누스 황제의 군대를 휩쓸고 있었다. 그 군대에 있던 이교도 군인인 파코미우스(Pachomius)는, 자신의 많은 동료들이 고통 받고 있는 사람들에게 먹을 것을 가져다주고 도움이 필요한 사람들을 차별 없이 도와주는 것을 바라보며 놀라워했다. 호기심에 찬 파코미우스는 이들을 관찰하고 그들이 기독교인이라는 것을 알았다. 그런 아량과 인간애의 행동을 고무시키는 종교가 대체 어떤 종교인지 그는 궁금했다. 그래서 그는 그 신앙에 대해 배우기 시작하였다. 그 신앙을 알고 난 후, 그는 개종하려 하였다."[4]

---

4) Alvin J. Schmidt, *Under the Influence: How Christianity Transformed Civilization*(Grand

위의 이야기는 기독교가 왜 사랑의 종교라고 불리는 지에 대한 좋은 답이라고 할 수 있을 것이다. 인간의 고통을 완화시키려고 부단히 애쓰는 기독교의 자선활동은 다양성 면에서나 양적인 면에서 비길 데가 없다고 말할 수 있다. 이런 기독교의 활동이 서양사회에 박애정신을 만들었다.

이 기독교의 박애정신은 아무것도 없는 데에서 나온 것이 아니고 그리스도의 가르침으로부터 시작되었고 고무되었다. "나는 너희에게 새 계명을 준다. 서로 사랑하여라. 내가 너희를 사랑한 것과 같이, 너희도 서로 사랑하여라. 너희가 서로 사랑하면, 모든 사람이 그것으로써 너희가 나의 제자인 줄을 알게 될 것이다."(요한복음 13장 34~35절) 이 성경구절이 시사하는 바처럼 기독교인이 된다는 것은 자선을 행하는 사람, 사랑을 실천하는 사람이라는 것이다. 가난한 사람들을 위한 기부나 봉헌의 관례가 교회초기부터 발달했다. 신앙의 마음으로 내는 헌납은 예배 중 제단 위에 놓였다. 초기 기독교인들은 종종 단식을 하여 그들이 음식에 사용했을 돈과 십일조제도를 통해 어려운 이웃들을 위해 아낌없이 내놓았다. 이러한 전통은 계속 이어져 대역병과 기근의 시기에 구호를 위한 단체를 조직하는데 힘을 쏟아놓았다.

교회는 초기부터 미망인과 고아 보호소를 설립하기도 하였고, 병든 사람들을 돌보아주었다. 이런 전통은 4세기가 되어서 교회가 서양의 주요 도시에 병원설립을 후원하도록 이끌었다. 또한 초기의 기독교인들은 가난과 질병, 나이에 의해 소외되는 사회계층에게 음

Rapid, Mich.: Zondervan, 2001) p.130. 토마스 E. 우즈 주니어, 김정희 옮김, 『가톨릭 교회는 어떻게 서양문명을 세웠나』, 우물이 있는 집, 2008. p. 227.

식물을 제공하기 위해 고대 그리스에 만연했던 상호보답의 환대와 로마인들의 가족 지향적인 의무를 거절하고 광범위하게 고생하는 사람들을 보살펴주었다.

　이렇듯 기독교와 교회는 초기부터 노동자들에게 먹을 것과 쉼터를, 불행한 사람들에게는 자선을, 병든 사람들과 역병 그리고 기근으로 고생하는 사람들에게는 위안을 제공했다.

　한국교회의 시작도 자선 또는 복지와 매우 밀접한 관련이 있다. 초기 선교사들을 중심으로 한국교회는 장애인과 여성에 대한 배려를 아끼지 않았다. 특히 한국 기독교는 장애인복지사업에 지대한 공헌을 하였다. 한국 최초의 맹인복지사업은 1890년 미국감리교 여선교사로 입국한 셔우드(Losetta Sherwood)에서 시작되었다. 그녀는 의사인 홀(William J. Hall)과 결혼하였는데 남편과 함께 평양을 중심으로 의료, 교육, 교회 개척 등 선교 사업을 실시하였다. 1897년 뉴욕식 점자 방식을 이용하여 최초로 한글 점자를 창안하여 본격적인 교육을 시작했다. 1903년부터는 맹인여학교를 개설하여 동양에서 최초로 통합교육을 실시하였다. 또한 농아교육 역시 셔우드에 의해 시작되었다. 그녀는 기홀병원을 설립하고 1909년 농아들을 받아 들여 교육을 시작하였다. 이것이 한국 농아교육의 시초가 되었다.

　한국교회의 장애인에 대한 사랑은 남달랐다. 기독교의 장애인 복지사업은 농아들을 위한 한국구화학교, 심신장애인 유아원 설립 등을 주도하였다. 현재 실로암 병원은 안질환 또는 눈에 장애를 가진 사람들을 위한 전문병원으로 개안수술의 성지 역할을 하고 있기도 하다. 한국전쟁 이후 전쟁고아, 전쟁으로 인한 장애자 들을 위해 기독교는 지속적인 관심과 사랑의 실천에 앞장 서왔다. 또한 여성들을 위한 지속적인 관심은 여성들에 대한 사회적 지위 뿐만 아니라 복지에 대해 많은 공헌을 하였다. 한국전쟁 때 설립된 선명회는 월드비전으로 개명하여 활발한 활동을 전개하고 있으며, 홀트 아동복지회 등은 전쟁고아뿐만 아니라 남아선호 사상 및 불우한 환경의 미혼모와 입양에 대해 지속적인 관심과 해결책을 제시하고 있다.

　IMF사태 이후 한국사회는 실업의 문제, 노숙자들의 문제가 사회의 큰 이슈가 되었다. 가난한 사람들, 밥 한 끼가 어려운 이웃들에 대한 관심과 보호에 많은 교회와 기독교 NGO들이 국가의 복지사각 지대에서 봉사하고 있다. 그 대표적인 것으로 "밥퍼"로 알려진 최일도 목사가 청량리시장 일대의 노숙자 등에게 라면을 끓여 제공한 데서 시작된 '다일공동체' 및 복지재단 등을 들 수 있을 것이다. 삼풍백화점 사고 이후 한국교회는 재해구호단체 '한국기독교연합봉사단'을 조직하여 국내외 각종재해에 따른 구호활동을 적극적으로 펼치고 있으며 지난 2007년 말 서해안 일대에서 발생한 기름피해 방재와 구호를 위해서도 가장 많은 인적, 물적 지원을 아끼지 않았다.

4. 도덕과 기독교

　우리가 속해 있는 동아시아의 경우 물질문명은 서양, 도덕과 정신은 동양이라는 사고에서 벗어나기가 어렵다. 특히 한국사회는 "동방예의지국"이라는 말을 금과옥조처럼 여기고 있기 때문에 도덕이나 윤리에 대해 말하기가 쉽지 않다. 특히 도덕에 관해서는 꽤나 자부심을 느끼는 터에 오랑캐라 여겨지는 서양의 도덕에 관한 이야기는 귀에 잘 들어오지 않는다. 그러나 현대 한국인들이 사람의 행동이나 사회현상을 판단하는 도덕적 잣대는 대부분 이미 서양의 도덕률에 기초하고 있음을 부정할 수 없을 것이다.

서양의 도덕은 고대 그리스의 전통과 기독교의 전통에 의해 형성되어왔다. 고대 그리스의 전통은 아리스토텔레스를 비롯한 스토아철학에서 그 빛을 발한다. 하지만 서양 도덕전통의 가장 중요한 부분의 원칙은 인간 생명이 신성하다는 기독교의 생각에서 비롯된다. 영혼은 불멸한다는 생각은 모든 인간의 가치와 독자성 그리고 자유의지를 담보한다. 이것은 기독교의 공헌이라고 할 수 있다. 사실 기독교인이 아닌 사람들 사이에서는 가난한 사람, 약한 사람, 병든 사람들은 홀대받았다. 때로는 아예 버려지기도 했다.

고대 그리스나 로마에서는 좋지 못한 관습이 있었다. 소위 영아유기라는 것인데, 도덕적으로 용납되고 있었다. 가난한 병자, 기형적으로 태어난 남자아기와 수많은 여자아기들(가부장사회에서 폐가 된다는 이유로)이 버려진 것이다. 하지만 교회는 이를 용인할 수 없었다. 기독교도들은 영아살해 관습을 분명히 그리고 단호하게 반대하여, 결국 그것을 폐지시켰다.

자살에 대한 비난 역시 인간 생명을 신성하게 보는 기독교의 강력한 입장에 기인한 것으로 볼 수 있다. 고대 그리스의 아리스토텔레스도 자살을 비난했으나 그 후 많은 서양 고대사회에 영향을 끼친 스토아 철학자들은 육체적 고통 혹은 정신적 좌절에서 벗어날 수 있는 하나의 방법으로 자살을 수용했다. 이런 주장을 한 많은 스토아 철학자들 역시 자살했다고 하지만 교회의 입장은 단호했다. 박해를 받던 기독교인들은 그들을 박해하는 사람들의 고문과 위협으로부터 탈출하기 위한 하나의 방법으로 결코 자살을 택하지 않았다.

아우구스티누스와 토마스 아퀴나스는 자살에 대한 기독교의 입장을 확립시켰다. 특히 아퀴나스는 "생명은 하나님이 인간에게 성스럽게 주어준 선물이다. 그리고 생명을 주고 가져가는 권한을 가진 자에게 절대 복종해야 한다. 그러므로 자신의 생명을 스스로 가져가는 사람은, 다른 사람의 하인을 죽인 사람이 그 주인에게 죄를 진만큼 신에게 죄를 범하는 것이다."라고 단호하다.

또한 기독교는 전쟁의 정당성 또는 도덕성에 대해 묻고 있다. 이것은 현대사회에서 전쟁의 정당성 또는 정당한 전쟁에 대한 논의와 평화주의 운동에 대한 이론적 근거를 제공하였다. 특히, 이 논의가 중요한 이유는 어느 누구도 심지어 국가라도 도덕성의 요구에서 제외될 수 없다는 것을 밝히고 있기 때문이다.

기독교의 또 다른 도덕적 공헌은 아마도 성도덕에 관한 것일 것이다. 기독교가 전파되던 시기의 서양은 성의 난잡함이 만연된 사회였다. 당시의 성관습은 비뚤어지다 못해 가학적으로 성장했다. 타키투스는 2세기 초 순결한 부인을 찾기는 드문 일이라고 말하기까지 하였다. 그러나 교회는 성적으로 친밀한 관계는 부부 사이에만 제한되어야 한다고 가르쳤다. 기독교에 대해 냉정한 평가를 주저하지 않던 기번(Edward Gibbon)조차도 "결혼의 존엄성은 기독교에 의해 보존되었다"고 인정하였다. 교회에 따르면, 간통은 고대에서처럼 남편에 대한 부인의 배신에 국한되지 않고 부인에 대한 남편의 부정에까지 확대되었다. 이런 면에서 교회의 영향은 역사적으로 큰 의미를 가졌다. 이는 기독교가 여성에게 일방적인 책임을 묻는 것이 아닌 간통죄의 동등성에 영향을 끼쳤음을 보여준다고 할 수 있다.

초대 교회에 여자 신자들이 많게 된 이유 중 하나도 교회가 결혼 생활을 신성하게 여긴 까닭이다. 기독교는 결혼을 신성한 서약의 수준으로 올려놓고 이혼을 금지하였다. 기독교는 인간을 도덕적 성찰을 할 수 있는 존재로 본다. 다시 말해 인간은 자신의 행동에 대해 도덕적 판단 또는 평가를 하는 존재라는 것이다. 그리고 인간에게 정말로 걸맞는 삶은 하나님의 은총이 필요하다고 한다. 교회는 훌륭한 삶이나 우리의 외부적 활동이 나무랄 데 없는 삶이 아니라고 가르친다. 한 걸음 더 나아가 동료 인간을 물체로 만들지 말라고 권고한다. 다시 말해 진정한 사람이 되라고 한다.

동아시아에 서양도덕, 윤리가 처음 모습을 드러냈을 때, 가장 충돌이 많았던 부분은 혼인과 관련이 있다. 특히 일부일처제를 강조하는 기독교의 윤리는 처첩을 들이고 살았던 동아시아 남자들에게 받아들이기 쉽지 않았다. 그래서 많은 갈등을 낳았다. 그리고 남녀노소 빈부귀천 없이 평등하다는 사상, 우애를 강조하는 기독교의 윤리는 상하관계를 중시하던 동아시아 사회에 커다란 위협으로 생각되었다. 양반과 상놈의식이 뿌리 깊게 자리 잡고 있었던 구한말 한국 사회에 있어서도 처음에는 충격이었고, 갈등과 충돌을 야기하기도 했지만 기독교는 사회적 의식을 바꾸어 놓으면서 사회와 함께 발전해 갔다.

참고문헌

민경배, 『한국 기독교회사』, 연세대학교 출판부, 2007.

이석우, 『대학의 역사』, 한길사, 1999.

최무열, 『한국교회와 사회복지』, 나눔의 집, 1999.

토마스 E. 우즈 주니어, 김정희 옮김, 『가톨릭 교회는 어떻게 서양문명을 세웠나』, 우물이 있는 집, 2008.

마이클 콜린스·매튜 A. 프라이스, 김승철 옮김, 『사진과 그림으로 보는 기독교 역사』, 시공사, 2003.

제**2**부

다문화 사회와 정치윤리

많은 사람이 한국 교회를 바라보면서 약점으로 거론하는 문제가, 신앙적 열정에 비해 윤리적 실천이 약하다는 점이다. 어쩌면 '윤리학'은 있으나 '윤리'는 부재한 사회 속에서 살다보니 기독교를 비롯한 종교에 거는 기대가 더 크고, 여기에 부응하지 못할 때 오는 문제라고 볼 수도 있을 것이다. 여러 면에서 세계의 주목과 기대를 받고 있는 한국교회가, 윤리적인 면에서 왜 취약하다는 평가를 받고 있을까 생각해 보게 된다.

우선, 기독교 윤리에 대한 편견과 오해가 있다. 이런 오해의 배경에는 기독교 윤리를 제대로 설명하고 가르치지 못한 전문가들의 책임도 크다고 생각한다. 윤리는 옳고 그름에 대한 이론적인 연구이며, 이를 실천할 수 있는 덕목을 제시하는 것이다. 특히 기독교 윤리는 인간의 주관적인 관점이나 어느 특정한 이론에 근거해서 행위를 판단하거나 평가하는 것이 아니다. 진리의 근원인 성경 말씀을 기초로 하여, 우리가 살고 있는 사회 속에서 어떻게 살아야하는가에 대한 답을 제시해야 하는 것이다.

그런데 기독교 윤리를 연구하고 가르치는 태도가 율법주의자들이나 예수님께 질책 받았던 바리새파 사람들의 모습과 같을 때가 많았다. 즉 자신의 경험이나 지식이 최고의 판단자가 되어, 자신은 기독교나 교회와는 아무 상관이 없는 것처럼 정죄하고 판단하는 모습을 취할 때가 많았다는 것이다. 이렇게 되면 윤리가 믿음과 복음과는 반대의 자리에 서게 되는 것이다. 윤리적 판단과 평가는 교회와 신앙인들을 세워가며, 격려하는 태도로 진행되어야 한다.

우리 모든 신앙인들은 이기주의와 자기희생 사이의 역설적인 긴장 사이에 놓여 있다. 그러나 우리의 행위의 목표, 판단 기준은 세속적인 윤리, 이성적인 윤리가 추구하는 상호적인 사랑, 즉 에로스(eros)에 있지 않다. 하나밖에 없는 자신의 생명을 주신 예수의 희생적 사랑, 즉 아가페(agape) 사랑에 있다. 윤리는 우리를 속박하는 것이 아니라 그리스도 안에서의 자유자로 살아가게 한다. 윤리는 정죄와 판단을 위해 있는 것이 아니다. 신앙인들의 삶을 격려하며, 교회를 세우며 부흥하게 한다. "교회를 세우는 윤리, 격려의 윤리"가 필요하다.

제5장

마이클 샌델을 통해 보는 정의론의 필요성과 한계*

1. 마이클 샌델은 누구인가?

마이클 샌델(Michael J. Sandel) 교수의 '정의란 무엇인가'란 책이 출간되었다.1) 이 책은 인문학, 철학 분야의 책임에도 불구하고 올 여름 주요 서점의 베스트셀러를 유지하고 있다. 저자 마이클 샌델은 27세에 최연소로 하버드대학교 교수가 되었고, 29세에 존 롤즈(John Rawls)의 '정의론'을 비판한 '자유주의와 정의의 한계'란 책으로 세계적 명성을

---

* 이 장은 두란노서원 발행, '목회와 신학', 2010년 9월호, "전문가의 책 읽기-마이클 샌델의 「정의란 무엇인가」," 내용을 기초로 수정, 보완한 것입니다.
1) 「정의란 무엇인가」 마이클 샌델, 이창신 옮김, 김영사.

얻었다. 1980년부터 30년간 하버드대학에서 정치철학을 가르치고 있
는데, 2008년에는 미국정치학회가 수여하는 최고의 교수로 선정된 학
자이다. 물론 이 책에 대한 뜨거운 반응이 우리 사회 여러 분야의 정
의롭지 못한 현상에 대한 반작용이란 냉소적인 평가도 없는 것은 아
니지만, 많은 사람들이 '정의'에 대해 관심을 갖는다는 것 자체가 도덕
무용론이나 도덕적 판단의 불가능성을 주장하는 사람도 제법 많은 것
을 고려할 때 기독교윤리학을 가르치는 사람 입장에서 고무적인 일이
아닐 수 없다. 더 넓게 생각해보면, 철학과 같은 인문학과 종교에도
사람들의 관심이 있었구나 라는 긍정적인 생각을 해보게 된다.

　이 책은 학문적 저술 의도로 된 딱딱한 책은 아니고 저자가 하버
드 대학교에서 한 강의록을 기반으로 묶여진 책으로 보인다. 친절하
게도 우리말 번역본의 부록으로 그의 강의를 실제 동영상으로 접할
수 있는 것도 또 다른 재미를 제공하고 있다. 마치 채플 같은 큰 강
의실에서 특별한 시청각 기재를 사용하지 않으면서도 청중과 대화하
듯 강의하고 있는 샌델 교수의 모습은 역시 강의는 규모나 기재 등
의 외적인 문제보다는 강의자가 가장 중요하다는 생각을 하게 한다.
그의 강의 전개를 집중해서 읽어 보면, 딜레마에 해당하는 문제들을
많이 제시하면서 윤리학적 용어와 논리를 갖고 설명해 내는 특징이
있다. 어떤이는 이 책을 어려운 책이 아니라고 서평 해 놓은 것을 보
았는데, 본인의 판단으로는 결코 쉬운 책이 아니다. 물론 딜레마의
경우로 제시되고 있는 사례들만을 놓고 본다면 한번은 들어 보았을
법한 상식적인 이야기들을 많이 언급하고 있지만, 이를 해석하기 위
해 제시되는 행복론과 관련된 공리주의적 도덕론, 칸트(Immanuel
Kant)와 롤즈에 기초한 의무론적인 해석들, 그리고 저자가 궁극적으

로 던지는 질문이자 입장이라고 보이는 미덕, 공동선 등에 대한 설명과 논리 전개는 윤리학 전반에 대한 세심한 이해를 필요로 하는 논쟁적 요소들을 담고 있기도 하다.

2. 정의를 이해하는 방식들

샌델의 '정의란 무엇인가'를 이해하기 위해서는 그가 갖고 있는 세 가지 방식의 키(key)를 이해해야 한다. 줄곧 이 세 줄기가 책의 중심을 이루고 있다. 물론 정의론의 출발은 분배와 자격 등의 문제이다. "우리가 소중히 여기는 것들, 이를테면 소득과 부, 의무와 권리, 권력과 기회, 공직과 영광 등을 어떻게 분배하는지 묻는 것이다. 정의로운 사회는 이것들을 올바르게 분배한다. 다시 말해, 각 개인에게 합당한 몫을 나누어 준다. 이때 누가, 왜 받을 자격이 있는가를 묻다 보면 문제가 복잡해진다."(p.33) 우리가 일상생활 속에서도 적지 않게 고민하는 문제이기도 하다. 문제를 풀기 위해 언급되는 이론은 세 가지 갈래이다. 첫째는, 행복을 극대화하는 것에 기대는 것으로 풍요로운 사회를 만들면 공리주의자들이 자주 언급하듯 행복을 극대화할 수 있다는 이론이다. 둘째는, 자유를 존중하여 개인의 권리를 강조하는 주장으로, 자기 결정권을 강조하는 이론이다. "정의란 성인들의 합의에 따른 자발적 선택을 존중하고 지지하는데 달렸다고 믿는 사람들이다."(p.35) 하지만 자유지상주의자들과 성공할 기회를 주기 위한 공평을 강조하는 공평주의 진영사이에 내적 긴장이 있다. 셋째

는, 정의를 미덕을 기르는 행위와 연관시키는 경우이다. 흔히 문화적
으로 보수주의, 종교적으로는 우파와 동일시되기 쉬운 입장이다.

이제 저자는 제 2강에서부터 어려운 도덕 문제에 직면한 긴장된 상
황 속에서 제시한 구제금융, 가격폭리, 소득불평등, 소수집단 우대정
책, 병역, 동성혼을 둘러싼 논쟁 등에 있어서 어떻게 신념의 정당성을
증명할 것인가를 질문하며 문제를 풀어가려고 한다. 그는 아리스토텔
레스, 임마누엘 칸트, 존 스튜어트 밀, 존 롤즈 등의 철학자들에 대해
시대순이 아닌 입체적인 설명을 시도하면서 이 문제들에 답하고 있다.

저자는 벤담(Jeremy Bentham)의 공리주의를 간단히 소개한 후 한계
와 반론을 제시하고 있다. 우선 그의 공리주의에 대한 설명은 이렇
다. "공리주의의 핵심 사상은 간결하며, 언뜻 들어도 마음에 와 닿는
다. 도덕의 최고 원칙은 행복을 극대화하는 것, 쾌락이 고통을 넘어
서도록 하여 전반적으로 조화를 이루는 것이라는 주장이다. 벤담에
따르면, 옳은 행위는 공리(유용성)를 극대화하는 모든 행위이다. 그가
말하는 '공리'란 쾌락이나 행복을 가져오고, 고통을 막는 것 일체를
가리킨다."(p.55) 모든 도덕적 싸움은 공리주의 원칙을 어떻게 적용할
것인가라는 차원에서 이견을 보일 뿐 공리주의 원칙 자체를 문제시
하는 것은 아니라는 벤담의 주장도 소개하고 있다. 그러나 공리를
극대화하는 많은 경우들이 인간 개인의 권리라는 측면에서 볼 때,
다수의 행복이라는 미명하에 방치되어 있는 아이의 침해받는 인권과
모든 가치를 돈이나 기타 환산적 가치로 평가하는 데서오는 한계를
드러낸다고 지적하고 있다. 즉 "공리주의자들은 사람 목숨을 돈으로
환산할 때 느끼는 거부감을 극복해야 할 충동적 감정이자, 명확한
사고와 합리적 선택을 방해하는 요소라고 본다. 그러나 공리주의를

비판하는 사람들에게는 그런 거부감이 도덕적으로 중요한 무언가를 가리키는 지표로 해석된다. 그들은 모든 가치와 행위를 하나의 저울로 계량하거나 비교할 수는 없다고 생각한다."(p.70) 물론 존 스튜어트 밀은 공리를 극대화하되 순간이 아니라 장기적인 관점에서 그리 해야한다고 주장하고 있지만, 샌델은 설득력이 부족하다고 반박한다. 사회발전을 위해 개인의 권리를 존중한다면, 권리는 불확실한 상황에 볼모잡힌 꼴이기 때문이다. 또한 권리를 공리주의 시각에서 바라본다면, 누군가의 권리를 침해했을 때, 그것이 사회전체의 행복에 어떤 영향을 미치든 당사자에게는 부당 행위가 된다는 사실을 간과할 수 있기 때문이다.

3장 "우리는 우리 자신을 소유하는가?"부터는 자유와 자기결정권과 관계된 이론을 담고 있다. 양적으로도 상당한 설명이기에 샌델의 입장이 넓게 보면 목적론과는 대비되는 의무론적인 칸트 계열의 학자임이 드러나는 대목이다. 우선 그의 설명은 이렇다. "1980년대에 자유지상주의 사상은 친시장, 작은 정부를 지향하던 로널드 레이건과 마거릿 대처의 정책에서 가장 뚜렷하게 드러났다. 그러나 지적 신념으로서의 자유지상주의는 그보다 앞서 복지 정책에 반대하며 나타났다. 오스트리아 출신 경제학자 프리드리히 하이에크는 '자유헌정론'에서, 경제 평등을 성취하려는 시도는 하나같이 강압적이고, 자유사회를 파괴하게 마련이라고 주장했다."(p.91)

저자는 로버트 노직(Robert Nozick)이 '분배 정의'라는 익숙한 개념에 이의를 제기하면서 "오직 계약을 집행하고, 사람들을 무력과 절도와 사기에서 보호하는 기능을 수행하는 최소국가만이 정당화될 수 있다고 주장한 것을 상기 시킨다. 자유지상주의 주장은 자기소유 개

넘과 관련되어 있다. 예를 들면 내가 나를 소유한다면, 나는 내 노동도 소유해야 한다. "자기소유라는 개념은 꽤 설득력이 있다. 개인의 권리에 탄탄한 기반을 제공하려는 사람들에게는 특히 그러하다. 나는 국가나 정치 공동체가 아닌 나 자신에게 속한다는 생각은, 다른 사람의 행복을 위해 내 권리를 희생하는 것이 왜 잘못인가를 뒷받침하는 근거가 된다."(p.101) 저자는 자기 소유와 관련하여 좀 끔직한 사례를 제시하고 있다. 2001년 독일의 로텐부르크라는 마을에서 아민 마이베스란에 의해 제안되어 일어난 자발적 참여자들에 대한 식인행위이다. "성인들의 합의로 이루어진 식인행위는 자기소유라는 자유지상주의 원칙과 여기서 나온 정의에 관한 생각을 시험하는 궁극적인 시험대다 … 자유지상주의자의 주장이 옳다면, 합의로 이루어진 식인 행위를 금지하는 것은 부당하며, 자유권을 침해하는 조치다. 그렇다면 국가는 빌 게이츠와 마이클 조던에게 세금을 부과해 가난한 사람을 도울 수 없듯이, 아민 마이베스 역시 처벌할 수 없을 것이다."(p.107)

5강, 6강에 걸쳐 있는 임마누엘 칸트와 존 롤즈의 윤리론 이해는 샌델의 정의를 이해하는데 중요한 문제가 될 것으로 보인다. 저자는 말한다. "권리가 공리에 의해 좌우되지 않는다면, 권리의 도덕적 근거는 무엇일까? 여기에 자유지상주의자들이 한 가지 대답을 제시한다. 개인은 타인의 행복에 이용되어서는 안된다는 주장이다. 자기소유라는 기본권을 침해할지 모른다는 우려 때문이다. 내 삶, 내 노동, 나라는 인간은 내게, 오직 내게만 속한다. 사회가 그것을 이래라저래라 할 수 없다."(p.147)

칸트의 설명은 우리는 자신을 소유한다거나 우리 목숨과 자유는 하나님의 선물이라는 주장에 근거하지 않는다. 그보다는 우리는 존중 받아야하는 존엄성을 지닌 이성적 존재라는 생각에 기초한다. 칸트는 공리주의를 거부하면서 정의와 도덕을 자유와 연관시키는 의무론을 전개한다. 칸트의 주장에 따르면, 도덕은 사람들이 특정한 시기에 드러내는 흥미, 바람, 욕구, 기호 같은 경험적 요소에만 좌우될 수 없다. 이러한 요소들은 가변적이고 우연적이라서 보편 인권 같은 보편적 도덕 원칙이 되기 어렵다.(p.151) 칸트는 도덕의 기초를 신성한 권위에서 찾으려 하지 않았고 '순수 실천이성'을 연습하여 최고의 원칙에 도달하려 하였다.

칸트를 이해하는데 빼놓을 수 없는 것이 '동기'의 문제와 '정언명령'이다. 즉 도덕적 가치는 행위의 결과가 아니라 동기에 있다는 것인데, "어떤 행동이 도덕적으로 선하려면 도덕법에 순응하는 것만으로는 부족하다. 도덕법 그 자체에 기여해야 한다. 그리고 어떤 행동에 도덕적 가치를 부여하는 동기는 의무인데, 칸트가 말하는 의무동기란 올바른 이유로 올바르게 행동하는 것을 뜻한다."(p.158) 칸트는 모든 행동은 특정 법칙에 지배된다고 주장하는데, 그 법칙은 이성에서 나오는 것이다. 물론 공리주의는 도구로서의 이성을 말하지만, 도덕과 관련된 선험적²⁾으로 정해지는 실천이성은 도구로 여겨지는 것이 아니다.

칸트는 아울러 어떤 목적에도 기대지 않는 정언명령을 도덕적 명령으로 본다. 정언명령의 형태는 "당신의 행동준칙을 보편화하라"와

---

2) 대상에 관한 인식이 아니라, 오히려 선천적으로 가능한 범위에서의 대상 인식방법에 관한 인식을 뜻함.

"인간을 목적으로 대하라"는 것이다. 즉 칸트에게는 '존중'의 윤리가 강조되고 있다 할 수 있다. "칸트의 존중 원칙은 보편 인권 원칙과도 통한다. 칸트가 생각하는 정의에 따르면, 우리는 상대가 어디에 살든, 우리가 상대를 얼마나 잘 알든, 모든 사람의 인권을 옹호해야 한다. 단지 인간이기 때문에, 이성적 능력을 갖고 있기 때문에, 따라서 존중받을 가치가 있기 때문에 그래야 한다."(p.173)

그런데 도덕법을 포함해서 의무를 강조할 때마다 제기되는 질문이 있다. '왜 우리는 법을 준수해야 하는가?'라는 질문이다. 하나의 대답을 존 롤즈는 '정의론'을 통해서 보여주고 있다. 이 문제는 원초적으로 평등한 상황 속에서 어떤 원칙에 동의해야하는 가를 묻는 질문으로 환원될 수 있다는 것이다. 그는 정의의 원칙으로 언론의 자유 등 기본적인 자유를 모든 시민에게 평등하게 제공해야 한다는 점과 사회적, 경제적 평등과 관련하여 사회 구성원 가운데 불평등을 인정한다면, 이익이 가장 어려운 사람에게 돌아가야 한다고 주장한다.

그러나 도덕 문제에 있어서 최선의 합의만 이루어진다면 그 정당성을 확보할 수 있을까? 결국 샌델은 물이 새는 변기를 고치는데 5만 달러를 지불하기로 한 합의로 결국 사기죄로 체포된 사례를 소개하고 있다. 대부분이 이 합의에 분노하는 것은 '호혜의 원칙'이 작용하고 있다고 볼 수 있지 않을까? 이 문제는 8강에서 소개된 "누가 최고의 플루트를 가져야하는가"라는 질문에 대해 아리스토텔레스의 정치학 혹은 윤리학이 답하는 문제와 관련된다. 아리스토텔레스는 정의를 목적론에 근거하여, 영광을 안겨주는 것으로 파악하고 있음을 보게 된다. 즉 플루트의 목적이 무엇인가를 질문하여, 플루트의 목적은 뛰어난 음악을 만드는 것이므로 이 목적을 가장 훌륭히 실현할 수 있는 사람이 최고의 플루트를 가져야 한다고 보는 것이다.

아리스토텔레스 입장에서 보는 정치의 목적에 관해서도 "정치의 목적은 좋은 삶의 구현이기 때문에, 최고공직과 영광은 페리클레스처럼 시민의 미덕이 가장 뛰어나고 무엇이 공동선인지를 가장 잘 파악하는 사람에게 돌아가야 한다."(p.273)는 설명에서 저자는 사회조직과 정치행위를 놓고 볼 때 목적론적 추론을 버리기 쉽지 않음을 지적한다. 이제 본질적인 도덕의 문제는 '권리와 자유'라는 전통적인 주제로 돌아가고 있다. 그것은 바로 개인의 자유를 최고의 가치로 놓고 문제를 결정하는 것이 타당한지 공동체의 또 다른 요구에 부응하는 것이 우선하는 것인지를 결정해야하는 문제이다. 실제로 이들은 애국심의 도덕 감정, 형제애 등의 소속감, 충직과 관계된 의무에서 볼 수 있듯 삶속에서 또 다른 보편적 규범 등과 상충을 일으키기 쉽다.

자유주의 정치론은 정치와 법이 도덕적, 종교적 논란에 휩쓸리는 일을 막기 위해서 탄생했으며, 칸트와 롤즈의 철학은 이를 대표한다. 그러나 분명한 한계가 있음을 저자는 지지한다. "정의와 권리에 관한 뜨거운 쟁점 중 상당수가 도덕적, 종교적으로 논란이 되는 문제를 피해가지 못한다. 시민의 권리와 의무를 규정할 때, 좋은 삶에 관한 여러 견해를 항상 배제할 수 없다. 가능하다 해도 바람직하지 않을 수 있다."(p.337)

결국, 도덕의 문제는 철학적 차원에서만은 풀 수 없는 또 다른 논쟁들을 필요로 하고 있다. 아리스토텔레스가 던진 '좋은 삶' 혹은 '미덕'의 문제는 우리에게 던져지는 질문이기도 하다. 소박하고 진지하게 인생을 살려는 사람들이 정의론에 귀를 기울이고 있다. 결국 이들은 잠재적인 종교인들이다. 기독교가 그들을 우호적인 사람들로 만들어야 하는 과제가 놓여 있다.

3. 기독교에 던지는 메시지

이 책이 신학자들과 목회자들에게 주는 메시지는 무엇일까? 첫째, 윤리적 논쟁점에 있어서의 합리적 논의의 필요성이다. 사실 많은 윤리적 문제가 한쪽이 원하는 대답으로 수렴되기가 쉽지 않다. 딜레마 자체가 양자 다 설득력이 있기에 쉽지 않는 문제이듯 기독교 공동체나 사회에서 갖게 되는 다양한 문제들도 그 심각성과 특이성을 갖고 있음을 이해할 필요가 있다. 신학적으로 소위 자유주의적 입장에 서건 보수주의적 입장에 서건 논쟁적 요소를 쉽게 풀려는 것은 상당히 교만한 생각이다. 어쩌면 젊은이들에게 기독교가 설득력 있게 다가서지 못하는 중요한 요소 가운데 하나도 설득하기 보다는 그들에게 결론을 강요했기 때문에 그런 것은 아닐까? 물론 기독교 윤리는 윤리적 문제를 일정한 이성적 합의에 의해서 풀기보다는 계시적 권위를 갖는 성경말씀이나 기독교회의 전통에 의해 답하는 경우가 많다. 철학적 윤리에서는 기독교 윤리를 하나님의 명령에 기대고 있다고 해서 신명령론(神命令論)이라고 부르기도 하는데, 이는 대부분의 종교 윤리가 갖는 특징이기도 하다. 그러나 우리가 사는 사회의 구체적인 모든 문제를, 특히 현대사회의 기술과 경제체제 등과 관련된 구체적인 문제들에 대해 성경은 문자적으로 대답해주지 않는다. 교회의 권위에 의해서 푸는 것도 현대사회의 문제가 워낙 다양하고 복잡하기 때문에 한계를 갖게 마련이다. 성경은 원리를 가르쳐주고 제시하는 책이지 결코 구체적인 케이스를 제시하는 것은 아니기 때문이다. 따라서 제반 문제에 대해 적실성 있는 윤리적 해답을 주기 위해서는 일정한 방식의 합리적 논변과 추론 작업이 필요한 일이다. 기독교 역사를 통해서 드러난 과학과 신학의 관계가 그러하듯 기독교 신학이 과학을 넘어서 있긴 하지만 결코 과학의 이성적 작업을 부정하거나 외면하는 것은 아니다.

둘째로, 윤리의 문제는 결국 가치판단이라는 형이상학적 문제로 귀결됨을 볼 수 있다. 이는 종교, 기독교의 신학과 윤리적 대답의 필요성을 강하게 요청하는 것으로 해석할 수도 있을 것이다. 결국 정의는 단순한 분배의 문제가 아니라, 개인적으로 혹은 공동체적으로 어떤 사람과 사회를 이상으로 추구하는지가 더욱 중요한 문제가 된다는 점을 샌델은 여러 곳에서 보여주고 있다. 기독교 윤리는 정의의 문제를 갖고 고민하는 우리 사회의 지성인들과 합리적 논변을 이어갈 수 있는 과제를 안고 있으며, 샌델이 던진 질문들을 기독교적 시각에서는 어떤 차원에서 대답할 수 있을지 고민하고 답해야하는 책임이 있다. 이런 면에서 기독교 공동체의 윤리는 합리적 정당성을 포기하지 말아야 한다. 정의 등 사회윤리적 문제들에 있어서 비기독교인들과도 의사소통을 해야 하기 때문이다. 물론 기독교는 교회와 사회를 동일하다고 볼 수는 없다. 그러나 교회가 그 안에서 살아가는 사회와 더불어 협력할 수 있기 위해서 교회 공동체는 그 행동 규범의 합리적 정당성을 필요로 하고 있다. 특히 기독교인이 아닌 사람들을 어떻게 설득할 수 있을까하는 고민을 푸는데 있어서 샌델의 책이 보여 주는 전통을 적절하게 소개하며 재해석하는 논변들은 큰 참고가 되고 있다.

셋째로, 그렇다면 '기독교에서 말하는 정의는 무엇인가?'라는 질문을 던져보게 된다. 이 문제에 관해 가장 많은 고민과 업적을 남긴 라인홀드 니버의 시각에서 본다면 기독교 사회윤리의 원리로서의 정의와 실천으로서의 사랑이 동시에 강조되어야 할 것으로 보인다. 완전한 자유와 평등의 조화를 통한 정의 추구는 그 추진력으로서의 '하나님의 나라' 및 '아가페 사랑'에 대한 이상을 동시에 필요로 하고 있는 것이다. 물론 인간은 피조물로서의 한계를 갖는 죄인이기에 제도와 법도 절대적인 것이 되지 못하고 상대적이며 잠정적인 것이 되는 한계가 있다. 아가페의 사랑이 이 사회에서 실현되는 것은 불가능하기도 하다. 인간은 신의 형상으로 창조된 의인인 동시에 타락한 죄인이기에 자기 중심성적 인간은 아가페 사랑을 실천할 수 없는 것이다. 결국 신학에서는 인간의 죄악을 종교적 차원에서의 불의와 도덕적 차원의 부정의란 이중 구조로 설명할 필요가 있다. 기독교에서 추구하는 정의는 사랑과 분리되어 생각될 수 없는 것으로서 정의는 항상 사랑과 변증법적인 관계에 있을 때 의미를 갖게 된다. 이런 면에서 니버는 "정의가 단지 정의이기만 하면, 그것은 진정한 의미의 정의에 이르지 못하는 것이다"라고 말했다. 역사적으로 정의 문제에 대한 많은 고민과 논의들이 있었다. 그러나 신학적인 면에서 보면 인간의 도덕적 한계를 인정하지 않는 정의에 관한 이론은 또 하나의 '유토피아' 이론이 될 수 밖에 없다. '정의란 무엇인가'에 대한 기독교적 대답은 '사랑이란 무엇인가'란 질문으로 환원될 수 있을 것이며, 현대 사회의 대중들에게 설득력 있는 '사랑론'이 필요함을 시사해 주고 있다.

제6장

짐 월리스를 통해 보는 신앙과 정치*

　이번 장은 짐 월리스(Jim Wallis)의 책1)을 중심으로 바람직한 정치와 신앙의 관계를 모색해 보고자 한다. 그는 균형 잡힌 시각에서 그 필요성을 역설하고 있다.

1. 부정할 수 없는 정치와 신앙의 관계

　정치와 신앙의 관계를 부정하는 이들은 거의 없으나, 신앙인들이 정치에 실제적이면서도 긍정적인 영향을 끼치기가 어렵다는 것은 대

---

* 이 장은 두란노서원 발행, '목회와 신학' 2009년 11월호 "짐 월리스를 통해 보는 신앙과 정치", "정치와 신앙의 관계를 정립할 수 있는 7가지 법칙"에 게재된 내용을 수정, 보완한 것입니다.
1) 짐 월리스(Jim Wallis), 『그리스도인이 세상을 바꾸는 7가지 방법』

부분의 사람들이 실감하는 문제이기도 하다. 저자가 미국 양당정치 속의 신앙인들의 모습을 지적하면서 던지는 종교적 농담이 하나 있 다. 어쩌면 딱딱한 이 책에서 웃음을 줄 수 있는(비록 쓴 웃음이긴 하지 만) 유일한 부분이 아닌가 싶다. 두 명의 상원의원이 식사를 하다 공 화당의원이 민주당 의원을 향해 민주당 의원이 주기도문을 외우면 20달러를 내겠다고 했다. 그러자 민주당 의원이 주기도문을 외우기 시작한다. "이제 저는 잠자리에 누우며, 주께서 내 영혼을 지켜주시 길 기도합니다." 그러자 공화당 의원이 지갑을 꺼내며 말했다. "제기 랄, 나는 자네가 주기도문을 외우는 줄은 정말 몰랐네(127면)"

원서와 번역본을 대조하면서 읽지는 못했으나, 한글 문맥이 어렵 지 않게 이해되고 있고 인문 분야의 전문서적을 많이 출판하고 있는 출판사의 경력 있는 역자의 번역인 만큼 좋은 정보와 지침을 제공해 줄 수 있을 것으로 기대한다. 원제 '대각성(the great awakening)'을 한 동안 유행했던 책 이름 짓기 용법을 따라 "그리스도인이 세상을 바 꾸는 7가지 방법"이라고 번역한 것이 조금 이상하기도 했으나, 책 내 용의 가장 중심 부분이라는 측면에서 큰 무리는 아닌 것으로 보인다.

2. 짐 월리스는 누구인가?

책과 저자는 불가분의 관계이다. 사실 독자는 책을 통해서 정보나 지식을 만나기보다는 한 사람을 만나는 것이다. 특히 이 책처럼 강 연을 기반으로 하고 있는 책인 경우에는 더욱 그렇다. 짐 월리스는

미국 정치와 종교를 아울러 가장 영향력 있는 리더로 꼽히는 운동가
로, 미국 복음주의 진영에서 빈곤과 전쟁 같은 중요한 사회적·정치적
문제들에 대해 날카로운 비판의 목소리를 내는 대표적 지성인 가운
데 한 명이다.

1948년 미시간의 한 플리머스 형제단 가정에서 태어나 경건하고
보수적인 기독 청년으로 성장한 월리스는 미시간 주립대학교에 들어
가 당대의 가장 첨예한 사회적 쟁점인 흑인들의 암담한 현실과 이에
대한 복음주의 기독교의 냉대와 무관심을 체험하면서 '급진적 그리
스도인'으로 변모했다. 특별히 1968년, 마틴 루터 킹2세와 로버트 케
네디의 암살이라는 비보를 접하면서 정의에 대한 냉철한 의식을 소
유하게 되었고, 「마태복음」25장을 읽으며 가난한자와 함께하시는 하
나님을 발견하고 극적인 신앙의 회심을 경험했다.

월리스는 공동체와 잡지를 토대로 복음주의적 영성, 공동체적 친
교, 기독교적 사회책임을 결합한 복음주의 신앙·신학 운동을 적극
적으로 전개했다. 현재 워싱턴 D.C.의 도심 빈민가에 소재한 소저너
스 공동체(www.sojo.net)에서 아내 조이캐롤 월리스, 두 아들 루크, 잭,
그리고 다른 회원들과 함께 공동생활을 한다. 저서로 『회심』(IVP)과
『하나님의 정치』(청림) 등이 있다.

3. 정치 참여를 위한 일곱 가지 기본 원칙

저자나 역자의 입장에서는 불쾌할 수도 있겠지만, 서평자의 생각

으로는 한 권의 책을 접할 때 모든 내용을 읽을 필요는 없다고 생각한다. 특히 분주한 목회일정에 쫓기고 있는 목회자들에게는 책 내용의 가장 중요한 부분을 비평적으로 간추려 주는 도움이 필요하다. 아마 '전문가의 책 읽기'코너가 필요한 것도 이런 이유 중 하나일 것이다. 물론 책의 내용 전체를 읽고 깊이 있게 생각한다면 더 좋은 것은 두말할 필요가 없다. 역서의 제목이 "그리스도인이 세상을 바꾸는 7가지 방법"인 것을 보아도, 이 책 중에서 제3장 '세상을 바꾸는 이유와 방법'은 가장 구체적이면서도 핵심적인 내용으로 판단된다. 저자가 제시하는 정치와 관련된 입장과 원칙을 간추려 보면서 첨언을 덧붙여 보았다. 책의 내용을 간추리고 소개하는 북 리뷰는 인용 표기를 정확히 하기 어려운 한계가 있다. 연구윤리 전문가들의 평가가 다소 두려워지기도 하는데, 불가피한 부분을 이해해주길 바란다.

1) 하나님은 불의를 싫어하신다

우리가 하나님의 자녀라면 우리도 그래야 한다. 이 세상의 불의가 하늘까지 들린다. 그래서 하나님께서 화가 많이 나셨다. 특별히 가난한 자들과 무고한 자들이 부자와 힘 있는 자들에 의해 농락당하고 착취당할 때, 분노를 폭발했던 성경의 예언자들에게 정말 중요한 것은 정의다. 마틴 루터 킹 목사의 말처럼, "목사는 자기 마을의 지옥 같은 사회적 상황들을 무시하면서, 천국의 영광에 대해 설교할 수 없다."

성경은 보호와 정의(justice)가 필요한 세 범주의 사람들을 언급하는데, '고아와 과부', '나그네들'에 이어, 가장 연약한 존재인 '적'이 있다. 월리스는 적이 없는 것이 아니라 국가, 특별히 강대국은 자국의 시민들을 결집시키고 그들의 권력을 보호하기 위해 이교도, 공산주의자, 테러리스트 등의 적이 필요한 것으로 본다. 그러나 그들을 '하나님의 형상'으로 대접해야 함을 지적한다. 적을 사랑하는 것이 굴복하거나 단지 그들의 요구조건을 들어주는 것이 아님을 분명히 한다.

2) 하나님의 나라는 새로운 질서다

예수께서는 「마태복음」에서 "회개하라, 천국이 가까웠느니라"고 선포 하셨다. 예수께서 사용하신 단어 메타노이아(metanoia)의 문자적 의미는 변혁(transformation)이며, metamorphosis(변형)의 어근이다.

월리스는 복음주의 교회에서 성장하는 동안, 산상수훈에 대한 설교를 한 번도 들은 적이 없었다고 지적한다. 초대교회에서 산상수훈은 새 신자들에게 그리스도의 '도(the way)'를 교육할 때, 가장 근본적인 가르침이었다. 칼 마르크스, 체 게바라, 혹은 호치민 안에서 발견했던 어떤 것보다 산상수훈이 더 혁명적이란 사실을 깨달을 필요가 있다. 부정적이고 좁은 의미의 문자적 '성서주의'에 빠져서도 안 되지만, 성서의 가르침보다 특정 사상가의 입장에 매료되어 실제적인 지침으로 삼기 쉬운 정치 현장에서 '하나님 나라의 질서'를 잊지 말 것을 월리스는 지적하고 있는 것으로 보인다.

3) 교회는 대안 공동체다

교회는 예수와 하나님 나라의 가치를 가시적으로 보여주면서, 새로운 방식의 삶을 살아가는 대안 공동체가 될 운명을 가진다. 그 대안 공동체는 필연적으로 반문화적 공동체가 될 수도 있다. 이 공동체는 주변 사회와는 전혀 다른 가치를 실천하고, 복음이 제공하는 훨씬 더 건강하고 인간적인 삶의 방식에 대한 진정한 선교적 모델을 제공할 것이다. 그러므로 교회는 대안적 세계관, 대안적 문화관, 인간 존재에 대한 대안적 모델, 그리고 정치에 대한 대안적 비전을 제공한다. 그것은 대체로 교회 지배 종교가 아니라 '예언자적 소수'로서 보다 더 신실해질 것이라고 말해 준다.

교회가 세상에 너무 순응하여, 지배적인 사회적 가치들에 대해 실제적 대안을 제공하지 못하고, 세상의 문화적 규범이나 정치 윤리에 대해 아무 말도 못할 때 문제가 발생한다. 월리스는 교회가 사회의 온도를 실제로 변화시키는 온도 조절 장치가 아니라, 세상의 온도를 감지하고 그것에 적응하는 온도계가 되는 것을 경계하고 있다. 기독교의 가르침이나 강단의 선포가 온도계에 머물고 있는 것은 아닌가 하는 질문은 매우 적절한 비유로 보인다. 아울러 '교회만이 희망이다'라는 메시지는 개혁교회 전통에서 빼놓을 수 없는 강조점이다.

4) 하나님 나라는 특정한 부정을 다룸으로써 세상을 변혁시킨다

하나님의 나라는 세상의 나라들로부터 탄생하는 것이 아니기 때문에, 성서적 정치는 이데올로기와 '이상 사회(ideal societies)' 개념에 저항하며, 대신 특정한 이슈와 개혁에 집중한다. 그리스도인에게는 언제나 명분보다 사람이 더 중요하다. 그것이 바로 이데올로기와 국가의 이름 아래 정기적으로 인권을 유린하는 정권과 대면했을 때, 인권이 신앙 공동체에게 그토록 중요했던 이유다.

정치에 참여하지 않는 것은 불가능하다. 우리의 활동 혹은 비활동의 결과, 우리는 하나님 나라에 근접하기도 하고 멀어지기도 한다. 즉 신앙인의 비전이 어디에 초점과 근거를 두고 있는가하는 매우 근본적인 문제를 제기하고 있다. 때로는 반문화적이고, 문화변혁을 추구하는 신앙적 동기의 정치 활동은 타락한 세상에서 죄인에게는 불가능한 유토피아적 이상사회에서 출발하는 것이 아님을 분명히 할 필요가 있다.

5) 교회는 국가의 양심이다. 국가가 정의를 지지하고 폭력은 억제하도록 만들기 때문이다

월리스는 '제한적 정부관'을 지지하는 것으로 보인다. 그는 사회를 구성하는 사적 영역, 공적 영역, 시민사회 등 세 영역 모두가 사회의 건강과 복지를 위해 적절하게 기능할 필요가 있다고 지적한다. 즉 비정부 및 비이익 단체들과 함께 신앙 공동체도 세 번째 영역을 차지하는 것으로 보는데, 세 다리가 받치고 있는 탁자와 같이 한 다리가 너무 길거나 세고 다른 다리들이 너무 짧거나 약하면 탁자는 균형을 읽고 쓰러질 위험이 있다. 보는 관점에 따라 다리의 길이는 다르게 보일 수 있다. 이제 우리사회는 어떤 모습의 탁자를 이루고 있는 것인지 질문해 볼 필요가 있다.

특히 국가 권력의 남용을 경계할 필요가 있다. 성경의 어디에도 국가가 폭력을 사용하는 것에 대해 아무런 기준이나 책임도 고려하지 않는 채, 맹목적으로 권한을 부여하지는 않는다. 진정으로, "눈에

는 눈, 이에는 이"란 구약성경의 지침(출 21:24)은 폭력의 확대가 아닌
폭력의 제한을 목적으로 언급된 것이다.

아우구스티누스는 경찰과 군대 참여 문제에 개입해서, 신앙인들의
'정당한 전쟁(a just war)'에 대한 엄격한 기준을 제시하였다. 그는 참
여를 바른 길로 인도하고자 했다. 그런데 윌리스는 현대의 전쟁 중
그런 기준에 적합한 것은 거의 없다고 지적한다. 이라크에서 벌어진
미국의 전쟁도 정당한 전쟁은 아니라고 지적하고 있다. 예수께서 우
리를 '정당한 전쟁'이 아니라, 비폭력으로 부르신다는 것은 고통스럽
지만 사실이다.

6) 세계적 안목을 가져라

일차적으로 우리는 그리스도인이 되어야 하며, 이차적으로 이 나
라의 시민이 되어야 한다. 이 순서가 뒤바뀌어서는 안 된다. 그것만
큼 분명한 것은, 만약 교회가 국제적 정체성을 확고히 견지한다면,
그런 생각이 미국 내에서 신앙과 정치에 혁명을 불러올 것이라는 점
이다. 특별히 복음은 제국과 공존하지 않는데, 그 제국에는 미제국도
포함된다. 「요한계시록」은 하나님의 어린양과 바벨론 짐승 간의 궁
극적 대결을 묘사한 묵시적 이미지들로 가득하다. 여기서 바벨론 짐
승은 대부분의 성서학자들(그리고 그 시대의 성경 독자들도 비슷하게)에
의해 기독교와 로마 제국 간의 대결에 대한 비유로 해석되었다. 많
은 경우 제국의 거대한 주장과 야망은 하나님 나라의 것과 언제나
경쟁 관계에 놓여 있다. 세계적 제국들은 또 다른 세계적 공동체, 즉
그리스도의 몸에 충성하는 사람들과 충돌한다. 급속히 다문화 사회

로 진입하고 있는 한국사회에 있어서 기독교가 어떤 입장을 취해야 할지 좋은 관점을 제공해주고 있다고 본다.

7) 공동선을 추구하라

신앙인의 하나님나라에 대한 헌신은 우리가 살아가는 사회의 공동선을 추구하는 일로 이어진다. 개신교 전통이 '공공선(public good)'에 대한 풍부한 사상을 자랑하는 것처럼, 가톨릭의 사회적 가르침도 공동선에 대한 사상들로 가득하다. 흑인 교회사는 누구도 그렇게 하지 않을 때 공동체 전체를 돌보고 영적 접착제로 이웃을 하나로 묶었던 신앙으로 충만하다. 복음주의 부흥운동은 사회개혁으로 이어졌고 미국과 영국 사회를 변화시켰다. 이 점은 복음전파의 매개점으로 공동선의 개념이 작동할 수 있음을 시사하는 것으로 보인다. 교회연합운동이 한창일 때 교회의 일치와 연합 운동은 교리나 문서로 이루어지는 것이 아니라 현장에서부터 일어남을 많은 사람들이 지적한 바 있다. 실제로 한국교회의 상황에서도 나눔 운동, 북한동포 지원 등에 있어서는 신학적 색깔이나 교단 등이 별로 이질적으로 느껴지지 않는 측면이 있다. 월리스는 제4장 '도덕적 중심'에서 공동선에 대한 심도 있는 논의를 전개하고 있는데, 아마 이 책 중에서는 가장 사변적인 부분일 것이다.

4. 한국 사회에서의 교회의 역할

짐 월리스는 미국 사회의 정치계와 종교계에서 지속적이고도 커다란 영향력을 미치면서, 열정적인 활동과 연설과 책을 통해 완고한 현실 속에서 신선한 바람을 일으킨 실제적인 영향력 있는 인물이다. 그는 이러한 활동을 통해, 어떻게 하면 성경이 말하는 신앙이 현실 사회에 유익한 영향을 끼칠 수 있는지를 예언자적으로 선포하고 또 행동으로 증명해 보였다.

그의 예언자적 통찰력과 목소리는 미국의 보수화에 큰 영향을 미쳤던 세력인 종교적 우파에 대한 미국인들의 감식력을 높였을 뿐 아니라, 미국의 좌파와 다수 지식인들이 간과하고 있었던 "사회 속에서 종교가 차지하는 자리와 중요성에 대해 새롭게 발견하도록 도움"을 주었다는 평가를 받는다. 결국 월리스가 일으킨 운동은 좌파와 우파, 민주당과 공화당을 넘어서 미국 사회에서 커다란 논쟁을 일으키면서, 분열의 시작점이 되었던 여러 가지 문제들에 대한 실마리를 풀어가는 촉매제가 되었고, 버락 오바마 대통령의 당선에도 적지 않은 영향을 끼친 것으로 보인다.

한국 사회에서도 여러 종교의 목소리와 움직임이 점점 더 크게(긍정적이건 부정적이건) 반향을 일으키는 오늘의 현실을 고려할 때, 이 책은 한국의 기독교회와 다른 여러 종교가 어떻게 사회에 긍정적이고 적극적인 영향을 미쳐야 하며, 정치와는 어떤 식으로 균형을 이루어야 하는지를 탁월하게 제안하는 것으로 보인다.

미국의 상황과 우리는 너무 다르지 않은가 하는 질문이 제기될 수

도 있다. 하지만 미국은 노예 문제와 관련해 정당과 교회 뿐 아니라
온 나라가 둘로 나누어 졌던 역사를 갖고 있다. 노예제도의 단점을
부각시키는 폐지론자를 남부 주에서는 위험함 광신도라고 생각했다.
남북전쟁은 미국 역사상 처참한 전쟁이었다. 61만 8,000여명이 목숨
을 읽었다. 형제가 서로 다른 편에 서서 싸운 경우도 적지 않았다고
한다. 이 책은 미국 사회 중심으로 전개되고 있는 정치 참여의 원칙
뿐 아니라, 우리사회의 목회자들이 정치를 어떻게 바라보며 책임을
감당해야할지 좋은 원칙을 제공해주는 책이라고 생각한다.

제 **7** 장

로널드 사이더를 통해 보는 '복음주의적 정치'*

1. 로날드 사이더

로날드 사이더(Ronald J. Sider)는 10여권의 책이 이미 우리말로 번역되어 있는 복음주의 신학자이다. 그는 미국 예일대학교에서 철학박사학위를 받았고, 현재 파머 신학교(Palmer Theological Seminary)의 '목회와 공공정책 연구소'를 책임지고 있는 영향력 있는 교수이다. 그의 주요 책들은 우리말로 번역되어 있는데, '그리스도인의 양심선언(the

---

* 이 장은 두란노서원 발행, '목회와 신학' 2008년 8월, "로널드 사이더의 '복음주의적 정치의 스캔들'"(2008, Baker Books 발행) 북리뷰를 수정 · 보완한 것입니다.

scandal of evangelical conscience)', '가난한 시대를 사는 부유한 그리스도
인(Rich Christians in an Age of Hunger)', '물 한모금, 생명의 떡(Cup of
Water, Bread of life)' 등이며, 정치, 사회적인 문제들을 건전한 복음주
의적 입장에서 윤리적으로 성찰하며 대안을 제시하고 있다는 평가를
받고 있다.

2008년도 초반 발간된 이 책은 원제목이 'The Scandal of Evangelical
Politics'로서, 우리말로 어떻게 옮길까하는 고민을 했는데, 그대로 '스
캔들'을 살리는 것이 좋다는 생각이 들었다. 'The Scandal of Evangelical
Conscience(우리말 제목 '그리스도인의 양심선언')' 에 이은 일종의 연작으
로 진행되는 것으로 보인다. 사실 '스캔들'이라고 하면 우선 자극적
으로 다가온다. 남녀의 부적절한 관계나 추문을 연상하기도 하는데,
원래 이 말은 헬라어 skandalon에서 온 것으로 신약성서에서 명사로
15회, 동사로 29회 사용되었고 상당히 신학적인 의미를 갖고 있기도
하다.

이 책을 접하면서 왜 사이더의 책이 대중들에게 영향력이 있는지
를 느끼게 되었다. 같은 영어라도 무척 어려운 영어가 있다. 독일권
의 학자들이 영어로 책을 쓰는 경우에 특히 어려운 표현과 긴 문장
이 독자들을 당황스럽게 한다. 그러나 사이더의 책은 짧고 명쾌한
문장으로 되어 있으며, 총 13장으로 된 이 책도 복잡한 논의를 한 경
우에는 독자들의 이해를 돕기 위해 소결론을 첨부하고 있다. 전체를
읽지 못한다면 역사와 원리를 말하고 있는 1, 2부를 먼저 보고, 필요
한 경우 3부의 필요한 항목을 찾아 읽는 것도 좋은 독서법으로 생각
된다. 논평자 역시 1, 2부를 중심으로 소개하고 사이더가 말하는 복
음주의적 정치 참여가 우리 상황에 주는 의미를 생각해 보고자 한다.

2. 지난 30여 년의 반성과 평가

책의 제 1장은 지난 30여년에 대한 반성적 성찰을 언급하고 있다. 현명한 정치적 참여자들도 많았지만 복음 증거에 방해가 되어 주님을 명예롭지 못하게 한 행위도 있었음을 반성할 필요가 있다는 것이다. 이제 그 결정적인 실패의 원인을 분석하여 새로운 국면을 맞이할 수 있게 해야 한다고 주장한다. 우선 고도의 복잡한 문제에 관련된 정치를 준비 없이 섣불리 접근했다는 문제를 지적한다. 마치 '조준, 준비, 발사'라는 성급한 과정만 있고, 그 이전에 수준 높은 철학을 정립하고 준비해야하는 과정을 거치지 않은 것과 같다는 것이다.

1965년까지만 해도 복음주의 진영에서는 정치 참여에 대해 부정적이고 비관적인 사고가 지배적이었다. 제리 폴웰(Jerry Falwell)은 시민 권리 시위에 빠져있는 목사들을 비판하면서 "복음은 외부세계를 정화하기 보다는 내면을 재창조하는 것이다"라고 언급한 바 있다. 그러나 그 후 15년이 지난 1980년에는 로날드 레이건을 도운 '도덕적 다수(Moral Majority)'와 '종교적 권리(Religious Right)' 운동 등이 전개된다. 많은 근본주의자들, 신학적 복음주의자들이 정치에 참여하기 시작했으며, 팀 러헤이(Tim LaHaye)는 "진정으로 영적 부흥으로 가는 길은 의회를 개혁하는 것이다"라고 말하기도 하였다. 1980년대는 라틴아메리카와 아시아에서 많은 기독교인 정치지도자들이 선출되기도 하였고, 잠비아에서는 내각에 목사들이 임명되면서 '기독교국가'임이 선포되기도 하였다. 그러나 많은 정치 지도자들이 독재, 고문, 부정부패 등으로 실패하고 말았다.

　지난 시간의 정치적 참여에 대한 프레스톤(Freston)의 평가는 이러하다. 여러 긍정적인 발견에도 불구하고, 광범위한 혼란이 있었다는 것이다. 기독교 정치지도자를 배출한 사회임에도 부조리, 잘못된 정책, 심각한 부패 등이 만연하였다. 따라서 세심하게 정책을 이끌어가는 체계적인 기독교 정치철학이 결여되어 있음을 지적할 수 있다. 다른 말로 "성서에서 칭송받는 일들이 제시되고, 비난받는 것들이 금지되어야 한다"는 기본적인 원칙이 실현되지 못한 것이다. 프레스톤은 정치적 무관심에서 성서적 정치윤리의 가르침이 수반되지 않는 정치 참여로 옮겨가는 공동체는 정치문화에 감염되기 쉽다고 경고하였음을 기억할 필요가 있다.

　랄프 리드(Ralph Reed)는 '정치철학' 때문에 종교적 신념이 여러 문제들의 관점을 변화시키지 못했음을 지적하고 있다. 제리 폴웰을 도왔던 에드 돕슨(Ed Dobson)은 발전된 정치철학의 결여에 대해 통탄한 바 있다. 즉 성서가 가르치는 것들을 거부하면서도 '하나님과 함께하는 국가'를 생각하는 우를 범하고 있다는 것이다. 에벌리(Eberly)는 "복음주의자들이 정통신학에 입각한 '공공신학'을 개발하지 않는 한 정치참여를 유보하는 분리주의자들로 회귀하게 된다"고 결론을 내리고 있다. 이런 부류의 사람들이 전천년설 등과 관련되는 편협한 종말론자들이나 현재 일어나는 일들을 성서적 예언의 구체적인 성취와 동일시하는 세대주의자들이라고 할 수 있다.

　결국 기네스(Guinness) 등이 지적한 대로 20세기 후반의 복음적인 공공철학 및 신학이 부재한데 문제가 있다. 로마가톨릭은 이미 공공적인 문제들에 대해 섬세한 발전을 이루었을 때, 개신교는 제대로 된 대안을 제시하지 못하고 있다.

3. 정치참여의 이유와 고려할 점

평가에 이어 2부에서는 정치참여를 위한 현명한 방법론은 무엇인
지, 그 성서적 기반은 무엇인가를 수립해야 한다고 말한다. 이제 일
정한 바탕 위에서 믿을만한 방법론을 세우기 위한 단계와 방법론을
제시하고 있으며, 제3장에서는 성서 본문을 중심으로 어떻게 성서를
적용할 수 있는가를 중점적으로 다루고 있다.

효과적인 정치 참여를 위해 몇 가지 고려해야 할 점들이 있다. 첫
째로, 복음주의자들이 갖고 있는 모순과 비일관성을 생각해 볼 수 있
다. 원칙적인 면에서는 임신중절에 반대하는 '생명옹호(pro-life)'의 입
장에서 낙태의 문제에 대해서 주목하고 있다. 그러나 많은 비판자들
의 언급처럼 그들이 말하는 생명은 '임신에서 시작하여 출생에서 끝
나는' 경우가 많다. 냉소적으로 보이긴 하지만 어린이들이 '굶주림'으
로 죽어가거나 담배 연기에 의해 피해를 당하는 일 등에 대해서는 소
극적인 예를 보면 수긍이 간다. 둘째로, 기독교 정치 운동에 있어서
정책을 보지 못하고 작은 문제에만 집착하는 아젠더가 많음을 고려
해야 한다. 즉 낙태, 안락사, 가정 문제 등에는 집착하지만 하나님의
창조의 보전과 가난한자들을 돕는 정책 등에 대한 관심은 부족했다
는 점이다. 정치적 문제의 해결은 세속적 이념이 아닌 깊고 세심한
신학적 성찰을 통해 이루어져야 한다는 점이다. 셋째로, 입법화 과정
에 대한 진지한 고려가 필요하다. 현재 공적인 법들이 갖고 있는 정
신과 실제적인 영향을 놓고 볼 때, 기독교적 가치와 정신은 어떻게
반영되고 있는가? 즉 이혼, 동성애 등의 문제에 대해서 성서를 통해

나타난 예수께서 말씀하신 내용과는 어떤 차이가 있는가?

사이더는 근본적인 질문을 던지고 있다. "기독교인이 정치를 떨쳐 버릴 수 없는 이유는 무엇인가?" 즉 정치 참여를 꼭 해야 하는가? 그는 정치를 외면할 수 없는 두 가지 이유를 제시하고 있다. 하나는 실제적이고, 하나는 신학적인 이유이다. 우선, 실제적인 이유가 있다. 정치사 속에서 일어난 역사적인 결정들을 살펴보면, 그 결정에 의해 수백만명의 삶이 크고 실제적 영향을 받는다는 점이다. 만일 독일 유권자들이 히틀러를 수상으로 뽑지 않았더라면 어떻게 되었을까? 16세기에 교회는 국가와 분리되어야 한다는 신념에 동의하지 않는 사람들이 동료 신도들에 의해 화형당하기도 했으며, 민주주의가 실현되면 투옥과 살인이 중지되기도 한다. 한 사회에서 낙태를 제한하거나 용인하는 법이 발표되고, 동성애자들의 결혼을 금하는 법이 발효되는 것도 결국 '정치'의 과정을 통해서이다. 그러므로 정치는 실제적으로 너무 중요하기 때문에 무시할 수 없는 것이다.

또한 정치 참여에 대한 신학적인 이유가 있다. 기독교인들의 신앙고백은 예수를 온 세계의 주님이 되게 하며, 주님께서는 모든 영역에서의 웰빙(Well being)과 이웃사랑 실천을 원하고 계시기 때문이다. 따라서 우리가 진실로 그리스도를 반영하는 행동의 지혜와 성서의 권위에 기초한 정치적 결정을 구현할 수 있는가 하는 것이 중요한 문제이다.

사이더는 현대 사회가 매우 다원화되어 있는 사회로서, 기독교가 추구하는 성서적 신념과 정치적 이념에 거의 관심이 없는 지성인들로 가득 차 있음을 지적하고 있다. 이런 상황 속에서는 '다원화 사회'를 인정하는 자세가 필요하다는 것이다. 이 말은 다원화된 사회를 바라보는 태도를 말하는 것이지, 상대주의를 받아들이거나 기독교진리의 포기를 주장하는 것은 아니다. 물론 우리는 종교와 국가가 분리된 시대를 살아가고 있으나, 이는 종교의 언어나 논증이 공공적 문제나 정치적 논쟁으로부터 배제되었음을 뜻하는 것이 아니다. 신앙인들은 비성서적인 세계관에 의해 기획된 제안에 대해서도 그것이 틀렸고 파괴적인 것인지 세심하게 관심을 가져야 한다.

모든 사회에 있어서 다양한 공동체들은 많은 공통점을 갖고 있다. 미국 사회와 여러 서구 민주주의 사이에는 그리스 문명과 유대, 기독교 문명 속에서 기원한 역사, 언어, 신념의 공유가 있다. 구체적으로는 헌법적 질서와 민주적 실천을 위한 과정, 좋은 사회에 대한 이성의 가능성에 기초한 인간 본성 등을 말한다. 과격한 포스트모더니즘 사상가들은 공통적 인간성을 부정하기도 하지만, 신앙인들은 그들조차도 '하나님의 형상' 안에서 창조되었으며 마음에 새겨진 '도덕법'을 갖고 있음을 알고 있다.

4. 복음주의와 정치참여 방법론

복음주의는 다양한 용법으로 쓰이는데, 사이더가 말하는 복음주의란 무엇인가? 그는 전통적인 기독교신앙과 실천으로 돌아오는 일종의 '부흥운동'으로, 예수그리스도의 복음과 주되심에 복종하며 성서를 하나님께서 주신 신앙과 실천의 최종적인 권위로 받아들이는 신학이라고 말한다. 여기에는 로마가톨릭교를 비롯해 루터교, 개혁교회, 오순절교회, 재세례파, 웨슬리언, 동방 정교 등이 들어간다.

그렇다면 어떻게 일관성 있고 효과적인 정치적 결정을 돕는 이해 체계를 수립하는가 하는 문제가 중요하다. 구체적인 방법론을 전개하기 이전에 그는 전통적인 기독교 신학에서 정치참여의 문제를 어떻게 받아들이고 있는지 고찰하고 있다. 초대 기독교회의 황제숭배 거부, 어거스틴의 두 도성, 토마스 아퀴나스의 자연법사상, 마틴 루터의 두 왕국론, 칼빈의 소명론 등을 통해 정치참여의 원칙과 유의점들을 발견하는 도구로 삼고 있다. 현대신학자 중에서는 라인홀드 니버와 아브라함 카이퍼를 그동안의 축척된 사상들을 매우 현실적으로 재정립하여 적용한 신학자로 평가하고 있다.

사이더는 신앙인들이 지혜롭고 신실하게 정치에 관해 생각하려면 성서계시에 기초한 규범의 체계화와 사회에 관한 세심한 분석을 필요로 한다고 지적하였다. 더 구체적으로는 규범적 체계화, 사회와 세계에 대한 폭넓은 연구, 정치철학, 특정 문제에 대한 구체적 사회분석의 네 단계를 거쳐야 한다. 네 단계를 간단히 살펴본다.

첫째로, 규범적 체계화의 단계이다. 무엇이 선하고 정당한 것인가에 관한 문제에 있어서 종교적, 철학적 규범의 체계화에 기초하지 않는 정치적인 결정은 없다. 정치적 문제에 관해서 온전하게 성서적인 전망을 발전시키기 위해서는 성서의 이야기에 자신을 구체적으로 연결시켜 보면서 다양한 가르침들을 이해해야 한다. 성서는 정치에 관한 '구체적 청사진'을 제공하지는 않지만, 중요한 '규범체계'를 제공하고 있다. 정치철학은 성서적 자료와 사회에 관한 연구를 관련시켜 보게 해주는 일종의 로드맵(road-map)이라고 할 수 있다.

둘째로, 사회에 대한 폭넓은 이해의 단계이다. 성서적 체계만 갖고는 불충분하기 때문에 세계에 대해 좀 더 잘 이해하기 위해 사회, 경제, 정치체계에 대한 연구를 해야 한다. 특히 현대 자본주의 시장경제의 기능에 대해서도 충분히 알아야 하고 마르크스 철학에 대한 이해도 있어야 한다.

셋째로, 정치철학의 검토 단계가 있다. 혹시 비기독교적 자료로부터 무비판적으로 정치철학을 채택하고 있지 않은지 살펴보아야 한다. 정치철학은 성서의 규범과 정성을 들인 광범위한 사회, 경제, 정치적 분석에서만 나올 수 있다.

넷째로, 구체적인 사회분석이 필요하다. 위의 세 단계까지 같은 입장인 경우에도 '최소 임금' 등 구체적인 문제에서는 의견을 달리할 수 있다. 이런 경우는 다시 돌아가서 더 깊은 경제 분석을 해보아야 한다. 아울러, 정치문제에 대한 우리의 결정에 있어서 항상 겸손한 태도로 불확실한 것일 수 있음을 인정해야 한다는 점이다. 그러나 동시에 우리가 담대하게 말할 수 있는 것은 성서적 체계와 책임 있는 사회분석을 거친 결과이기 때문이다. 항상 잊지 말아야 할 것은 처음에는 성서적 규범에서 출발했더라도 세속적 규범과 가치로 끝내게 된다면, 그 결과는 결국 타협적인 것이 되고 근본적으로 비기독교적 정치 행위가 된다는 점이다.

5. 목회와 사회 분석의 필요성

책의 4장부터는 국가의 본성과 목적, 정의의 문제, 인권과 민주주의, 인간본성의 거룩성(성화), 결혼과 가정, 종교적 자유와 국가의 관계, 평화운동과 정당전쟁론의 문제, 창조사역의 유지를 위한 운동, 민족국가와 국제관계 등을 다룬다. 비교적 건실하게 복음주의적 시각에서 이런 문제들을 다루고 있기에, 자신의 필요와 관심에 따라서 핸드북처럼 찾아본다면 많은 도움을 얻을 수 있을 것이다.

사이더의 책은 우리의 사회상황 속에서 매우 절실한 책으로 보인다. 책을 소개하는 이 글이 독자들의 손에 들려있을 때 광화문의 모습이 어떨지는 모르겠다. 지난 5월 중순부터 서울 광화문거리는 시민들의 촛불로 가득 찼다. 신앙 및 신학적 입장에 따라 느낌이 다를 수 는 있겠으나, 많은 것들을 생각하게 한다. 집회 초기에는 문화행사로서 국민적 의사를 표현하는 장으로 출발한 것이 사실이지만, 엄연히 정치적인 행위가 되고 만 것이 사실이다. 어쩌면 인간의 모든 행위는 정치성을 갖고 있음을 다시 한번 실감하고 있다. 한국사회는 민주주의의 역사가 그렇게 길지 못하다. 그러나 비교적 짧은 시간에 근대화와 민주화의 과정을 성공적으로 수행한 나라에 속한다는 평을 들어 왔다. 우리는 지금 중요한 기로에 서 있다. 그런데 사회의 갈등을 치유하고 바르게 이끌어야 할 기독교지도자들이 오히려 갈등의 중심에 서 있는 상황을 어떻게 설명해야 한단 말인가?

사이더가 언급한 정치철학 및 신학의 형성과 이를 위한 체계적 방법론에 귀를 기울여 보자. 우리 민족은 너무 감정이 앞서는 특징이 강하다. 더 이상 목소리 큰 사람이 이긴다는 식의 태도는 없어져야 한다. 이제는 좀 더 차분하게 내적 성찰을 필요로 하는 때가 되었다. 전에는 의사를 표현하는 것 자체가 용기와 희생을 필요로 했으며 그 수단도 지극히 한정되어 있었다. 그러나 지금은 상황이 다르지 않은 가? 정치와 관련된 문제는 신앙고백이나 성경의 잣대만을 갖고 해결되는 단순한 문제가 아니다. 성서의 계시에 귀를 기울이면서 동시에 예리한 사회분석의 틀을 갖고 책임 있게 응답해야 한다.

이 책은 복음주의적 입장에 서있는 사람들이 정치적인 문제를 어떻게 대처하고 살아야하는가를 제시해주고 있다. 복음주의는 모든 분야에서 인간을 잘 살게 하는 목적을 독특한 기독교의 정치적 비전을 통해서 수행하게 된다. 이 책은 "사회정책을 수행하는데 있어서 예수를 위한 목소리를 내기를 원하는 신앙인들에게 안내자가 될 것" (조엘 헌터)이라는 평가와 "사이더는 중요한 공공신학자의 한사람(짐 윌리스)"이라고 평가를 들었다. 성과 가정의 문제, 가난과 부의 문제 등 전통적인 문제의 해결을 어떻게 도모할 것인가? 아울러 정치의 본질과 참여에 대해 오해와 머뭇거림이 있는 이들을 향해, 사람은 왜 정치적일 수밖에 없는가를 발견하게 한다. 동시에 기독교 복음주의적인 정치참여는 어떤 차별성과 단계를 필요로 하는가를 분명하게 보여준다. 또한 성서적 규범과 사회 분석의 틀을 동시에 작동시키고 있는 사이더의 틀은 다원 사회 속에서 진행되는 목회 행위 전반에 대한 지침도 될 수 있을 것이다.

제**8**장

존 하워드 요더의 '예수의 정치학'*

1. 메노나이트와 요더

존 하워드 요더(John Howard Yoder)의 『예수의 정치학』이란 책은 1972년 초판이 나왔으며 1992년 개정판으로 출간되었고, 최근 기독교윤리학 전공인 신원하교수와 신약학 전공인 권연경교수의 공역으로 출판되었다. 저자의 설명에 의하면 초판의 내용이 크게 바뀐 것은 없으며, 각 장마다 후기를 통하여 신약석의 및 관련된 논의 등 초

---

* 이 장은 두란노서원 발행, '목회와 신학' 2007년 12월호, 전문가의 책읽기 "평화주의자가 말하는 예수의 길"에 게재된 내용을 기초로 수정, 보완한 것입니다.

판 이후 쟁점이 된 사항들에 대한 연구의 방향을 부가하고 있다. 물론 비평들에 대한 답변을 추가한 것은 결코 아님을 강조하고 있다. 역자가 밝혔듯 두 분의 약 3년간의 수고를 통해 우리말로 된 요더의 저작을 읽게 된 것은 매우 감사한 일이다. 번역된 책들을 읽을 때마다 느끼는 일이지만, 몇 줄을 옮기기 위해 때로는 며칠을 고생하는 번역자들의 수고가 있기에 연구자들이나 독자들은 많은 시간을 버는 것이기 때문이다. 요더의 대표작이라고 해도 틀리지 않는 이 책은 많은 내용들을 담고 있으며, 여러 차례 학문적 논쟁의 대상이 되기도 하였기에 제한된 지면에 소개한다는 것은 어쩌면 모험이나 단순화의 오류를 범하는 것이 아닐까 걱정도 되지만, 이해를 돕는다는 차원에서 몇 가지 언급하고자 한다.

우선 저자인 요더는 어떤 사람인지 간단히 살펴볼 필요가 있겠다. 많은 분들이 요더 앞에 평화주의자라는 수식어를 붙이는 경우가 많은데, 그렇게 된 이유에는 그가 메노나이트 교파의 일원이라는 점을 고려해야 한다. 메노나이트(Mennonites)는 16세기 네덜란드를 중심으로 형성된 재세례파를 일컫는 말이다. 그들은 창시자인 메노 시몬스(Menno Simons)의 이름 때문에 그렇게 불리게 되었는데, 신앙인의 세례 및 개교회의 책임과 권리를 강조하며 교인들의 세속 권력 참여를 반대한다. 17-18세기에 이르러 메노파는 네덜란드 안에서 큰 교회로 성장하였으며 일체의 교회조직과 유아세례, 성만찬의 화체설 등을 부정한다. 현재도 미국 남부지방을 중심으로 메노파 교회는 상당한 세력을 이루고 있는 것으로 알고 있다.

요더는 1927년 출생하여 미국 메노나이트 교단에서 직영하는 고센대학을 졸업하고 바젤대학교에서 칼 바르트의 지도로 박사학위를 받왔다. 미국으로 돌아와 고센 신학교 및 메노나이트 연합성경신학교, 인디애나 주의 노트르담 대학 등에서 가르쳤다. 책을 보면 느끼게 되겠지만 그의 신학은 그 폭이 매우 넓으며 다양한 학문세계에 대한 인식을 반영하고 있다. "그는 신약 성경에 나타난바 예수가 들여온 하나님 나라의 비전을 전하기 위해서는 그 어느 곳이든 마다하지 않고 가는 신학자였다… 요더는 그동안 잘못 이해되어 온 메노나이트 교회의 신학, 신앙, 비전이 결코 분파적이지도 않으며, 오히려 예수가 행하신 하나님 나라 사역의 방식이었음을 세련된 논리와 학문성으로 열정적으로 변호하고 강조해왔다(426-427면, 역자 해설)." 요더는 메노나이트파의 대표적 신학자인 것은 분명하지만 미국기독교윤리학회장을 역임하는 등 현대신학 및 윤리학계 뿐 아니라 일반 사회의 지성인들에게도 기독교의 평화주의를 소개하는데 크게 기여한 인물로 평가 받고 있다.

역자 신원하 교수는 책의 해설을 하면서 제목을 "존 하워드 요더의 십자가의 정치학과 메시아적 평화주의"라고 하였는데, 이 제목은 요더의 강조점이 어디에 있는지 잘 드러나게 해주고 있다. 역자의 해설에 의하면 이 책은 200년 4월 미국의 '크리스챠니티 투데이'에서 미국 신학사에서 가장 영향력 있는 신학서 100권중 다섯 번째 책으로 소개되었고, 하우어워스에 의해서도 신학의 새로운 장을 여는 책으로 평가받았다고 한다.

2. 신학적 논의와 성서

신학의 출발과 그 논의의 밑바탕에는 하나님의 말씀인 성서가 있음을 부정하는 사람은 없을 것이다. 그런데 종종 신학적 논의에 있어서 하나님의 말씀인 성서는 인간들의 논의를 뒷받침해주는 보충자료나 이야기의 단초를 제공하는 선에서 그치는 경우도 있다. 또한 말씀의 뜻을 깊이 이해하지 못하고 자의적인 사용을 하거나 그 뜻을 왜곡하는 경우도 어렵지 않게 볼 수 있는 것이 신학계의 현실이기도 하다. 그러나 이 책을 읽다보면 요더가 신구약 성경의 이해에 얼마나 충실하며, 그 주석, 이해, 해석 등에 있어 매우 치열한 과정을 그가 거쳤음을 볼 수 있다. 설교자들의 입장에서 보면 책의 뒷부분에 있는 성구색인을 참조해보는 경우 관련된 논의나 설교에 있어서 좋은 힌트를 얻거나 설교의 방향을 점검해 주는 참고자료를 얻을 수도 있을 것으로 보인다. 책의 출판에 있어서 가장 만들기 힘든 부분 중 하나가 색인인데 어떤 경우 가장 쓰임새가 없는 경우도 많은 것이 색인이다. 특히 누가복음이 가장 많이 언급된 것은 주지의 사실이지만 신구약 성경 거의 모든 책들이 언급되고 있음을 볼 때 요더의 논의가 성경에 매우 충실하다는 것을 볼 수 있다. 적지 않은 분량의 책이며, 사실 모든 책들을 한 번에 다 읽어낼 필요는 없을 것이다. 특히 시간에 쫓기는 목회자의 입장에서 전권을 읽기 보다는 전체적인 이해를 하고 난 다음 관심 있는 주제나 장을 음미하면서 읽어나가는 것이 효과적일 것으로 보여 진다. 저자에게는 실례되는 일이겠지만, 12장의 책 중에서 일부를 골라 읽는다면 어떻게 할 수 있을까? 역서를 정독한 사람의 입장에서 본다면 제 1장, 제 3장, 제 10장, 제 11장을 읽는 것이 어떨까 한다. 우선 앞의 장 내 용을 간단히 소개하고 역자가 말하고 있는 주요 쟁점을 소개하고 필자의 관점에서 첨언하고자 한다. 역자 신원하 교수는 요더에 관한 연구로 박사학위를 받은 학자이기에 해설에서 책의 핵심을 지적하고 있음을 확신할 수 있는 것은 물론이다.

1) 예수는 규범이 아니라는 주류윤리학에 대한(1장)

요더에 의하면, 예수는 사회윤리학의 문제들에 있어서 적실성이 없다는 주장에는 예수의 윤리를 사회의 존속 및 항구성에는 관련시킬 수 없다는 중간기 윤리론, 예수는 영적인 문제 실존적인 문제를 다루고 있다는 이론, 상식과 사물의 본성에 기초해서 구성되는 소위 자연신학적 인식론 및 태도가 자리하고 있다고 비판한다. 그는 예수의 인간적 삶이 규범적인 것이 아니라면 에비온파식의 이단이나 새로운 영지주의가 아닌가라고 반문하고 있다. 따라서 그는 다음 두 주제를 다루어야 한다고 말한다. ① 나는 예수와 그의 사역에 대한 나 자신의 관점을 제시할 것이다. 이렇게 드러난 예수는 사회윤리에 직접적인 의미를 갖는다. ② 이렇게 이해된 예수를 현대 기독교사회윤리에 적실할 뿐 아니라 규범적인 것으로 간주해야 한다.

2) 희년의 의미와 적실성(3장)

요더가 문자적으로 7년과 49년에 매달리는 차원이나 개인의 소유를 불허하는 공산주의적 입장에 서 있는 것은 아니나, 분명히 그는 희년의 전통이 ① 땅의 휴경, ② 빚 탕감, ③ 노예 해방, ④ 가족 재산의 환원 등을 내용으로 한다고 강조하면서 하나님 나라 실현을 위한 자발적인 가난과 재산의 재분에 대한 실천을 예수께서 가르치셨음을 강조한다. 이를 유토피아적 이상주의로 치부해서는 안된다고 지적하며, 희년 규정들에 대해서 기독교가 좀 더 진지한 태도를 보였다면 많은 혁명도 피할 수 있었을 것이라고 주장하고 있다.

3) 국가의 권위와 복종(10장)

국가에 대한 논의에서 로마서 13장은 핵심적인 자리를 차지해 왔다. 요더는 이에 대한 전반적인 숙고를 요청하고 있다. ① 신약성경은 국가에 대해 여러 방식으로 말하며, 롬13장이 가르침의 중심은 아니다. ② 롬13장은 앞의 12장에서 언급되는 고통을 감내하면서 섬기는 사랑의 표현으로 13장을 맥락적으로 이해해야 한다. ③ 특정한 정부가 하나님에 의해 제정되거나 인정된 것이라고 선언하지 않는다. ④ 로마교회의 성도들에게 준 가르침은 그 정부에 복종하라는 것이지 군대나 경찰업무에 부름을 받았다는 의미는 아니다. ⑤ 정부가 권세를 가졌다고 스스로를 정당화할 수 없으며, 존재하는 모든 정부는 하나님에 의해 규제된다. 요더는 분명히 세속적 정부에 대해 부정적이다. 순종과 복종의 어의를 구별하면서 그 주권 아래 머물러 있어서 복종은 하지만 양심적 거부자나 순교자들을 참된 그리스도인들로 소개하는데 많은 지면을 할애하고 있다. 이 부분은 여전히 논란의 대상이 되기에 충분하다.

3. 예수의 삶과 가르침의 방식은 여전히 유효한가?

요더에 대해 많은 사람들이 비판하는 것은 평화주의가 좋기는 하지만 현대사회에 있어서 여전히 적용의 가능성이 있는가하는 문제이다. 즉 평화주의가 너무 비현실적이고 이상적인 것은 아닌가하는 질문이다. 사실 이 적실성의 문제에 있어서 라인홀드 니버를 비롯한 소위 기독교현실주의를 주장하는 사람들은 평화주의의 이상은 지나치게 순진한 것이며 현실사회에서는 실현이 불가능하다고 보았기에 '불가능성의 가능성'이란 역설적인 용어를 만들어 내기도 하였다. 오히려 개인과 집단의 죄성 및 이기심에 주목하고 이를 통제하는 대응적인 제도의 개발과 힘의 사용이 불가피함을 역설했던 것이다.

그러나 요더는 콘스탄티누스 대제이후에 기독교가 보수든 진보든 예수의 삶과 가르침이 여전히 유효한 규범이요 윤리임을 인정하지 않고 세상과 여러 형식의 타협을 해왔다고 비판하고 있는 것이다. 예수가 들여온 하나님나라의 삶의 방식은 집권자들의 방식과는 현저히 다르다. 예수는 강제력과 무력 대신에 하나님의 뜻인 사랑과 평화의 방식으로 하나님의 나라를 세워갔다. 그런데 요더는 교회가 추구하는 평화주의는 톨스토이가 강조하는 인류애의 동기나 간디의 무저항주의에서 볼 수 있는 효율성에 기인하는 평화주의가 아니라 오직 예수께서 그 길을 걸으셨고 하나님께서 계시하신 길이기 때문이라고 단언하며, '메시아적 평화주의'를 말한다. 많은 사람들이 요더를 기독론 중심적인 신학이라고 평가하는 요소이기도 한다.

4. 이 사회를 어떻게 변혁시켜 나갈 것인가?

거스탑슨 등의 분파적 신학이라는 비판에 대해 요더 자신은 철저하게 리챠드 니버의 유형론적 분석 모델에 의해 자신을 평가하였기 때문이라고 반론을 제기하면서 메노나이트나 자신은 현실에 대하여 무책임하거나 도피적인 것이 아니라 평화를 조성해 나가는 방식이 분명하게 다른 것이라고 반론을 제기하고 있다. 물론 요더의 책을 따라 읽다 보면, 그의 논리적 치밀함과 현대의 기독교에 나타나고 있는 예수와 그의 삶 및 가르침 대한 왜곡과 편의주의적 해석 등을 예리하게 지적하는 부분 앞에서 긍정을 할 수 있는 부분이 대부분이라고 본다. 그러나 책을 덮고 생각해 볼 필요가 있는 것은, 과연 우리가 예수의 삶을 그대로 실천하는 것이 가능하다는 말인가?

특히 예수와 우리의 삶은 2천여년의 시간적 격차가 있다. 과학적 발전론이나 진화론의 입장에 서지 않는다고 해도, 사회라는 개념이 없었던 당시 사회의 윤리와 가르침을 현대 사회에 그대로 적용한다는 것은 무리가 아닐까? 그를 소종파주의적이라고 비판한 학자들과 요더가 비난했던 분파주의형 모델과 소종파주의적 모델의 구별은 여전히 우리사회의 종교를 분석하고 이해하는 데 설득력이 있다고 본다. 특히 경제 문제와 관련해서는 현대사회의 특수성을 고려할 필요가 있다. 사실 현대 사회에서 가장 큰 힘은 정치력이라기 보다는 경제적인 힘일 것이다. 현대의 경제활동은 가정이나 공동체 단위로 이루지지 않고, 국가나 집단주도로 이루어지지도 않는다. 글로벌 경제 체제에 있어서 다수 및 질적 우위를 점하고 있는 나라들의 대부분은 기업이 경제의 주체가 되고 있는 체제를 이루고 있다. 여러 폐해가 있는 것도 사실이지만 산업혁명 이후에 대량생산이 이루어지고 현대 자본주의의 발달 및 기업주도의 경제체계가 활성화되면서 인류 복지에 큰 발전이 있었던 것은 인정해야할 사실이 아닌가?

이런 면에서 요더의 기독론 중심적인 정치윤리는 물론 책의 3장에서 '희년'을 중심으로 한 논의를 통해 소유와 분배구조에 대해 상당한 설명을 하고 있는 것은 사실이지만 여전히 그 실현성에 회의를 갖게 한다. 정치력보다 우선해야하는 문제가 현대사회에서는 경제의 문제라고 보아야 할 것이다. 현대사회에서는 예수의 정치학은 곧 예수의 경제학이라고 받아들여질 수도 있는 문제이기 때문이다. 현대인의 삶의 중심에 있어서 중심에 서있는 것이 무엇인가에 관한 질문에서 그렇다. 그러나 너무 쉽게 읽었던 누가복음 등 예수의 삶과 행적, 가르침 등을 비평학적 작업까지 총동원하여 읽고 있는 요더의 진지함과 논리적 치열함 앞에서 큰 감동이 있는 것은 사실이다.

5. 평화주의의 현실적 의미와 기능

아울러, 평화주의가 갖고 있는 또 다른 의미가 있을 것이다. 평화주의는 어떤 면에서 극단적인 견해이다. 이런 견해들은 자칫 중도적이거나 현실적인 입장이 갖고 있는 한계와 치우침을 다시 한번 반성적으로 돌아보게 하는 기능이 있다. 기독교에는 전통적으로 전쟁에 대한 세 부류의 이해가 있다. 우선 야웨 하나님께서 친히 전쟁을 일

으키시는 것으로 보고 전쟁 및 무력 사용을 적극적으로 수용하는 성
전론자들이나 십자군운동적 이론들이 있다. 반대편에는 요더를 비롯
한 평화주의자들이 있다. 퀘이커교도, 여호와의 증인 등 기독교의 이
단이나 소종파와 관련된 그룹 들이 많이 관련되어 있다.

그러나 주류적 입장은 정당 전쟁론이라고 볼 수 있을 것이다. 전
쟁은 주권을 가진 자들에 의해서 마지막 수단으로 여겨질 때, 산출
되는 선이 악보다 많다는 확신이 있는 경우 등 정당화의 조건이 충
족되는 경우에 정당하다고 볼 수 있는 것이다. 토마스 아퀴나스와
아우구스티누스 이래 신학적 입장의 주류가 되기는 했으나 그 정당
화의 기준에 있어서는 미묘한 차이와 애매함이 있는 것도 사실이다.
개인적 혹은 집단적인 이기심에 따라 정당화 논변을 풀어나갈 가능
성도 충분이 있는 것이다. 요더 등 평화주의자들의 공헌은 결국 견
제와 균형을 이루게 해준다. 과연 우리의 정당 전쟁 논변은 치우친
것이 아닌지 돌아보게 해주고 건전한 방향을 잡게 해준다. 아울러
기독교 내에 평화주의의 논의가 있다는 것은 우리가 지향하는 세상
은 힘에 의해 통치되는 '팍스 로나마'가 아니고 '하나님의 나라'이며
기독교 고유의 삶의 방식과 내용을 담고 있음을 다시 한번 확신하게
해준다.

제**9**장

스택하우스의 '하나님과 세계화'*

1. 스택하우스는 누구인가?

2007년에 우리나라를 방문한 바 있는 스택하우스(Max L. Stackhouse)는 최근 지속적으로 논의되고 있는 '공공신학' 및 세계화 분야의 대표적인 신학자이면서 '하나님과 세계화(God and Globalization)'라는 연속적인 시리즈로 책을 책임 편집, 발간하였다. 올해 초 시리즈의 제4권 '세계화와 은혜(globalization and grace)'을 완성함으로 세계화와 관

---

* 이 장은 두란노서원 발행, '목회와 신학' 2008년 7월호 북리뷰, "스택하우스의 세계화와 은혜"에 게재된 내용을 기초로 수정, 보완한 것입니다.

런된 신학적 논의를 마무리 지었다고 볼 수 있다.[1] 그의 책 중 대표적인 책을 든다면 '공공신학과 정치경제(Public Theology and Political Economy. Grand Rapids :Eerdmans.1987)'인데, 이 책에서 이미 그의 공공신학과 세계화 문제를 해석하는 기본적인 신학적 사고는 정리된 것으로 볼 수 있다. '하나님과 세계화' 시리즈는 제1권이 '종교와 일상생활에서의 힘(Religion and the Powers of the Common Life. 2000)', 제2권은 '정신과 현대적인 권위(the spirit and the modern authorities)', 3권은 '그리스도와 문명화의 영역(christ and the dominions of civilization)' 등의 부제로 책의 주제를 설명하고 있다.

네 권의 책 중 앞서 나온 세 권은 전반부의 서문 및 논문을 제외하면, 대부분 관련된 전문가들의 다양한 주제 논문을 묶은 편저인데, 제4권은 모든 내용을 스택하우스 자신의 글로 채우고 있다. 결국 이 책은 '공공신학과 정치경제'에서 시작한 세계화 및 공공신학과 연관된 지금까지의 논의를 간추리면서 "다른 세계종교 및 철학들과 비판적인 대화와 비교를 통해" 새로운 세계 상황 속에서 어떻게 신앙의 힘을 드러낼 수 있는지 신학적인 논의를 전개한 변증적인 성격의 책이다.

스택하우스의 사상에 익숙하지 않은 사람이라도 제4권을 읽게 되면 그의 공공신학 및 세계화 관련 논의의 상당 부분을 이해할 수 있는 좋은 책이며, 또 중요한 책이라고 생각한다. 우선 제4권의 주요 내용을 간추려 보고 오늘의 신학 및 목회자들에게 주는 의미가 무엇

---

1) 이 책의 한글 번역판이 곧 출간될 예정이다. 역자는 프린스톤신학교에서 스택하우스 교수의 박사논문 지도를 받은 그의 제자 이상훈 박사이다.

일까 논의해 보고자 한다.

2. 책의 구성과 주요 항목

서문 및 6장으로 된 책에서, 제 1장은 세계화 문제에 대한 논의의 요약과 논의 방향을 언급한다. 제 2장은 전체적으로 공공신학적 접근에 대한 소개이다. 제 3장은 하나님의 '첫 번째 은혜'라는 창조신학적 관점에서 세계화를 평가하는 내용이다. 제 4장은 하나님의 은혜로서의 섭리를 이해한다. 특히 언약과 소명을 주시는 하나님에 대한 논의로 세계화를 설명한다. 제 5장은 구원을 통해 드러나는 하나님의 은혜를 제시한다. 즉 세계화와 선교의 연관을 설명한다고 볼 수 있다. 제 6장에서는 논의를 결론짓는 형식으로 진행하고 있다. 결국 또 다른 타락으로 세계화를 볼 것인지, 섭리적인 은총으로 볼 것인지 두 가지 태도를 설명한 후에, 하나님의 나라와 영역을 확장시키는 선교적인 차원으로 세계화를 수용하는 태도로 결론을 맺고 있다.

스택하우스의 세계화와 공공신학에 대한 논의를 논의하게 되면, 항상 제기되는 질문이 지금까지의 사회윤리나 정치윤리에서 논의하던 전통적인 내용이나 방식과 무엇이 다른가하는 것이다. 이 문제에 대해 스택하우스는 제2장에서 "왜 정치신학이 아니라 공공신학인가"라는 항목에서, 지금까지 정치신학에서의 논의가 주로 정치적인 방법에 치중해 왔다는 한계를 지적하면서 '기독교적인 공공신학'이 되어야 함을 강조하고 있다. 시민 사회에서 일어나는 제반 문제에 대

해 책임의식을 갖고, 이를 기독교적인 세계관과 가치관에 기초하여
풀어가야 한다는 문제 제기에는 공통점이 있으나, 그 방법이 마르크
스주의 이념적 경향을 갖는 경우가 많았던 기존의 사회윤리 및 정치
신학적인 한계를 지적하고 있는 것이다. 그는 라인홀드 니버에 관한
연구로 학위를 받았고, 프린스턴 신학교의 아브라함 카이퍼 신학센
터 소장을 역임한 학자답게 니버의 사회윤리적 신학사상에 충실하
다. 아브라함 카이퍼적인 일반은총에 기초한 복음적 사회참여의 맥
락을 충실히 수용하는 넓고 깊은 신학을 갖고 있는 기독교윤리학자
라고 평가할 수 있겠다. 제한된 지면에 책 전체의 내용을 소개할 수
는 없고, 그의 사상 흐름을 이해하고 세계화 관련 논의에 있어서 참
고할 수 있는 몇 가지 내용을 정리해 보고, 목회적 적용점을 찾아보
고자 한다.

3. 세계화에 대한 우려와 긍정적 증거들을 통한 반박

스택하우스는 서론 부분에서 '세 가지 우려'라는 소제목 하에 자
본주의 및 문명적 발전에 대한 태도를 소개하고 있다. 우리 시대의
당면 과제인 세계화에 대해 기독교인들이 잘 대처할 능력이 있는가
에 대한 질문에 대해 세 가지 태도가 있다. ① 세계화를 친미주의와
동일시하는 경우이다. "많은 이들에게 세계화는 경건한 치장을 통해
노골적인 이권을 감춘 제국주의적이며 신식민지주의적 정책을 끌어
가는 미국주의적 의제로 보여 질 수 있다(제4권 3면)." 즉 기독교가 근

본적으로 공격적이고 식민지주의적 성격을 갖고 있다고 본 것이다. ② 시민사회의 핵심을 지나치게 단순화시켜 환원주의적으로 해석하는 신자유주의 경제학자들은 종교를 윤리를 위한 기반으로 보는 것이 아니라, 시장 및 소비와 연관된 하나의 '주관적인 필요'로 간주한다. ③ 해방운동의 모델을 절대시하는 에큐메니칼적 견해의 반세계화적 입장이 갖는 문제가 있다. 이런 관점은 "세계화는 전적으로 부도덕한 경제적 현상이며, 세계화에 의해 부자들은 조직적으로 그들의 부를 증가시키는 반면 가난한 자들은 더욱 가난해진다(6면)."는 입장이다. 그러나 이렇게 물질적, 경제적 차원에서만 세계화를 설명하는, 즉 정신세계 및 종교 등을 무시하는 것은 매우 위험한 일이며 기본적으로 신학적인 오류라고 생각한다고 자신 있게 역설하고 있다.

스택하우스는 신앙이란 포괄적 세계관에 대한 확신이라고 말하며, 전 지구적 영향력을 갖고 있는 기업들에 대해 많은 오해들이 있음을 지적하고 있다. 예를 들면 ① 다국적 기업들은 전혀 통제되고 있지 않다는 오해이다. 그러나 기업을 유치하고 있는 나라의 법이 미약할 때도 있지만, 기업은 시장과 경쟁자들에 의해 제어되고 있다는 것을 기억해야 한다. 그리고 시장과 경쟁자들은 국제 법 조직, 국제 조약과 조정기관에 등에 의해 통제되고 있다. ② 기업들은 새로운 네트워크를 형성하기도 하지만, 탈 민족주의 시대에 외국인의 통제라는 불만을 야기시킨다는 오해이다. 그러나 기업은 종교 조직을 제외하고는 국가의 장벽을 가장 효과적으로 허무는 것 중의 하나이다. ③ 세계화의 과정은 과연 새로운 것인가? 이미 과거의 역사 속에서 특유의 종교와 문명을 발전시키고 다른 종교와 문명 등을 결합시키려는 지속적인 노력을 기울여 왔음을 실크로드의 예로 들고 있다. 물질적

이면서도 관념적인 관심의 결합이 가장 잘 나타난 모습은 실크로드라고 할 수 있다.

스택하우스는 여러 약점에도 불구하고 세계화의 긍정성에 대하여 분명하게 재인식할 필요가 있음을 역설한다(27-28면). ① 세계화는 가난한자들을 더 어렵게 만드는 것만은 아니다. 오히려 과거 역사를 돌아볼 때 가장 빠른 속도로 중간 계급을 만들어 냈다. ② 많은 사람들이 도시화하고 산업화하는 경제 안으로 유입되었다. ③ 가장 절망적인 사람들은 국가통제 경제 체제에 있는 사람들이다. ④ 국가경영 체제에 대한 신뢰는 봉건적, 식민지주의적, 공산주의적 경험에 의해 이미 분쇄되었다.

그동안 세계화에 대한 다양한 해석이 있어 왔다. 자본주의에 기초하든 사회주의에 기초하든 근본적으로 한계를 갖고 있다. 이런 해석이 치중하는 경제적인 차원에서만은 이해 될 수 없는, 정신적이고 종교와 관련된 부분이 세계화의 근본에 놓여 있음을 놓쳐서는 안 된다. 자본주의적 모델인 신자유주의 학파는 종교를 하나의 상품과 소비 차원에서만 이해했던 것이다. 그러나 사람들은 사회적, 물질적인 이익을 추구할 뿐만 아니라 진리가 무엇인가, 무엇이 정당한가 등의 문제에 관심을 갖는다.

4. 종교는 소멸할 것인가?

세계화에 대한 마르크스적인 분석에 기초한 해석도 있다. 그들은 종교를 '그릇된 의식'의 발현이라고 주장한다. 종교는 소외된 인간의 억압에 대한 한숨이자 탄식을 반영하는 것이며, 보다 좋은 삶에 대한 인간의 희망을 허공에 투영한 것이라고 본 것이다. 과학은 가장 깊은 수준에서 사실적인 묘사와 일치하는 것뿐 만 아니라 정신적인 가치와 도덕적인 평가를 받아야만 한다.

스택하우스는 신자유주의 경제체제의 신봉자들, 유사 마르크스주의적 교회지도자들, 전통적인 주류 경제학자들 모두 인간 사회와 세계화 과정에서 실제로 작용하고 있는 신앙의 힘과 영향을 간과하고 있음에 주목하고 있다. 즉 세계화의 역동성에 있어서 발생하는 신학적 주제들을 놓치지 말아야 하며, 이는 하나님의 경륜과 섭리라고 설명될 수 있다. 스택하우스는 세계화의 추세에서 다음과 같은 신학적 주제들이 공동의 삶의 조직 안에 투입되어야한다고 강조하였다(4권31-32면). ① 현세적 금욕주의 ② 입헌적 정치 형태/ 민주주의 ③ 하나님의 형상/ 인권 ④ 정당한 법에 따라 운영되는 기업 ⑤ 하나님의 창조와 청지기 의식 ⑥ 사해동포적, 복합적 도시문명

5. 세계화의 역동성 이해와 공공신학

세계화의 역동성을 이해하기 위한 문화에 대한 신앙의 관계, 사회에 대한 문화의 관계, 사회와 문명의 형성 등을 연구해야 한다. 특히 기업자본주의는 일부 약점이 있기는 하지만, 소수의 인권을 보호하는 공평한 법체계를 갖는 입헌 정부에 뿌리를 두고 있고 다원주의와

종교의 자유 등이 보장되는 사회를 바탕으로 하므로 잠정적인 선에서 최선의 경제 체제를 이루고 있다.

1) 창조와 문화명령

스택하우스는 "우리가 창조와 역사 속에서 분명히 할 수 있는 문제와 연관된 것들을 우리의 전망이 하나님의 관점에서 인식할 수 있는 사회적, 정신적, 윤리적인 '옳고 좋음'의 접근방식으로 질문하는 것"을 강조한다(제4권 132면). 하나님의 일반적인 은혜와 일반적인 계시, 하나님께서 주신 자연법과 땅에 있는 것들을 다스리는 청지기의 사명과 문화명령 등은 여전히 중요한 과제이다.

2) 소명

소명은 하나님의 은혜를 발견하는 중요한 통로이다. 스택하우스는 대부분의 종교에 있어서 '선택받은 사람'들에 대한 개념이 있긴 하지만, 기독교 신학에서의 선민은 어떤 특권을 가진 사람만을 가리키는 것은 아니라고 설명한다(제4권 175면). 즉 삶의 각 부분은 적절한 목적과 특별한 가치들을 갖고 있다. 예를 들어 교수, 법조인, 의사, 엔지니어, 경영자, 과학자, 정치가 등은 각 분야에서 하나님에 대한 신앙과 자신의 직업을 연계 시킬 수 있는 책임을 요청받고 있다(제4권 192면).

6. 목회적 적용과 시사점

1) 직업소명의 재인식

소명은 하나님과의 관계 속에서 '내가 왜 존재 하는가'에 대한 답변이다. 성서 속에서 하나님의 부름은 예언자, 왕, 제사장 등 다양한 모습으로 나타나는데 이들의 역할은 일정 직군이 우위를 갖는 것이 아니다. 직업소명에 대해 종교개혁자들이 이미 다양한 방식으로 설명했고, 현대 사회의 직업윤리에 있어서도 이는 중요한 개념이다. 문제는 실제적인 적용과 실천이 부족하다는 점이다. 아직도 제한된 일에만 '하나님의 은혜'가 집중되는 것으로 바라보는 시각이 분명히 있다.

적극적으로 직업의 권위와 목적을 하나님의 은혜와 섭리로 연결시키는 스택하우스의 소명 이해는 아무리 강조해도 지나침이 없을 것이다. 더 나아가 자신 및 주변인들의 소명 실천의 방해적인 요소를 제거해야 하는 과제도 신앙인들에게 필요하다. 교회의 구성원들 및 회중들에게 자신의 직업에 대한 긍지와 소명적 이해를 더욱 분명하게 신학적으로 설명할 책임이 목회자들에게 있다.

2) 세계화에 대한 능동적 이해의 필요성

우리 앞에 전개되고 세계화는 엄연한 현실임에도 불구하고, 아직 많은 이들이 세계화에 대한 막연한 부담감을 갖고 있다. 특히 우리

민족은 '단일 민족'을 일종의 긍지로 여기고 살아왔고, 준비할 겨를
도 없이 이미 다인종 사회 및 다문화 사회 속에 진입해 있다. 이제는
그동안 이주 노동자 또는 결혼 가정 이민자 관련 문제 정도로 산발
적으로 논의되던 문제들에 대해 신학적인 해석을 내려야 한다. 정치
경제적인 측면에서 보면, 비준을 준비하고 있는 한미 FTA 협상, 미
국의 쇠고기 수입 문제 등에 있어서도 일방적으로 정치적인 논의에
치우칠 것이 아니라 경제 문제를 기본으로 하여 풀어나가는 지혜가
필요하다. 대다수 경제학자들은 거시적으로 볼 때 한국경제의 체질
개선과 도약의 계기가 될 수 있을 것으로 보고 있지 않은가?

3) 기업과 자본주의에 대한 냉정한 평가

기업을 중심으로 하는 자본주의 경제체제는 많은 한계와 약점을
갖고 있는 것도 사실이다. 기업중심의 자본주의에 대한 지나친 확신
과 장밋빛 환상은 바람직하지 않지만, 비판일색의 어두운 전망만을
낼 필요도 없을 것이다. 기독교 신학은 전통적으로 자본주의 체제에
대해 상당히 부정적인 평판을 내려오며 경계한 것이 사실이다. 물론
자본주의가 완전한 제도는 아니다. 그러나 인간이 만든 모든 제도가
그러하기에 완전성을 갖고 논할 수는 없으며, 비교 우위를 논하는
것이 현명한 판단일 것이다. 현실적으로 기업인의 책임과 공공성을
강조하면서, 적극적으로 소명을 다할 수 있도록 격려하는 것이 목회
적 책무일 것이다.

다문화 사회와 정치윤리

종교적 신앙이나 이념을 표방하고 정권을 잡은 이들이 부정적인 종말을 맞이한 경우를 어렵지 않게 볼 수 있는 것이 사실이다. 특히 보수적 입장이나 복음주의적 입장을 견지한 이들의 정치적 실패가 더 컸다고 볼 수 있는데 그 이유와 배경은 무엇일까?

로날드 사이더의 복음주의적 정치 참여 이론은 정치 참여와 책임에 대한 논란이 있는 한국사회에 필요한 안목을 제공해 주고 있다. 이제는 신앙의 힘이 개인적 차원에 머무르는 것이 아니고 정치를 포함한 공공의 영역 전반에 영향을 미치며, 하나님의 나라를 확장해 나아가야 한다는 인식이 강조되고 있다. 이런 상황 속에서 좀 더 체계적이며 효과적인 정치참여를 위해서 고려할 점과 방법론은 무엇인가?

첫째로, 기독교적 정치철학의 정립이 필요하다. 사이더는 그의 방법론에서 첫 번째 단계로 규범적 체계화를 언급했다. 여기서 규범이란 도덕적 결정의 기준을 말한다고 할 수 있다. 무엇이 선하고 정당한 것인가에 관한 문제에 있어서, 종교적, 혹은 철학적 규범의 체계화에 기초하지 않는 정치적인 결정은 없기 때문이다.

둘째로, 사회에 대한 폭넓은 이해와 분석이 필요하다. 사회 이해는 성서적 체계만 갖고는 불충분하기 때문에 세계에 대해 좀 더 잘 이해하기 위해 사회, 경제, 정치 체계에 대한 폭넓은 연구를 해야 한다. 현실주의적 사회윤리의 이론가 및 실천가라는 평가를 받고 있는 라인홀드 니버의 경우를 살펴볼 필요가 있다.

셋째로, 균형 잡힌 인간관에 기초한 정치 참여가 필요하다. 윤리적 입장의 결정에 있어서 인간관은 언제나 중요한 문제이며, 정치 참여에 있어서도 마찬가지이다. 정치 참여에 있어서 간과해서는 안 될 부분이 인간을 어떻게 바라보는가 하는 문제이다.

제**10**장

기독교의 정치참여 방법론과 라인홀드 니버의 기독교현실주의*

1. 정치 참여의 역사와 필요성

기독교의 사회적 책임 및 정치 참여에 관한 논의가 어제 오늘의 일은 아니지만, 2008년 이명박 정부가 들어서면서 한국의 기독교는 다시 한 번 중요한 국면을 맞고 있다고 볼 수 있다. 대통령을 비롯한 상당수의 관료들이 기독교인임이 밝혀졌고, 기독교인들 스스로 정치와 종교의 분리를 인정하면서도 종교인이 지도적인 위치에서 그 책

---

* 이 장은 한국기독교사회윤리학회 발행, 『기독교사회윤리』 2008년 16집, pp. 77-98에 게재된 필자의 논문을 수정・보완한 것입니다.

임을 제대로 감당하지 못하면 개인적 차원에서 뿐 아니라 자신이 속
한 종교 전체가 비판의 대상이 될 수 있다고 생각하고 있다. 한국의
역사에서 보면, 초대 대통령 이승만은 감리교의 장로였으며, 목사로
서 부통령을 지낸 함태영[1]의 경우도 있다. 최근에도 총선이나 대선
때에는 기독교 정당을 조직해서 신앙을 정치이념과 동일시해서 구체

17대 총선(2004년 4월 15일)		
정당명칭	총득표수(단위: 명)	득표율(단위: %)
한나라당	8,083,609	37.90
민주당	1,698,368	7.96
우리당	8,957,665	41.99
민주노동당	920,229	4.31
자민련	569,083	2.67
통합 21	63,989	0.30
녹색사민당	37,789	0.18
기독당	8,267	0.04
사회당	8,004	0.04
민국당	4,347	0.02
노권당	2,582	0.01
공화당	2,405	0.01
희망 2080	1,253	0.01

출처: 중앙선거위원회

---

1) 함태영(1873~1962)은 독립운동가·정치가로서 한성재판소 검사와 대심원·복심법원 판사를
   지내다 1910년 한일합병 후 공직을 떠났다. 장로교 목사로 활동하면서 총회장, 조선신학원 이
   사장 등을 지냈다. 1952년 제2대 부통령 선거에서 이승만에 의해 후보자로 추천되어 유효투
   표의 41.3%를 획득하여 부통령에 당선되었다.

적인 정치참여를 시도하는 이들이 빠지지 않고 있는 것이 사실이다. 그러나 좁은 의미의 정권 확보나 정치적 참여에 매달린 경우는 대부분 목표 달성에 실패한 경우가 많았다. 물론 기독교 내에서도 폭넓은 지지를 받지 못하고 있다. 여러 원인이 있겠지만 직업에 있어서 전문직의 개념이 자리 잡은 현대 사회 속에서 정치적 교육과 훈련의 기회를 제대로 갖지 못하고 힘 있는 정당의 지원을 받지 못하는 상황 속에서의 정치참여란 쉽지 않은 것이 현실이다. 지난 17, 18대 총선에 참여한 기독교정당(기독당 등)의 득표율은 하나의 예가 될 수 있을 것이다.

18대 총선(2008년 4월 9일)		
정당명칭	총득표수(단위: 명)	득표율(단위: %)
통합민주당	4,313,645	25.17
한나라당	6,421,727	37.48
자유선진당	1,173,463	6.84
민주노동당	973,445	5.68
창조한국당	651,993	3.80
친박연대	2,258,750	13.18
기독당	443,775	2.59
진보신당	504,466	2.94
평화통일가정당	180,857	1.05
국민실향안보당	93,554	0.54
한국사회당	35,496	0.20

출처: 중앙선거위원회

이와 같은 현상은 다른 나라의 경우에서도 볼 수 있는데, 종교적 신앙이나 이념을 표방하고 정권을 잡은 이들이 부정적인 종말을 맞이한 경우를 어렵지 않게 볼 수 있는 것이 사실이다. 특히 보수적 입장이나 복음주의적 입장을 견지한 이들의 정치적 실패가 더 컸다고 볼 수 있는데 그 이유와 배경은 무엇일까? 미국적 상황에서의 구체적인 정치 참여에 대해서 로날드 사이더(Ronald Sider)는 1980년에는 로날드 레이건을 도운 '도덕적 다수(Moral Majority)'와 '종교적 권리 (Religious Right)' 운동 등이 전개된 것과 많은 근본주의자들, 신학적으로 복음주의자들이 정치에 참여하기 시작한 점을 지적한 바 있다. 그는 팀 러헤이(Tim LaHaye)가 "진정으로 영적 부흥으로 가는 길은 의회를 개혁하는 것이다"라고 말한 것을 상기시키면서, 1980년대는 라틴아메리카와 아시아에서 많은 기독교인 정치지도자들이 선출되기도 하였고, 잠비아에서는 내각에 목사들이 임명되면서 '기독교 국가' 임이 선포되기도 하였음을 지적하였다. 그러나 많은 정치 지도자들이 독재, 고문, 부정부패 등으로 실패하고 말았음을 지적하고 있다.[2]

위의 지적 등을 포함한 로날드 사이더의 복음주의적 정치 참여 이론은 정치 참여와 책임에 대한 논란이 있는 한국사회에 필요한 안목을 제공해 주고 있다. 그는 10여권의 책이 이미 한국어로 번역되어 있는 복음주의 신학자로, 정치, 사회적인 문제들을 복음주의적 입장에서 윤리적으로 성찰하며 현실적인 대안을 제시하고 있다는 평가를 받고 있다.[3] 필자는 사이더가 제시하고 있는 복음주의적 정치 참여

---

2) Ronald J. Sider, *The Scandal of Evangelical Politics*(Grand Rapids : BakerBooks,2008), p.16.

3) 그는 미국 예일대학교에서 철학박사학위를 받았고, 현재 파머 신학교(Palmer Theological Seminary)의 '목회와 공공정책 연구소'를 책임지고 있다. 그의 책 중 한국어로 번역된 책은

방법론이 우리 상황에 주는 의미를 생각해 보고, 라인홀드 니버
(Reinhold Niebuhr)로 거슬러 올라가는 기독교 현실주의적 시각에서 한
국 교회의 정치적 참여의 중요성과 방법론을 제시해 보고자 한다.

2. 정치 참여의 중요성

최근 한국사회에서는 기독교와 교회의 공공성에 관한 언급들이 여
러 모양으로 전개되고 있다. 아직도 기독교 신앙이 개인의 심성적인
부분이나 영적인 면에만 관계하면 된다는 인식에 머무르고 있는 경
우가 많지만, 이제는 신앙의 힘이 개인적 차원에 머무르는 것이 아
니고 정치를 포함한 공공의 영역 전반에 영향을 미치며, 하나님의
나라를 확장해 나아가야 한다는 인식이 강조되고 있다. 이런 상황
속에서 좀 더 체계적이며 효과적인 정치참여를 위해서 고려할 점들
은 무엇인가?

우선, 사이더는 효과적인 정치 참여를 위해 고려해야 할 중요한
요소로 복음주의자[4]들이 갖고 있는 모순과 비일관성을 지적하고 있

'그리스도인의 양심선언'(the scandal of evangelical conscience), '가난한 시대를 사는 부유
한 그리스도인'(Rich Christians in an Age of Hunger), '물 한모금, 생명의 떡'(Cup of
Water, Bread of life) 등이다.

4) 복음주의는 다양한 용법으로 쓰이는데, 사이더가 말하는 복음주의란 무엇인가? 그는 전통적
인 기독교신앙과 실천으로 돌아오는 일종의 '부흥운동'으로, 예수그리스도의 복음과 주되심
에 복종하며 성서를 하나님께서 주신 신앙과 실천의 최종적인 권위로 받아들이는 신학이라고
말한다. 여기에는 로마가톨릭교를 비롯해 루터교, 개혁교회, 오순절교회, 재세례파, 웨슬리
언, 동방 정교 등이 들어간다.

다. 예를 들면 원칙적인 면에서는 임신중절에 반대하는 '생명옹호 (pro-life)'의 입장에서 낙태의 문제를 보는 견해가 있다. 그런데 많은 비판자들의 언급처럼 복음주의자들의 입장을 보면 생명이 '임신에서 시작하여 출생에서 끝나는' 경우가 많다는 점이다. 즉 많은 어린이들 이 '굶주림'으로 죽어가거나 생명의 존엄과 가치를 위협받는 일들이 다양한 모습으로 발생하고 있음을 고려할 필요가 있다는 것이다. 복 음주의자들은 낙태, 안락사, 가정 문제 등에는 집착했지만 하나님 창 조의 보전과 가난한자들을 돕는 정책 등에 대한 관심이 부족했다는 비판을 받는다는 점이다.[5] 사이더가 지적한 핵심은 정치적 문제의 해결이 세속적 이념이 아니라 깊고 세심한 신학적 성찰을 통해 이루 어져야 한다는 점이다.

또한 사이더가 던진 "기독교인이 정치를 떨쳐버릴 수 없는 이유는 무엇인가?"라는 근본적인 질문에 관심을 갖게 된다. 즉 기독교인들이 꼭 정치 참여를 해야 하는가하는 문제이다. 사이더는 기독교가 정치 를 외면할 수 없는 이유를 실제적인 측면과 신학적인 측면으로 나누 어 이해하고 있다. 즉 정치사 속에서 일어난 역사적인 결정들에 의 해 수백만명의 삶이 실제적으로 영향을 받는다는 점이다. 만일 독일 유권자들이 히틀러를 수상으로 뽑지 않았더라면 어떻게 되었을까? 즉 정치는 실제적으로 매우 중요하기 때문에 무시할 수 없다는 것이 다. 또한 정치 참여에 대한 신학적인 이유가 있음을 고려해야 한다. 기독교인들의 신앙고백은 예수를 온 세계의 주님이 되게 하며, 주님 께서는 지금도 모든 영역에서의 웰빙(Well being)과 이웃사랑 실천을

---

5) Ibid., p. 19.

원하고 계시기 때문이다. 따라서 우리가 진실로 그리스도를 반영하는 행동의 지혜와 성서의 권위에 기초한 정치적 결정을 구현할 수 있는가 하는 것이 중요한 문제가 된다는 것이다.[6]

포스트모던적 사회 분위기 속에서 전보다는 정치의 힘과 영향력이 많이 줄어든 것으로 여겨지기도 한다. 특히 기업자본주의의 발달과 함께 경제력의 비중이 높아지고 있다. 그러나 전제국가가 아니라고 하더라도 국가 단위로 행해지는 정책적 결정과 세제 문제 등은 결국 정치적인 영향력 가운데 결정되는 문제이다. 즉 어떤 개인이나 정당이 정권을 갖고 정치를 실현해 가는가 하는 문제는 한 사회를 형성해가는 매우 중요한 요소임을 간과할 수 없을 것이다. 더 나아가 정치는 문화와 종교에 까지도 큰 영향을 미치고 있음을 고려해야 한다. 구체적인 예를 들어 대학이나 학문 및 예술 분야 등에 대한 지원도 정부가 어떤 이념과 가치관을 갖고 있는가에 따라서 그 양상이 달라지기 때문이다. 존 칼빈(John Calvin)과 아브라함 카이퍼(Abraham Kuyper)등이 직접 정치 일선에 나섰던 것은 결국 정치적 영향력의 실상을 잘 알았기 때문이라고 볼 수 있을 것이다.

3. 복음주의적 정치참여 방법론

기독교의 공공성을 인정한다고 하더라도 전문화된 현대 사회 속에서 종교개혁기의 칼빈이나 네덜란드라는 한정된 공동체를 이끌었던

---

6) Ibid., p. 22.

아브라함 카이퍼와 같은 방식의 정치참여를 기대할 수는 없을 것으로 보인다. 현대 사회에서는 좀 더 전문화된 책략과 정치적 참여가 필요한 것이 현실이라고 보아야 할 것이다. 열정만 가지고 참여한다면 오히려 정치적으로도 성과를 이룰 수 없을 뿐 아니라 기독교의 정체성만 훼손하는 우를 범하기 쉽기 때문이다. 그렇다면 어떻게 일관성 있고 효과적인 정치적 결정을 돕는 체계나 방법론을 수립할 수 있는가 하는 문제가 중요하다고 할 수 있다. 즉 신앙인들이 지혜롭고 신실하게 정치적 문제에 대해 판단하고 효과적으로 영향력을 행사하기 위해서는 무엇이 필요할까? 사이더는 성서계시에 기초한 규범의 체계화와 사회에 관한 세심한 분석 등에 대해 언급하고 있다. 구체적으로는 규범적 체계화, 사회와 세계에 대한 폭넓은 연구, 정치철학 정립, 특정 문제에 대한 구체적 사회분석의 네 단계를 거쳐야 한다고 보고 있다.[7] 종교와 사회의 관계를 논할 때 전통적으로 논의하는 문제들과 방식 등을 언급한 것으로 보인다. 이제 논자는 사이더가 언급한 방법론과 효과적인 정치적 참여를 거둔 바 있는 라인홀드 니버가 지적했던 부분을 함께 고려하면서 한국적 상황에 적용할 수 있는 정치참여 방법론의 세 단계를 제안해 본다.

첫째로, 기독교적 정치철학의 정립이 필요하다. 사이더는 그의 방법론에서 첫 번째 단계로 규범적 체계화를 언급했다. 여기서 규범이란 도덕적 결정의 기준을 말한다고 할 수 있다. 무엇이 선하고 정당한 것인가에 관한 문제에 있어서, 종교적, 혹은 철학적 규범의 체계화에 기초하지 않는 정치적인 결정은 없기 때문이다. 정치적 문제에

---

7) Ibid., pp. 41-45.

관해서 효과적으로 성서적인 전망을 발전시키기 위해서는 성서의 이야기에 자신을 구체적으로 연결시켜 보면서 다양한 가르침들을 이해해야 한다. 그런데 이와 관련하여 소위 성서주의(Biblicism)에 빠지지 않기 위한 주의가 필요하다. 즉 기독교 공동체의 논의에 있어서 신학의 출발과 그 논의의 밑바탕에 하나님의 말씀인 성서가 있음을 부정하는 사람은 없을 것이다.

그런데 종종 신학적 논의에 있어서 하나님의 말씀인 성서는 인간들의 논의를 뒷받침해주는 보충자료나 이야기의 단초를 제공하는 데에서 그치는 경우도 있다는 점이다. 또한 성서의 뜻을 깊이 이해하지 못하고 자의적인 사용을 하거나 그 뜻을 왜곡하는 경우도 어렵지 않게 볼 수 있는 것도 현실이다. 신구약 성서의 주석, 이해, 해석 등에 있어서 매우 치열한 논의의 과정을 필요로 한다. 성서에는 다양한 시간과 공간을 배경으로 하는 다양한 사건들이 기록되고 있기 때문이다. 이해하는 이에 따라서는 모순이나 긴장으로 여겨지는 부분들도 많이 있다. 예를 들어서 구약성서에 보면 대부분의 역사가 이스라엘 민족적 입장에서 기록되고 있지만, 성서가 결코 유대민족주의를 옹호하는 책은 아니다. 신약 시대에 들어오면서 나타나는 초대교회의 모습 또한 매우 다양하게 읽을 수 있다. 초대교회가 완전한 평화주의를 추구하거나 이상주의적 공동체주의를 실현하고 있는 것은 아니었음을 고려해야 한다.

성서는 정치에 관한 '구체적 청사진'을 제공하지는 않지만, 중요한 '규범체계'를 제공하고 있음을 주목해야 한다. 규범은 하나의 기준점을 제시해주는 척도로서의 역할을 말하는 것이다. 우리가 필요로 하는 정치철학은 일종의 규범체계라고 할 수 있는데, 정치철학은 성서적 자료와 사회에 관한 연구를 관련시켜 보게 해주는 일종의 로드맵 (road-map)이 되기도 한다. 사이더는 정치철학에 대한 반성과 검토의 단계가 필요하다고 지적한 바 있다. 즉 기독교적 정치철학이 비기독 교적 자료로부터 무비판적으로 정치철학을 채택하고 있지 않은지 살 펴보아야 한다는 점이다. 기독교 정치철학은 성서의 규범을 바탕으 로 하면서도 이를 광범위한 사회, 경제, 정치적 분석에 온전히 적용 할 경우에만 정립될 수 있음을 지적한 것이다.

결국, 정치 참여에 대한 적절한 평가가 가능하기 위해서는 정치에 대한 신학적, 철학적 이해가 우선되어야 한다는 점을 간과해서는 안 된다. 즉 누구를 위한 어떤 규범에 의존하는 정치인가하는 근원적인 질문을 던져야 하는 것이다. 한국사회 속에서 자유민주적 정치이념 이 정립된 것은 그렇게 오래되지 않았다. 기독교회가 역사 속에서 일치된 행동을 보이지 못했던 것도 정치에 대한 신학적인 통찰이 부 족했기 때문이라고 볼 수 있다. 때로는 기독교 정치철학을 표방했지 만 그 가치의 저변에는 이데올로기적 이념이나 실용주의, 물질적 가 치에 기초한 사고와 행동들이 많았음을 간과해서는 안 될 것이다. 지금, 우리사회가 지향하는 가치에 대해 기독교는 어떤 입장을 견지 하고 있는가? 최소한 기독교는 일정한 규범과 덕목들을 우선적 가치 로 제시할 수 있어야 할 것이다. 현대 윤리학은 잃어버렸던 개인의 덕성에 대한 회복을 다시금 강조하고 있다. 아리스토텔레스의 철학 과 체계를 기독교적 신학의 입장에서 재해석한 토마스 아퀴나스가 아리스토텔레스의 지혜, 용기, 절제, 사려 깊음에 더하여 믿음, 소망, 사랑을 강조했던 것처럼 물질주의적 가치관과 반실재론적(antirealism) 태도가 팽배해 있는 상황 속에서 기독교 정치철학의 정립은 매우 시급한 과제라고 해야 할 것이다.

둘째로, 사회에 대한 폭넓은 이해와 분석이 필요하다. 사회 이해는 성서적 체계만 갖고는 불충분하기 때문에 세계에 대해 좀 더 잘 이해하기 위해 사회, 경제, 정치 체계에 대한 폭넓은 연구를 해야 한다. 현실주의적 사회윤리의 이론가 및 실천가라는 평가를 받고 있는 라인홀드 니버의 경우를 살펴볼 필요가 있다. 니버에 대한 이런 평가는 그가 전통적인 규범윤리학 및 기독교 교리적, 성서적 윤리학에 대한 관심뿐만 아니라 사회 현실에 대한 예리한 통찰을 바탕으로 한 상당히 정치적인 동기도 있었기 때문에 가능했다. 물론 사회에 대한 바른 이해를 위해서는 현대 자본주의 시장경제의 기능에 대해서도 충분히 알아야 하고, 마르크스 철학에 대한 이해도 있어야 한다. 니버적인 해석에서 보면, 인간들은 사회적 관계에 있어서 피할 수 없는 근원적 이기심과 집단과 관계된 힘의 영향을 받는다. 렌스키(G. E. Lenski)가 "다른 사람들의 반대에도 불구하고 자기의 의사를 관철시킬 수 있는 가능성"을 힘이라고 정의한 의미를 고려할 수 있을 것이다.8) 한 사회를 구성하는 개인이나 집단은 힘의 역학 관계 속에서 이익과 관련한 견제와 균형의 상황에서 순응하거나 대항하며 살아가고 있다. 이런 면에서 삶의 현장은 힘의 각축장이라고 볼 수 있으며, 도덕적 이상이나 가치의 실현도 이런 요소들을 고려해야 한다는 것이 니버의 사회윤리적 통찰이다.

적실성 있는 정치 참여를 위해서는 현 시대에 대한 구체적인 사회 분석이 필요하다. 특히 우리는 경제문제와 관련된 복잡한 문제들이

---

8) G. E. Lenski, Power and Privilege (New York: McGraw Hill Books, 1966), p. 43.

발생하고 있음을 지켜보고 있다. 예를 들어서 정치 철학적인 차원에
서는 같은 입장인 경우도 '최소 임금' 등 구체적인 문제에서는 의견
을 달리할 수 있다. 이런 경우는 처음으로 다시 돌아가서 경제적인
분석을 해보아야 한다. 니버는 1920년대 디트로이트 목회 활동을 통
해서 자유주의적 기독교의 가르침과 주장이 현실사회의 인간을 이해
하는데 있어서 얼마나 비현실적이고 무력한 것인가를 깨닫고, 자유
주의적 낙관주의를 버리게 되었다고 평가되고 있다. 그는 구체적으
로 개인의 영리와 이익을 우선하는 고용주의 모습을 보면서 이상주
의적 사랑이 현실 사회 속에서 참으로 무기력하다는 것을 절감하였
던 것이다. 니버는 이런 무기력함이 자유주의자들처럼 정치적, 경제
적 현실을 제대로 이해하지 못하는데 기인하고 있다고 보았고, 이런
현실 사회에서는 결코 사랑의 이상이 인간들을 통해 완전하게 실현
될 수 없다고 결론을 내렸다. 따라서 그는 이기적인 정치 현실 속에
서 사랑을 실천하기 위해서 정의라는 도구가 필요함을 역설하였고,
그 개념을 발전시켰다. 니버는 정의(justice)를 복잡한 정치 현실과 이
상적 사랑(love)을 연결시킬 수 있는 매개체로 보았던 것이다.

　아울러, 기독교인들이 정치 문제에 대한 결정에 있어서 가져야할
태도는 항상 겸손한 태도로 인간의 결정은 불확실한 것일 수 있음을
인정해야 한다는 점이다. 정치적 문제에 있어서 우리가 확신을 갖고
말할 수 있는 것은 성서적 체계와 책임 있는 사회적 분석을 거친 결
과이기 때문일 것이다. 그러나 항상 경계해야 할 것은 처음에는 성
서적 규범에서 출발했다고 하더라도 세속적 규범과 가치로 끝내게
된다면, 그 결과는 결국 타협적이거나, 근본적으로 비기독교적 정치
행위가 된다는 점이다.

셋째로, 균형 잡힌 인간관에 기초한 정치 참여가 필요하다. 윤리적 입장의 결정에 있어서 인간관은 언제나 중요한 문제이며, 정치 참여에 있어서도 마찬가지이다. 정치 참여에 있어서 간과해서는 안 될 부분이 인간을 어렵게 바라보는가 하는 문제이다. 사실 정치 철학과 규범을 수립하는 데 있어서 가장 기본적인 부분이 되기도 한다. 기독교 현실주의적 인간이해는 성공적이고 책임 있는 정치 참여를 위해 꼭 필요한 안목을 제공하고 있다. 니버는 성서적, 아우구스티누스적 인간이해에 기초하여, 인간의 이기심을 예리하게 분석해내고 이를 극복하기 위한 힘의 견제와 균형을 통한 사회정의 실현을 추구하는 현실주의에 입각한 사회윤리를 구상하였기 때문이다.

니버는 몇 가지 잘못된 인간 이해의 예를 지적한 바 있다. 우선, 죄인이라는 측면이 지나치게 강조되면서 '신의 형상'이라는 긍정적 이미지가 간과되는 경우를 들고 있다. 이런 경우에는 인간의 부정적 이미지가 강조되며 타락한 인간이 현실세계에 행한 일은 선과 완전보다는 악과 불완전에 치우친 것으로 평가 된다. 이렇게 되면 인간의 도덕적 성취가 갖는 상대적 차이를 무시하는 우를 범할 수 있다. 도덕적 성취에 있어서 '약간 더하고 약간 덜한' 상대적 차이가 갖는 중요성을 무시하게 되면, 현실에 있어서 상대적으로 보다 나은 사회정의를 실현하기 위한 노력을 포기하는 경우가 발생한다. 니버는 극단적으로 문화적 패배주의에 떨어질 수도 있다고 경고하고 있다. 니버는 정통주의 기독교가 성서적 전통인 사랑의 법에서 뚜렷한 정치적 및 도덕적 원칙을 도출하는데 실패했다고 평가했다. 이와 대비되는 진보적 낙관론은 인간의 죄인, 피조물로서의 한계를 소홀히 하고 하나님의 형상으로서 인간의 창조적 능력에 대한 지나친 신뢰와 평가에 기초한다. 그들은 죄인으로서의 인간이 갖게 되는 이기적이며 파괴적인 측면을 바로 보지 못하고, 인간의 이성적 능력과 종교적 능력이 역사의 완성을 가져올 수 있다는 유토피아적 환상에 사로잡혀 있다고 볼 수 있다. 도덕적 의지에 대한 무모한 희망은 종교적으로는 피상주의에 머물게 되고, 정치적으로는 비현실적인 것이 된다. 이렇게 되면 기독교가 사회 문제에 대한 태도에 있어서 인간의 집단 행위와 개인의 도덕적 이상 사이에 있는 항구적 차이를 인정하려고 하지 않는 경향을 보이게 된다. 니버는 진보적 기독교를 도덕주의라고 평가하면서, 진보적 기독교의 도덕주의가 그 자체로는 완전하고 순수할지 모르나 기본적 정의를 창조할 수 없다고 지적하였다. 어느 사회에서나 기본적 정의는 인간의 공동 노력을 올바로 조직하여 다양한 사회적 세력 사이의 평등을 실현한다. 또한 공동 이익을 추구하고 이익의 경쟁에서 빚어지는 피할 수 없는 충돌을 적절히 억제하는데 달려 있기 때문이다.[9]

4. 정치 참여와 사회윤리적 접근의 필요성

앞에서 기독교 전통과 신앙이 복잡한 사회와 문화 속에서 제기되는 문제에 대해 답을 주기 위해서는 철저한 사회적 분석이 필요하며 니버의 경우에서 볼 수 있는 인간관 연구를 통한 통찰력도 필요함을

---

9) R. Niebuhr, *Interpretations of Christian Ethics* (New York: Merdian Books, 1956), pp.139-198.

제시하였다.[10] 사실 니버가 경험한 자유주의는 합리성과 사랑으로 인간 사회의 제반 문제들을 해결할 수 있으며 인간은 충분히 그런 능력을 갖고 있다는 낙관적 인간관에 기초하고 있다. 낙관적 인간관이란 인간은 사랑을 실현할 수 있는 무한한 가능성과 능력을 지닌 존재라고 보는 것인데, 이런 인간관은 19세기 이래의 진보 문명과 과학의 발달로 인해 더욱 고무된 것이었다.

그러나 니버는 인간의 역사에서 사회적 각성과 도덕적 선의지의 증가가 사회적 갈등의 야만성을 완화시키는데 도움이 된다하더라도, 갈등 자체를 제거할 수는 없다고 보았다. 즉 개인의 차원을 넘어서는 국가 혹은 경제 집단 내에서 생기는 갈등의 제거는 인간들이 어느 정도의 이성과 동정심을 발휘할 수 있고 도덕적 선의지를 갖고 있는 것을 전제로 한다고 볼 수 있다. 그러나 완전한 해결은 인간 본성의 불가피한 한계 및 상상력과 지성의 한계를 고려해볼 때 불가능하다고 볼 수 밖에 없는, 즉 하나의 이상에 불과하다고 보았다. 따라서 니버는 당대의 미국 문화를 이성의 시대(Age of Reason)의 환상과 감상에 젖어 있다고 평가하였다.[11] 이렇게 되면 인간 본성의 도덕적 원천들과 한계를 분석하는 일, 인간의 집단생활에 있어서 인간 본성의 한계가 미치는 결과들을 추적하는 일이 요청된다.

결국 니버는 인간에게 잠재되어 있는 능력들을 계발하는 일 뿐만

---

10) 니버의 가계도를 보면 그리스도의 신성과 성경의 영감 등을 믿는 복음주의자이면서도 자유주의적 신념을 가진 목사인 아버지 구스타프 니이버(Gustav Niebuhr)가 있었고, 니버는 그의 영향을 받았다.

11) R. Niebuhr, *The Moral Man and Immoral Society* (New York: Charles Scribner's Sons, 1960), p. x x x v.

아니라 인간 본성의 한계들 특히 인간의 집단적 행동에서 노출되는
한계들에 대한 설명을 통해 가능성과 불가능성을 변증법적, 관계적
인 방식으로 해소한 인간관을 정립하였다. 인간의 본성은 사회의 문
제를 해결할 수 있는 기본적인 자질 면에서 능력을 갖고 있다. 인간
은 다른 사람들과 유기적 관계 속에서 인격 및 정체감을 형성해간다.
인간은 자연적 충동 때문에 타인들의 욕구가 자신의 것과 상충될 때
조차도 타인들의 욕구를 고려할 줄 안다. 지성은 자애로운 충동을
증대시킬 수 있고, 그 결과 인간으로 하여금 자신과 유기적이고 자
연적인 관계에 의해 얽혀있는 사람들 이외에 다른 사람들의 욕구와
권리를 고려할 수 있도록 해준다. 그러나 평범한 사람들의 능력에는
분명한 한계가 있기 때문에, 타인들에 대한 배려를 다른 사람들에게
부과한다는 것은 불가능한 일이다.[12] 사실상 개인이나 집단들 사이
의 관계는 기본적으로 이해관계에 뿌리를 두고 있기 때문에 자신의
이해관계를 떠나서 윤리적 해결을 기대하기 힘들다. 따라서 갈등을
발생하는 이해관계들을 해결하기 위해서는 인간에 대한 냉철한 통찰
과 새로운 해소방법의 제시가 필요했던 것이다.

　종교적 진리는 자연주의를 비롯한 과학적 사고에 의해 압도당하
고, 도덕적 진리는 종교적 교리 및 권위주의적 도덕규칙으로 인해서
그 실제적 영향력을 잃고 형식화되고 있다는 니버의 현실 분석은 우
리 사회에도 적용되는 문제일 것이다. 니버는 기독교가 사회적 영향
력을 상실하는 위기에 직면하게 된 원인을 올바른 인간 이해의 결여
와 사회현상에 대한 잘못된 진단에서 찾았다. 니버의 인간관 중심의

---

12) Ibid., p. 3.

윤리적 통찰은 그의 사회에 대한 이해와 통찰 및 이에 대한 해결책
을 제시하는 과정인 사회윤리구상의 기초가 되었다. 니버는 이를 바
탕으로, 국가의 힘이 입법, 사법, 행정 등 삼권으로 분산되어서 서로
균형을 유지함으로써 힘의 남용을 방지하는 이른바 힘의 견제와 균
형의 제도를 강조하였다.13) 이는 민주주의가 첨예하게 발전된 선진
국가뿐만 아니라, 여러 면에서 미진한 부분을 안고 있는 발전 단계
에 있는 사회에 주는 의미가 훨씬 더 크다고 할 수 있다.

무엇보다 니버 사상의 의의는 전통적인 인간관에 대한 재평가와
새로운 해석에 있으며, 이런 인간관을 바탕으로 현실주의적 사회윤
리 체계를 형성했다는 점이다. 사실 인간관과 도덕이론은 밀접한 관
련이 있으며, 어떤 도덕이론의 타당성을 평가하기 위해서는 반드시
인간성에 대한 올바른 이론이나 합당한 이해가 있어야 한다고 믿어
온 것이 아리스토텔레스에서 홉즈와 흄을 거쳐 칸트에 이르는 도덕
철학의 오랜 전통이기 때문이다.14) 니버의 인간관은 인간의 개인적,
집단적 이기심에 대한 철저한 통찰을 바탕으로 하면서 정통주의 및
진보적 기독교의 편향된 인간이해가 갖게 되는 한계를 지적해 내었
고, 이를 관계적으로 통합하고 사회윤리에 적용하여 기독교 현실주
의적 윤리체계를 구상해 냈던 것이다.

또한 고려할 것은 니버의 사회윤리적 접근이 갖게 되는 약점을 간
과해서는 안 된다는 점이다.15) 그의 구상은 기독교적 인간 이해를

---

13) 니버의 사회윤리학에 있어서 권력이 주는 의미는 김기순, 『權力의 意義와 役割에 관한 社會
倫理學的 硏究』(숭실대학교 대학원 박사학위 논문)을 참조할 수 있다.

14) 황경식, "倫理學에 있어서 人間觀의 문제-合理性과 自己同一性을 중심으로", 『철학사상』 제
5집 (동국대학교 철학회, 1983), p. 372.

바탕으로 이기심과 힘의 요소를 제어할 수 있는 견제와 균형이라는 방법으로 사회의 구조적 개혁을 추구하는 강점이 있다. 그러나 윤리에 있어서 구조나 체제의 문제를 지나치게 강조하다 보면, 인간의 성품적인 요소와 개인에 대한 기대가 지나치게 평가 절하되는 측면이 있다. 공공신학이 신앙과 신학의 사사화를 비판하지만, 결국 신앙은 일정 부분 개인적 각성과 개별성을 전제로 하고 있음을 무시할 수 없는 일이다. 결국 이를 방지하기 위해서는 시민적 덕성 함양을 강조하는 윤리적 보완이 요청된다. 사실 전통적인 철학자들은 인간의 보편성을 전제하고 올바른 하나의 인간관이 가능하다고 생각했으며, 보편적이고 절대적인 하나의 도덕이론이 성립할 수 있다고 믿어왔다. 그러나 덕의 가치를 부정하는 이들은 인간론의 주제가 될 수 있는 인간의 고정된 인간성이 있다는 것을 인정하지 않는다. 이런 입장은 인간성이 넓은 의미의 제도적 용인에 의존하고 그들의 함수로서 성립하며, 이러한 제도적 요인들은 시대와 역사에 따라 다양성을 보이기 때문에 인간성도 시대와 역사에 따라 상대적이라고 보았던 것이다.[16]

　니버는 원리로서의 정의와 실천으로서의 사랑을 동시에 강조했다.

---

15) 특히 여성신학자들은 니버의 신, 은총, 죄에 관한 개념 등이 지나치게 남성 위주의 발상이라고 비판적으로 논의하고 있는데, 그 대표자로 플래스코(J. Plaskow)를 들 수 있겠다. 본 논문에서는 논지를 벗어나기 때문에 다루지 않았다. Judith Plaskow, Sex, Sin and Grace (Washigton: University Press of America, 1980), pp. 51-94참조.

16) 어떤 고정된 인간성이 있다는 것은 부인하더라도 여러 도덕이론 간의 선택범위를 좁혀 줄 수 있는 합당한 인간관에 이르고자하는 제3의 입장은 가능할 것이다. 이런 측면에서 논의되는 것들은 인간의 합리성, 자율성, 자기 동일성 등이 있을 수 있다. 황경식은 도덕적 관점에서 실질적 함의가 보다 희박한 엷은 의미의 인간관에서 그 기능을 찾고 있다. 황경식, 앞의 논문 p. 373.참조.

즉 니버는 어떤 정의가 단순히 정의만을 고집한다면 이미 변질된 것 이라고 하면서, 정의에 기초한 요구가 단순히 자기 이익의 계산에 집착하는 길로 빠지는 것을 막기 위해서는 아가페 사랑을 필요로 한 다고 주장하고 있다. "사랑 없는 정의는 단순히 권력의 균형에 불과 하다. 동시에 정의가 없는 사랑도 사랑일 수가 없다. 존재의 현실을 고려하지 아니한 사랑은 막연한 감상주의에 빠지는 위험을 갖는다. 니버에게 있어서는 사랑과 정의의 관계가 인간의 본성과 사회 및 역 사적 현실 속에서 더욱 뚜렷이 분리되면서도 상호관계를 맺는다."[17)

니버의 윤리는 사회 구조의 문제와 정의라는 도구를 강조하는 기 독교 현실주의적 측면에서 사회윤리의 남용과 오해에 기인하는 문제 가 발생할 수 있음을 예상한다. 이를 방지하기 위해서는 시민윤리적 덕성 함양이 강조되어야 한다. 이런 과정이 수반되지 않는 사회윤리, 정치윤리는 자칫 윤리적 적실성을 결여하게 된다. 2008년 5월 중순 부터 서울 광화문거리는 시민들의 촛불로 가득 찼다. 신앙 및 신학 적 입장에 따라 평가가 다를 수는 있겠으나, 시민의 정치 참여와 관 련된 많은 문제들을 생각하게 해 주었다. 집회 초기에는 문화행사로 서 국민적 의사를 표현하는 장으로 출발한 것이 사실이지만, 엄연히 정치적인 행위가 되고 만 것이 사실이다. 어쩌면 인간의 모든 행위 는 정치성을 갖고 있음을 다시 한번 실감하게 되었다. 특히 한국사 회는 민주주의의 역사가 그렇게 길지 못하다. 그러나 비교적 짧은 시간에 근대화와 민주화의 과정을 성공적으로 수행한 나라에 속한다

---

17) Gordon Harland, *Thought of Reinhold Niebuhr* (New York: Oxford University Press, 1960), p. 25.

는 평을 들어 왔다. 지금 우리는 앞으로 한국사회를 어떻게 발전시킬 수 있을 것인가 하는 중요한 기로에 서 있다고 볼 수 있다. 특히 거시적 안목에서 보면 우리는 남북통일이라는 숙명적인 과제를 안고 있으며, 여러 면에서 발생한 사회의 갈등을 치유해야 할 필요성을 느끼고 있다. 이런 면에서 기독교의 정치적 참여와 책임은 더욱 중요하게 논의될 수 있을 것이다. 그런데 사회를 치유하고 바르게 이끌어야 할 기독교지도자들이 오히려 갈등의 중심에 서 있는 상황을 연출하게 된다면 이를 어떻게 설명해야 한단 말인가?

책임있는 기독교가 되기 위해서는 다양한 윤리적 평가와 행동의 요구에 귀를 기울일 필요가 있다. 요더(John Howard Yoder)는 콘스탄티누스 대제 이후에 기독교가 보수든 진보든 예수의 삶과 가르침이 여전히 유효한 규범이요 윤리임을 인정하지 않고 세상과 여러 형식의 타협을 해왔다고 비판한 바 있다. 즉 예수가 들여온 하나님 나라의 삶의 방식은 집권자들의 방식과는 현저히 다르다. 예수는 강제력과 무력 대신에 하나님의 뜻인 사랑과 평화의 방식으로 하나님의 나라를 세워갔다. 그런데 요더는 교회가 추구하는 평화주의란 톨스토이가 강조하는 인류애의 동기나 간디의 무저항주의에서 볼 수 있는 효율성에 기인하는 평화주의가 아니라 오직 예수께서 그 길을 걸으셨고 하나님께서 계시하신 길인, '메시아적 평화주의'라고 말한다.[18] 소종파주의로 치부되기 쉬운 평화주의가 갖고 있는 의미가 있을 것

---

18) 요더는 "신자의 십자가는 그들이 견뎌내도록 요구받는 모든 종류의 고통, 질병 혹은 갈등과는 다르다. 예수의 십자가처럼, 신자들의 십자가 역시 사회적 영합의 거부에 대한 대가다."라고 말한다. 존 하워드 요더, 신원하, 권연경 역, 『예수의 정치학』(서울: IVP,2007), 175참조..

이다. 평화주의는 어떤 면에서 극단적인 견해이다. 그러나 이런 견해들은 자칫 중도적이거나 현실적인 입장이 갖고 있는 한계와 치우침을 다시 한 번 반성적으로 돌아보게 하는 기능이 있다.

기독교에는 전통적으로 전쟁에 대한 세 부류의 이해가 있다. 우선 야훼 하나님께서 친히 전쟁을 일으키시는 것으로 보고 전쟁 및 무력 사용을 적극적으로 수용하는 성전론자들이나 십자군운동적 이론들이 있다. 반대편에는 요더를 비롯한 평화주의자들이 있다. 퀘이커 교도, 여호와의 증인 등 기독교의 이단이나 소종파와 관련된 그룹 들이 많이 관련되어 있다. 그러나 주류적 입장은 정당 전쟁론이라고 볼 수 있을 것이다. 전쟁은 주권을 가진 자들에 의해서 마지막 수단으로 여겨질 때, 산출되는 선이 악보다 많다는 확신이 있는 경우 등 정당화의 조건이 충족되는 경우에 정당하다고 보는 것이다.

정당전쟁론은 토마스 아퀴나스(Thomas Aquinas)와 아우구스티누스(Augustinus)이래 신학적 입장의 주류가 되기는 했으나 그 정당화의 기준에 있어서는 미묘한 차이와 애매함이 있는 것도 사실이다. 개인적 혹은 집단적인 이기심에 따라 정당화 논변을 풀어나갈 가능성도 충분히 있는 것이다. 요더 등 평화주의자들의 공헌은 결국 이런 논쟁점들에 있어서 견제와 균형을 이루게 해준다. 과연 우리의 정당전쟁 논변은 치우친 것이 아닌지 돌아보게 해주고 건전한 방향을 잡아 준다는 것이다. 아울러 기독교 내에 평화주의의 논의가 있다는 것은 우리가 지향하는 세상은 힘에 의해 통치되는 '팍스 로마나(Pax Romana)'가 아닌 '하나님의 나라'이며 기독교 고유의 삶의 방식과 내용을 담고 있음을 확신하게 해준다.

우리 민족은 정서적으로 흥이 많고 감정적 기질이 발달해 있다.

민주사회를 발전시켜 나아가는 데 있어서 더 이상 목소리 큰 사람이 이긴다는 식의 태도는 없어져야 한다. 이제는 좀 더 차분하게 내적 성찰을 필요로 하는 때가 되었다. 전에는 의사를 표현하는 것 자체가 용기와 희생을 필요로 했으며 그 수단도 지극히 한정되어 있었다. 그러나 지금은 상황이 다르지 않은가? 정치와 관련된 문제는 신앙고백이나 성경의 구절만을 갖고 해결되는 단순한 문제가 아니다. 성서의 계시에 귀를 기울이면서 동시에 예리한 사회분석의 틀을 갖고 책임 있게 응답해야 하는 것이다. 이제 정치의 본질과 참여에 대해 오해와 머뭇거림이 있는 상황 속에서 사람이 왜 정치적일 수밖에 없는가를 발견해야 한다. 특히 기독교 복음주의적인 정치참여는 어떤 구체적인 차별성과 단계를 필요로 하는가를 분명하게 보여 주어야 한다. 성서적 규범과 사회 분석의 틀을 동시에 작동시키고 있는 사이더의 신학은 복음주의적 정치 참여에 있어서 구체적 방법론을 제안해 주고 있다. 그리고 그 연원은 이질적으로 보이는 라인홀드 니버에게 거슬러 올라가는 문제이기도 한 것이다.

참고문헌

고범서, 『라인홀드 니버의 생애와 사상』. 서울: 대화문화아카데미, 2007.

_____, 『社會倫理學』. 서울: 도서출판 나남, 1993.

심상태, 『인간 - 신학적 인간학 입문』. 서울: 서광사, 1989.

Friedrich, G. & Küng, H.. 김균진 역. 『유토피아니즘과 기독교』. 서울: 종로서적, 1986.

Honecker, Martin. 남정우 역. 『사회윤리학 이론의 구상』. 서울: 대한기독교출판사, 1988.

MacIntyre, Alasdair. 이진우 역. 『덕의 상실』. 서울: 문예출판사, 1997.

Rachels, James, 김기순 역, 『도덕철학』 서울: 서광사, 1983.

Rachels, James, 황경식 외 역, 『사회윤리의 제문제』 서울: 서광사, 1983.

Schweiker, W., 문시영 역. 『책임윤리란 무엇인가』. 서울: 대한기독교서회, 2000.

Yoder, John Howard, 신원하, 권연경 역, 예수의 정치학』 서울: IVP, 2007.

Niebuhr, *Moral Man and Immoral Society: A Study in Ethics and Politics*. New York: Charles Scribner's Sons, 1932.

_____, *Christianity and Power Politics*. New York: Charles Scribner's Sons, 1940.

_____, *Faith and History: A Comparison of Christian and Modern Views of History*. New York: Charles Scribner's Sons, 1949.

_____, *Christian Realism and political Problems*. New York: Charles Scribner's Sons, 1953.

_____, *The Nature and Destiny of Man: A Christian Interpretation*. Vol. 1, Human Nature. Vol. 2, Human Destiny. New York: Charles Scribner's Sons, 1953.

_____, *An Interpretation of Christian Ethics*, Living Age Books. New York: Meridian Books, 1956.

158

제3부 정치윤리와 다문화 사회

Brown, Chales C. *Niebuhr and His Age*. Philadelphia: Trinity Press, 1992.

Pasewark, Kyle A. *A Theology of Power: Being beyond Domination*. Minneapolis: Fortress Press, 1993.

Sider, Ronald J., *The Scandal of Evangelical Politics*. Grand Rapids : BakerBooks, 2008.

Smith, Michael Joseph, *Realist Thought from Weber to Kissinger*. London: Louisiana State University Press, 1986.

제11장

직업소명론 입장에서 본 기독교 정당 논의 비판*

1. 한국 사회와 정치참여

최근 한국 사회는 교수의 실제적인 정치 참여에 대해 폴리페서 (polifessor)라는 말로 비판적 시각을 드러내고 있다. 마찬가지로 교회 지도자들의 정치 참여에 대해 폴리스찬(polistian)이라는 말로 비아냥 거리고 있다. 이러한 때에 일부 목회자들이 기독교 정당을 본격적으로 창당하려는 움직임을 보이고 있다. 사실 소속 국회의원을 확보하

---

* 이 장은 한국기독교사회윤리학회 발행, 2011년 12월 『기독교사회윤리』 22집에 게재된 필자의 논문을 수정·보완한 것입니다.

고 있는 정당은 아니지만 '기독'을 정당의 명칭에 사용하고 있는 기독교 정당은 이미 있어 왔다.[1] 그런데 2012년에 실시되는 국회의원 선거 및 대통령 선거를 앞두고, 본격적으로 기독교 정당을 창당해야 한다는 논의 및 활동들이 다시 전개되고 있고 이에 대한 찬반양론이 다양하게 있는 것이 사실이다. 어떤 면에서 보면 창당 움직임을 주도하는 자들과 이에 참여하는 지지자들의 지명도, 교단적 배경과 입지, 언론과 사회의 반응 등을 놓고 볼 때 그 성과와 영향력이 크지 않을 것으로 예상해 볼 수도 있을 것이다. 그러나 선거 때마다 반복적으로 기독교 정당과 관련된 논의가 있어 왔고, 여전히 상당한 논쟁점들을 갖고 있는 것은 사실이기에, 기독교 정당에 논의와 관련된 문제들을 한번 되짚어 볼 필요가 있겠다.

물론 이런 논의가 신학적으로 다소 진부한 것으로 여겨질 수도 있으나, 한국사회에서는 현실적으로 여전히 쟁점이 될 수 있는 문제이기 때문이다. 로날드 사이더(Ronald J. Sider)는 기독교인이 정치를 떨쳐 버릴 수 없는 이유로 실제적인 이유 및 신학적인 이유를 제시한 바 있다. 그가 말한 실제적인 이유란 독일의 나치 정권에서 일어난 끔찍한 일들과 특정지역의 민주화 운동 등이 실제적인 삶에 있어서 중요한 영향을 끼친다는 점을 지적한 것이다.[2] 필자는 기독교 정당의 필요성을 주장하는 이들의 입장을 전통적으로 논의되어 온 정치

---

1) 2011년 10월 25일 현재 중앙선거 관리위원회에 등록된 정당이 22개인데, 정당명에 '기독'이 들어간 곳이 3개이다. 기독사랑실천당(기독당) '04.3.26 등록, 기독자유민주당(기민당) '11.9.26. 등록, 한국기독당 '11.8.8등록.
2) 이런 시각은 Ronald J. Sider, *The Scandal of Evangelical Politics*, (BakerBooks, 2008).에 전체적으로 드러나고 있다.

와 종교의 분리 이론 및 루터와 칼빈이 강조한 기독교 직업소명론의
입장에서 비판적으로 검토해 보고자 한다.[3]

2. 기독교 정당 논의의 긍정적 측면

　기독교 정당의 필요성 논의는 긍정적인 측면도 있는 것이 사실이
다. 정치, 경제, 문화 등과 기독교 신앙의 관계에 대해서 전체적으로
소극적이던 한국교회, 특히 보수교단의 지도자들이 정치의 중요성을
인식했다는 측면에서 보면 큰 의식의 진보가 있는 것으로 볼 수 있
기 때문이다. 그동안 기독교인들 가운데도 인간이 마땅히 누려야 할
인권과 시민사회의 권리에 관한 주장이나 운동에 대해서 부정적인
입장을 갖는 이들도 있었다. 그러나 이제는 정치, 사회, 문화의 제 문
제에 대한 신앙인의 책임에 이의를 제기하는 사람들은 극히 소수에
지나지 않는다. 미국의 경우에도 보수교단을 중심으로 전개된 1980
년대의 도덕적 다수(moral majority), 종교적 권리 운동 등을 들 수 있
으며, 한국은 공명선거와 관련된 시민운동, 대북 지원 사업 등이 보
수 교단의 활발한 정치적 참여를 촉발시킨 것으로 평가되고 있다.
팀 러헤이(Tim La Haye)는 "진정으로 영적 부흥으로 가는 길은 의회
를 개혁하는 것이다"라고 하여 정치의 중요성을 언급 했다.[4] 그러나

---

3) 이 문제와 관련한 포럼이 지난 2011년 10월 14일 미래목회포럼 주관으로 한국 프레스센터에
　서 개최되었고, 필자는 반대하는 입장에서 토론자로 참여하였다.(국민일보 10월15일자 참조)
　찬성 측에서는 신성종목사, 전광훈목사, 김충립대표가 참석했고, 반대 측에서는 손봉호교수,
　정성진목사와 필자가 참여하였다.

정치의 중요성을 인식하는 것과 기독교 정당의 창당 또는 목사가 정치계로 진출하는 일은 다른 차원의 문제이다. 정당 명칭에 기독교 관련 이름이 들어가고 목사가 책임을 맡는 것이 중요한 게 아니라 기독교적 가치와 이념, 기독교 세계관적 바탕 위에서 정치 행위가 이루어질 수 있게 하는 것이 기독교인들의 우선적안 책무이기 때문이다.

특히 종교개혁 이후 보편화된 만인제사장직과 직업에 대한 소명적 이해는 기독교의 중요한 전통이고 강점이다. 목사가 전문직인 것처럼 정치인도 고도의 훈련과 특별한 능력을 갖추어야하고 대중적인 지지를 받아야하는 대표적인 전문직이다. 이런 면에서 목사들이 기독교인들의 지지를 받아 정당을 만들고, 당의 대표가 되거나 대통령 후보가 되겠다는 것은 매우 순진하고 감상적인 발상으로 보여 진다. 직업소명론 입장에서 이 문제를 검토할 필요성이 있다.

아울러, 정치와 관련하여 여론은 매우 중요하다는 점을 간과해서는 안 된다. 최근 급부상한 안철수 교수에 대한 정치적 지지도 및 관심, 시민단체 출신후보로 무소속으로 서울시장에 당선된 박원순 변호사 등의 경우 여론 및 언론 미디어의 중요성을 보여준다. 최근 발생한지 꽤 지난 문제가 공지영 원작의 '도가니'란 영화를 통해 장애인 교육 시설 전반에 대한 개선과 관련 법률 개정 등을 촉발시킨 예도 볼 수 있다. 이런 점에서 본다면 기독교에 대한 긍정적 이미지가 부족한 상황 가운데서 기독교 정당을 부각시키는 것은 기독교 전체에 끼치는 부정적인 파급 효과가 상당함을 고려해야 한다. 지금은

---

4) Ronald J. Sider, *The Scandal of Evangelical Politics*, (BakerBooks, 2008), 16.

오히려 기독교에 대한 우호적인 여론을 조성하는 일이 무엇보다 중요하다는 점을 고려해야 한다.[5]

3. 역사 속에서 본 정치와 종교의 관계

기독교 정당 논의를 비판하기 위해서는 종교와 정치가 분리되어야 한다는 입장을 고수해 온 기독교의 역사적 전통을 살펴볼 필요가 있다. 역사 속에서 정치와 종교의 분리 원칙은 여러 단계를 거치면서 발전된 사회의 발전의 한 형태를 보여주고 있기도 하기 때문이다. 대부분의 경우 정치와 종교의 분립이 정착되기 전에는 소위 '제정일치'의 사회가 전개되었고, 그런 경우 큰 갈등과 혼란이 일어났던 때가 많았다. 즉 정치가 종교를 주도할 때도 있었고, 종교가 정치적 힘을 갖고 끌고 가는 때도 있었다. 기독교를 공인한 콘스탄틴 황제는 자신이 '교회 밖의 일에 대한 주교'임을 자처했고, 국경은 곧 교회 교구의 한계와 일치되는 상황이었다. 유세비우스는 콘스탄티누스가 참 신국의 실현자요 교회의 확립자라며 그의 기독교 공인을 찬양했다. 그런데 막강한 권력의 황제가 떠난 뒤에는 영광과 권위가 로마의 주교에게 전이되는 때도 있었다. 교황 이노센트 3세는 "교회, 교황은 태양이고, 황제는 달빛이다"라고 비유하기도 했다.[6] 특히 서방

---

5) 이와 관련하여 기존의 기독교 방송매체인 CBS, CTS 등도 중요하지만, 더 관심을 가져야할 미디어는 공중파 방송과 SNS 라는 점을 지적하고 싶다. 기독교에 대한 부정적인 보도를 막는 소극적 차원이 아니라, 긍정적인 컨텐츠들이 만들어 질 수 있도록 관심과 지원을 아끼지 말아야 할 것이다.

제국에서는 동방제국과 달리 교회가 국가의 위치를 확보하고 국가권력을 행사하는 경우가 많았다. 교황 그레고리 7세는 독일의 주교 임명 문제로 황제 하인리히 4세와 이견이 있었는데, 독일 황제를 파면하며 황제에 대한 충성을 해제시키기도 하였다.

그러나 종교개혁자 루터는 신정에 대해 부정적인 평가를 하였다. 이장식 교수는 이에 대해 이렇게 소개한 바 있다.

16세기 종교개혁자들은 신정(神政)이 종교를 타락시키는 악마의 도구라고 비난하였다. 마틴 루터는 종교와 정치의 두 왕국이 다 하나님의 제정하신 것으로서 대등한 관계를 가지는 것으로 생각하였다. 즉 어느 하나가 다른 하나에 종속될 수 없고, 양자는 긴밀하게 협력해야 할 것을 말하였다. 그는 자기 교회의 사무행정의 많은 것을 국가행정기구에 맡겼다. 칼빈도 제네바에서 정치와 밀접하게 협력하면서 정치가 종교의 자유를 해치지 않게 하는 일에 주력하였다.[7]

정교분리란 말은 문자적으로 보면 disestablishment인데 국가에서 국립 종교(교회)를 없앤다는 뜻으로, 특정 종교가 국가적인 특권을 누리는 것을 없앤다는 의미로 볼 수도 있다. 그러나 많은 경우 이런 좁은 의미가 아니라 종교의 기본적인 자유가 보장되는 가운데 교회 등의 종교 단체가 국가와 어떤 관계를 형성하는가를 설명하는 가운데 쓰일 때가 많다. 특히 이 말이 교회의 사회적 책임을 간과하거나 회피하는 수단이 되는 경우도 있었음을 상기할 필요가 있다. 기독교는 한 사회의 발전과 더불어 성장해 왔기 때문에 영국의 청교도들이 식

---

6) 이장식, 「종교와 정치」, 기독교사상편집부편, 『한국의 정치신학』, (대한기독교서회, 1983), p. 262.
7) Ibid., p. 263.

민지 노예제 폐지, 선거법 개정, 곡물법 폐지 등을 통해 사회에 기여
했던 것처럼 사회의 부정의를 추방하고 인간의 존엄성과 자유를 신
장시키는데 지속적으로 기여해야하는 윤리적 책임이 있음을 지속적
으로 강조해야 한다. 이런 면에서 정치와 종교의 분리 논의도 미국
및 한국의 경우를 구별해서 살펴볼 필요가 있다.

1) 미국의 정교분리

미국의 주요 개신교 교파들이 종교와 정치의 엄격한 분리론을 받
아들이는 것은 아니다. 즉 미국의 경우는 협의의 정교분리론을 따르
는 것으로 볼 수 있고, 정치와 종교 또는 정부와 교회가 최소한의 행
정적인 분리를 유지하면서도 양자의 밀접한 협력 관계를 주장한다.
그 까닭은 정치와 종교가 분리될 수 없는 동일한 현실 가운데서 종
교는 국민 개개인의 개인생활은 물론 그들의 갖가지 사회생활과 활
동, 즉 정치적, 경제적, 문화적 활동의 정신 및 도덕적 규범을 다루고
있다고 보기 때문이다.[8] 이렇게 보는 경우에는 종교와 정치의 엄격
한 분리론 및 정치의 종교적 중립론이 사회 현실에 맞지 않는다고
볼 수도 있다. 이장식 교수는 정치와 종교의 원만한 협력 관계를 강
조하면서 소위 조절론(accomodation theory)을 주장한 바 있다. 그의 입
장은 다음과 같이 설명되고 있다. "이것은 정부가 나라의 법을 만들
때나 어떤 정책을 세울 때 국민의 종교심과 도덕심을 해치지 않을뿐
더러 그런 것의 요구에 부응하는 것이 되도록 해야 한다는 주장이다.

---

8) Ibid., p. 267.

이렇게 될 때 정치와 종교는 충돌이 있을 수 없고 협력이 원만하게 되는 것이다."[9]

미국에서는 1970년대 말 레이건 정부의 등장과 함께 교회가 정치 세력화 되어 2000년 초 부시 정부의 출현에 큰 역할을 했고, 이런 양상은 한국 교회에도 적지 않은 영향을 주었다고 볼 수 있다.[10] 결국 현대사회에서는 전에 비해 엄격한 정교분리를 주장하는 신학적 입장과 태도가 그 입지와 권위를 많이 상실하고 있다고 평가할 수 있다. 이런 분위기 가운데서 복음주의자들의 정치적 참여가 더욱 활발해진 것으로 볼 수 있다.

2) 한국의 정교분리

한국교회는 1901년 예수교선교공의회에서 정교분리 원칙을 재확인했으며, 선교사들에 의해 교회의 국가에 대한 관여를 금기시하는 신앙적 태도를 배웠다고 볼 수 있다. 이런 정교분리의 원칙들은 1895년 을미사변 이후 한국과 일본의 충돌 등 계속되는 일제의 침략기에 교회와 기독교를 지키기 위한 하나의 노력으로 보아야 할 것이다. 일본의 위협 앞에서 조선 교회의 존립을 지켜 내기 위해서 정교 분리의 명분을 갖고 교회에 대한 불간섭을 확보해야하는 전략을 세웠다고 볼 수 있을 것이다. 민경배 교수는 선교사들이 1905년 조선에 단독 교회를 형성하려다 교파교회로 분산시키게 된 것도 전국 규모

9) Ibid., p. 268.
10) 김진호, 「한국교회의 '신앙적 식민성'이라는 문법」, 『기독교사상』, 제51권 제11호(2007년 11월), p. 70.

의 교단이 교회와 국가와의 관계가 적대적일 때 위협을 받게 되기 때문이라고 해석하고 있다.[11)

선교사들의 활동을 볼 때 알렌의 경우는 의사의 자격으로 입국을 했고 후에 외교관으로 전직을 했기에 차치한다하더라도, 대표적인 선교사인 언더우드와 아펜젤러는 고종의 환심을 사기 위해서 그의 생일인 만수성절 기념식을 교회가 앞장서서 치러주는 등 좋은 관계 형성에 주력했다. 3·1 운동이 일어났을 때 선교사들의 모습을 보면, 그들이 지적한 것은 일제의 야만스러운 진압방식이었지 일제 강점 그 자체의 부당성은 아니었음을 상기할 필요가 있다. 사실 당시의 미국도 식민지를 가진 나라였기에 그런 기대는 무리일 수 있으며, 추후에도 선교사들은 '선교의 자유'에 초점을 맞추고 있음을 볼 수 있다.[12)

1920년대에 사회주의 운동이 활발히 전개되면서 많은 지식인들이 기독교를 떠났던 것도 이런 교회의 소극적인 정치 참여와 한계와 관련된다고 할 수 있으며, 결국 그들은 하나님의 뜻을 물으며 근본적인 정치, 경제적 문제에 대한 질문을 던져야하는 책임이 기독교에 있다고 보았던 것이다. 1960년대 이후 정교분리의 신앙과 헌법은 정치적으로 권위주의적인 체제의 안보를 지탱하는 원동력이 되기도 하였다. 즉 당시에는 정교분리의 신앙이 신앙적 덕목 혹은 사회적 상식으로 인정받고 있었다고 볼 수 있다.[13)

11) 민경배, 「교회와 국가」, 『신학논단』, 제25집 1997. 6, p. 118 참조..
12) 한규무, 「선교의 역사적 반성과 오늘의 방향성 모색」, 『기독교사상』, 제49권 제9호, 2005. 9, p. 54.
13) 김진호, 위의 글, p. 68.

김권정 교수는 1901년 장로교공의회의 '정교분리선언'을 역사적 컨텍스트 맥락에서 소개하면서, 특히 네 번째 항목이 교회라는 집단과 교인이라는 집단을 구별하면서 접근하여 교회가 정치의 소용돌이에 빠지는 것을 방지하면서도 사회적 책임을 감당할 수 있는 현실적인 길을 제시했다고 보고 있다. 이런 맥락에서 그는 교회의 비정치화 선언은 교인의 정치운동이 얼마든지 가능하지만 교회라는 집단은 정치운동의 장이 될 수 없음을 채택한 것으로 해석하고 있다.[14] 이와 관련되어 1907년 조직된 비밀결사체인 신민회도 기독교 단체는 아니었지만 상동청년회, 기독교 신흥 상공업자들이 주축이 된 조직이라는 면에서 교회 구성원들의 정치 참여 방식을 잘 보여주고 있다고 할 수 있다. 또한 1907년도에 전개된 대부흥운동 역시 정교분리의 교회적 전통을 고착화시키는데 큰 영향을 끼쳤다. 따라서 선교사들은 한일 양 국민 간의 악화되어 가는 관계가 전국적인 거사를 지향하고 있음을 절실히 느꼈기 때문에 한국교회의 비정치화(非政治化)를 단행할 생각을 갖게 되었다. 선교사들은 선교협의회가 결의하였던 단일 민족교회 형성안을 폐기하고 그들이 본래 가지고 들어왔던 경건주의적, 청교도적 엄격 규율의 열정적인 신앙을 부흥하기 위해 일단의 운동을 전개하였던 것이다.[15] 민경배 교수는 이런 상황 속에서의 한국 교회의 역할에 대하여 다음과 같이 기술하고 있다.

그러나 이 지역의 하류층 서민층을 서구 기독교의 금욕윤리(禁慾倫

---

14) 김권정, 「초기 한국기독교의 '정교분리' 문제와 사회참여」, 『한국기독교역사연구소소식』, 제79호, 제255회 학술발표회 주제발표, 2007.6.2., p. 55.
15) 민경배, 「교회와 국가」, 『신학논단』, 제25집 1997.6., p. 118.

理)에 의해서 교육하고 훈련해서 책임 시민으로 형성해 가며, 계층의 상향적 이동을 수행해 나간 것이 바로 교회였다. 이 "네비우스 방법"은 자립, 자급, 자립선교와 같은 강력한 자립적 주체의식을 사회 하류층과 근로층을 상대로 한 선교에서 북돋아주었다. 이것이 곧 바로 이들을 교육하여 한국적으로 틀을 잡게 한 후, 자립하고 공헌하고 인도하는 개인으로 발전시킬 수 있었으며, 이제까지 없었던 근대적인 의미의 시민, 곧 의식과 책임의 주체로 나라와 겨레에 관여하는 창조적인 인간상을 꾸며 낼 수 있었던 것이다.[16]

교회와 정치의 관계를 논하게 될 때 지적해야할 문제는 구체적으로 세속 정치에 참여하려는 기독교인의 열정이 교회가 지닌 더 심오한 정치적 책무를 망각시킬 때가 많이 있다는 점이다. 어떤 면에서 교회가 교인들의 관심을 사회 정의에 집중시키는 와중에 그리스도인들은 우리 사회와 정치가 지닌 도덕적 전제조건들을 충분히 검증하지 못하는 경우도 많다. 결국 '교회와 정치'란 문제의 핵심에는 '교회란 무엇인가'라는 근본적인 질문이 담겨져 있다. 조용훈 교수는 한국 개신교의 정치참여 문제와 관련하여 한국교회의 정치적 책임은 우선 교회 공동체의 목적과 역할에 대한 재확인이 필요함을 강조하였다. 달리 말해 정교분리원칙에 따르면 교회와 국가는 서로 다른 목적과 역할을 가진 조직체이다. 국가가 외적 평화와 질서에 관심을 쏟는다면, 교회는 영적 진리와 구원에 관심을 기울여야 한다고 볼 수 있다.[17] 이런 면에서 보면 교회가 정치 참여에 있어서의 한계를

---

16) Ibid., 16.
17) 조용훈, 「정교분리원칙에서 본 최근 한국 개신교의 정치참여문제」, 『한국기독교신학논총』 제65집, 2009, pp. 321-323 참조.

설정하거나 근본적인 비판적 안목과 태도를 가져야 한다고 볼 수 있다. 교회의 역사를 통해 이미 드러난 문제들을 반복하는 일이 없도록 해야 하며, 정치에의 참여 동기와 교회란 무엇을 지향하는가에 대한 대답이 기본적으로 주어져야 할 것이다.

4. 기독교 정당 지지자들의 문제점

한국사회에서 소위 '기독교 정당'을 지지하는 이들은 다양한 모습을 드러내고 있으면서도 몇 가지 공통적인 약점을 갖고 있다고 볼 수 있다.

1) 기독교인의 사회적, 정치적 책임과 기독교 정당 지지자들의 정당 창당 및 운영 사이에는 넘을 수 없는 비약이 있다

모든 권력의 근원은 하나님이라는 신앙고백과 기독교 정당 설립의 당위성 사이에도 심각한 비약이 있다. 그들 가운데 리차드 니버의 '그리스도와 문화'를 제시 하면서 니버가 역설한 다섯 가지 모델 중 다섯 번째 모델을 언급하면서, 기독교 정당이 사회와 문화를 '변혁시키는 그리스도'의 모습을 중시한다고 말하는 것을 보았다.[18] 즉 사회를 변혁하기 위해서는 기독교 정당을 적극적으로 창당해야 한다는

---

18) 미래목회포럼에서 2011년10월14일 주최한 14차 정기포럼 "한국교회의 정치참여, 어떻게 볼 것인가?"에서 참가자 신성종 박사는 그런 견해를 피력한 바 있다.

것이다. 그러나 문화 변혁자로서의 그리스도를 중시한다면, 이를 근거로 기독교 정당을 창당해야 한다는 이론은 리차드 니버를 잘못 이해했다고 보아야 할 것이다. 니버는 개혁교회 대부분의 전통이 그런 것처럼 정치를 포함하는 문화의 영역과 현존하는 교회와 깊은 관련이 있는 그리스도의 관계를 설정함에 있어서 그 영역상의 구분을 분명히 하고 있다. 그러므로 정치는 문화의 한 부분으로서 특수한 영역에 있으며, 신앙과 교회는 혼재될 수 없는 그리스도의 영역에 속하는 특수성이 있다. '변혁자로서의 그리스도' 모델은 기독교적 가치관과 세계관을 갖고 정치의 영역을 하나님께서 원하는 그리스도의 정의와 사랑에 합당한 원리로 끌어가는 것을 강조한 것이지, 정당 명칭에 기독교를 넣고 교회의 직분자들 중심으로 당 조직을 운영해야 한다는 논리와는 분명 다른 차원의 논의이다.

한국 기독교의 정치·사회적 영향력을 약화시킨 중요한 요소 가운데 하나는 '직업'에 대한 기독교 신학적 이해가 부족하다는 데 있다. 이런 면에서 종교개혁가 마르틴 루터의 공헌 중 하나는 '일'과 '직업'의 의미를 되찾고 강조한 것이다. 그는 가정, 국가, 직업, 교회가 하나님의 통치의 질서를 이루는 주요 기관으로 보았다. 이런 면에서 성직이 따로 있는 것이 아니라, 하나님 나라의 확장을 위하여 사용되는 모든 일들이 성직이기에 그는 '만인제사장'직을 주장했던 것이다. 그는 『독일 기독교 귀족에게 고함』에서 직업에 관한 성속의 이원론을 극복하는 원형을 다음과 같이 제시하고 있다.

교황, 주교들, 사제들, 수도사들을 영적 계층(der geistliche Stand)이라고 부르고 영주들, 군주들, 직공들 및 농부들을 세속적 계층(der weltliche Stand)이라고 부르는 것은 날조된 것입니다. 이는 정말 거짓이며 위선입니다. 하지만 그 누구도 이런 따위에 겁을 먹어서는 안 됩니다. 충심에서 우러난 말입니다. 왜냐하면 모든 기독교인은 진실로 영적 계층에 속하며, 그들 사이에 직무상의 차이 이외에는 아무 차이도 없기 때문입니다.[19]

물론 육적인 것과 영적인 것의 구별은 신약성서의 여러 곳에서 발견할 수 있다. 그러나 이 문제는 삶의 태도나 지향이라는 총체적인 면에서 찾아야 함을 보여주는 것이므로, 이제 더 이상 직업 그 자체가 거룩한 것과 속된 것으로 구분되는 시대는 지나간 것이다. 그런데 한국 기독교 현장에서 보면 여전히 이런 이분법적인 태도를 갖고 직종을 구분하는 모습이 있는 것도 사실이다. 신앙인들부터 일과 직업에 관련된 자세를 분명히 하여 이런 문제를 극복할 수 있어야 한다.[20] 기독교 신학적 입장에서 보는 성직자와 평신도의 구분도 직무에 관한 차이이지 결코 신분적인 것이 아님을 계속해서 강조할 필요가 있다. 루터의 직업 이해에 관해 막스 베버는 다음과 같이 해석하고 있다.

인간은 어떠한 신분에서도 구원받을 수 있으며, 삶의 짧은 순례길에서 직업의 종류를 중요시하는 것은 무의미하다는 것이다. … 점점 세상사에 연루되면서 그는 직업노동의 의미를 높이 평가하게 되었다. 그와 동시에 루터에게 각 개인의 구체적인 직업은, 점차 신의 섭리가 그에게 지정한 바로 이 구체적인 지위를 수행하라고 신이 개인

---

19) 마르틴 루터, 원당희 역, 『독일 기독교 귀족에게 고함』, 세창미디어, 2010, p. 18.
20) 베드로전서 2:9을 통해 재확인 할 수 있다. "그러나 너희는 택하신 족속이요 왕 같은 제사장들이요 거룩한 나라요 그의 소유가 된 백성이니 이는 너희를 어두운 데서 불러내어 그의 기이한 빛에 들어가게 하신 이의 아름다운 덕을 선포하게 하려 하심이라".

에게 내린 특별한 명령이 되어 갔다.[21]

앞에서 살펴 본대로 개혁교회의 주요 전통인 만인제사장직 입장에서 모든 직업은 전문성과 수월성을 갖는 하나님의 소명이며 구약의 제사장과 같이 귀한 것으로, 종교와 정치의 분리는 필요하며 개별적 특수성과 전문성을 존중해야 할 영역이다.

2) 현재의 정치가 권력 지향적임을 비판하면서, 기독교 정당은 섬기는 정치, 봉사의 정치를 추구할 뿐 권력을 지향하는 것이 아니라고 주장하는 것은 모순이다

정치는 그 무엇보다 권력을 바탕으로 한다. 기독교 정당이 권력을 갖기 위해서가 아니라, 단순히 사회를 위해 봉사하고자 창당 및 운영 된다 한다면 시민단체나 봉사단체를 만들어야지 현실 정치에 참여할 필요가 없다. 특히 정치는 힘을 바탕으로 한다. 정치는 고도로 발달된 힘의 역학 관계 속에서 이루어지는 행위인데, 힘을 의식하지 않고 정치에 참여한다는 것은 지극히 낭만적인 생각이며 논리적으로도 모순되는 주장이다.

정치의 특징 중에서 현실성과 규범성을 생각해 보아야 한다. 정치가 현실성을 갖는 다는 것은 권력 관계의 측면에서, 규범성은 사상이나 철학을 바탕으로 하고 있다는 점이다. 따라서 기독교 정당을 추진하게 되면 신앙은 하나의 정치적 이념이 되고 이를 바탕으로 권력을 창출해야 한다는 말이 되는데, 기독교와 정치가 연합 또는 야

---

21) 막스 베버, 『프로테스탄티즘의 윤리와 자본주의 정신』, 김덕영 역, (도서출판 길, 2010). p. 128.

합 할 때에는 많은 부정적인 결과를 산출했음을 보게 된다. 기독교
란 종교가 사회 속에서 존경받고 지도력을 발휘하고 있는 경우라고
하더라도 현실정치화는 위험한 부분이 많이 있는데, 현재와 같이 부
정적인 인식이 확대되는 상황 속에서 기독교의 정치세력화는 기독교
의 영향력 약화 및 게토화 즉 사회로부터의 고립을 자초하게 될 것
이다.

현대 사회에서는 좀 더 전문화된 책략과 정치적 참여가 필요하다.
정치 현장에 열정만 갖고 참여한다면 오히려 정치적으로도 성과를
이룰 수 없을 뿐 아니라, 기독교의 정체성만 훼손하는 우를 범하기
쉽다. 신앙인들이 지혜롭고 신실하게 정치적 문제에 대해 판단하고
효과적으로 영향력을 행사하기 위해 고려해야 할 점들이 많이 있다.
이 점에 대해 로날드 사이더는 성서 계시에 기초한 규범의 체계화와
사회에 관한 세심한 분석 등에 대해 언급하고 있다. 구체적으로는
사이더는 규범적 체계화, 사회와 세계에 대한 폭넓은 연구, 정치철학
정립, 특정 문제에 대한 구체적 사회분석의 네 단계를 거쳐야 한다
고 보고 있다.[22] 종교와 사회의 관계를 논할 때 전통적으로 논의하
는 문제들과 방식 등을 언급한 것으로 보인다. 아직 정치의 선진화
가 요원한 상황이긴 하지만 기독교 공동체는 한국적 상황에 적용할
수 있는 기독교적 정치철학을 정립하여 제시할 필요가 있다. 사이더
는 그의 방법론에서 '규범적 체계화'를 언급했는데, 규범이란 도덕적
결정의 기준을 말한다고 할 수 있다. 무엇이 선하고 정당한 것인가
에 관한 문제에 있어서, 종교적 혹은 철학적 규범의 체계화에 기초

---

22) Sider, Ronald J. The Scandal of Evangelical Politics, (BakerBooks, 2008), pp. 41-45참조.

하지 않는 정치적인 결정은 없다고 할 수 있다. 정치적 문제에 관해서 효과적으로 성서적인 전망을 발전시키기 위해서는 성서의 이야기에 자신을 구체적으로 연결시켜 보면서 다양한 가르침들을 이해해야 한다.

그런데 이와 관련하여 소위 성서주의(Biblicism)에 빠지지 않기 위한 주의가 필요하다. 즉 기독교 공동체의 논의에 있어서 신학의 출발과 그 논의의 근저에 하나님의 말씀인 성서가 있음을 부정하는 사람은 없을 것이다. 그런데 종종 신학적 논의에 있어서 하나님의 말씀인 성서가 인간들의 논의를 뒷받침해주는 보충 자료나 이야기의 단초를 제공하는 데서 그치는 경우가 있다는 점이다. 성서는 정치에 관한 '구체적 청사진'을 제공하지는 않지만, 중요한 '규범 체계'를 제공하고 있음을 주목해야 한다. 규범은 하나의 기준점을 제시해 주는 척도로서의 역할을 말하는 것이다. 우리가 필요로 하는 정치철학은 일종의 규범체계라고 할 수 있는데, 정치철학은 성서적 자료와 사회에 관한 연구를 관련시켜 보게 해주는 일종의 로드맵이 되기도 한다. 결국, 정치 참여에 대한 적절한 평가가 가능하기 위해서는 정치에 대한 신학적, 철학적 이해가 우선되어야 한다는 점을 간과해서는 안 된다. 즉 누구를 위한 어떤 규범에 의존하는 정치인가하는 근원적인 질문을 던져야 하는 것이다.[23]

1965년까지만 해도 기독교 복음주의 진영에서는 정치 참여에 대해 부정적이고 비관적인 사고가 지배적으로 많았다. 제리 폴웰(Jerry

---

23) 이와 관련된 논의는 필자의 「기독교의 정치참여 방법론과 라인홀드 니버의 기독교현실주의」, 『기독교사회윤리』제 16집, 2008,에서 논의 및 기술 된 바 있음.

Falwell)은 시민권리 시위에 빠져있는 목사들을 비판하면서 "복음은 외부세계를 정화하기 보다는 내면을 재창조하는 것이다"라고 언급한 바 있다. 그러나 그 후 15년이 지난 1980년에는 로날드 레이건을 도운 '도덕적 다수(Moral Majority)'와 '종교적 권리(Religious Right)' 운동 등이 전개 되었다. 많은 근본주의자들, 신학적 복음주의자들이 정치에 참여하기 시작했으며, 1980년대는 라틴아메리카와 아시아에서 많은 기독교인 정치지도자들이 선출되기도 하였다. 잠비아에서는 내각에 목사들이 임명되면서 '기독교국가'임이 선포되기도 하였지만 많은 정치 지도자들이 독재, 고문, 부정부패 등으로 실패하고 말았다.

지난 기간의 정치적 참여해 대해 프레스톤(Freston)이 평가한 바 있다. 그의 평가를 종합해 보면 정치 참여에 있어서 여러 긍정적인 면이 있음에도 불구하고 광범위한 혼란이 있었다는 것이다. 기독교 정치 지도자를 배출한 사회임에도 불구하고 부조리, 잘못된 정책, 심각한 부패 등이 만연한 경우가 많았다. 즉 많은 경우에 열정이 앞섰을 뿐 세심하게 정책을 이끌어가는 체계적인 기독교 정치철학은 결여되고 있었음을 지적할 필요가 있다. 다른 말로 하자면 성서에서 칭송받는 일들은 적극적으로 제시되고, 비난받는 것들은 금지되어야 하는 기독교의 기본적인 원칙이 실현되지 못한 것이다.[24] 우리는 정치적 무관심에서 정치 참여로 나아가면서, 성서적 정치윤리의 가르침이 수반되지 않는 공동체는 바람직하지 않은 정치 문화에 감염되기 쉽다고 한 프레스톤의 경고를 기억할 필요가 있다.

---

24) Sider, Ronald J. *The Scandal of Evangelical Politics,* (BakerBooks, 2008), 17.

3) 기독교에 대한 부정적인 시선이 팽배한 상황에서 기독교정당을 출현시키는 것은 위험한 일이다

대다수의 기독교인들이 원하지 않는 상황 속에서, 특히 기독교에 대한 부정적인 시선들이 팽배해있고, 실제적인 교회 성장도 멈춘 한국 교회의 상황을 놓고 볼 때 기독교정당의 출현은 지극히 부정적인 일이다.

즉 이론적, 신학적 가능성을 논하기 이전에 지극히 현실적인 면에서 보더라도 기독교 정당 창립은 선교적으로도 바람직하지 않다. 설사 기독교 정당을 창당해서 소수의 비례 대표 의석을 확보한다고 하더라도, 도대체 그들을 통해서 무엇을 얻겠다는 것인가? 기독교 정당이 창당되어서 선거에 임할 때 기독교인 입후보자들이 당하게 되는 불이익에 대해서는 어떤 대안을 내놓을 수 있을 것인가?

얼마 전 발표한 미래목회포럼의 성명서에 보면, "이 시대에 하나님께서는 한국교회와 목회자들이 스스로 갱신되고, 교회를 교회되게 개혁하기를 원하고 계신다"는 고백을 담고 있다.25) 이런 성명서가 발표된 데에는 현재 한국 기독교에 대한 기독교 사회의 자성과 우려가 자리 잡고 있다고 할 수 있다. 교회가 교회되고, 목사가 목사 되는 일, 즉 교회 됨과 목사 됨의 의미를 근본적으로 돌아보는 일이 한국 기독교의 우선적 과제라고 해야 할 것이다. 스탠리 하우어워스는 '정치'를 사회의 변혁 문제에만 연관지어서는 안 되며 교회를 향해 던져야 할 결정적인 '정치적 질문'이 있음을 강조한 바 있다. 달

---

25) "미래목회포럼 '개신교 정당반대'", <조선일보> 2011.09.02.

리 말해 교회는 과연 기독교적 확신이라는 핵심 내러티브에 충실하기 위해 어떤 공동체가 되어야 하는가를 질문해야 한다는 것이다.[26]

또한 기독교의 정교분리의 원칙은 종교 탄압에 악용된 사례가 없는 것은 아니지만, 이미 선진화된 모습으로 정착된 형태로서 유교, 불교, 기독교 등 주요 세계종교가 평화적으로 공존하고 있는 다원종교사회인 한국사회에서 꼭 지켜져야 할 가치라는 점이다. 만약 이런 다원종교 상황 가운데서 여러 종교가 저마다의 종교 관련 명칭을 가진 정당명을 표기하면서 정치 일선에 등장한다면 얼마나 혼란스러우며, 종교 전체에 대한 반감과 혼란을 가져올 것인지 쉽게 상상할 수 있다. 이렇게 되는 경우에는 가장 적극적으로 종교 정당을 추구한 기독교가 갈등 유발의 책임에서 결코 자유로울 수 없을 것이다.

문화권을 달리하는 곳에서 복음을 전하거나 구체적인 기술이나 능력을 갖고 간접적으로 복음을 전하는 전문직 선교가 확대되고, 선교의 개념도 확장되고 있다. 이런 이해를 바탕으로 한다고 해도 한국 정치 상황 속에서 정당을 창당하는 것은 정권을 창출함을 목표로 삼고 있는 한 기독교 선교의 방식으로 볼 수는 없을 것이다. 일부 목사들이 기존의 지명도 등을 믿고 국회의원 등에 출마하게 되는 경우 일정 부분의 득표와 당선도 가능할 수 있을 것이다. 만일 목사로 임직을 받았다고 하더라도 정치인이 되어야 할 필요성이 있고 상황이 된다면 기존 정당에 참여하여 정치인이 되거나 정계에 진출할 수 있을 것이다. 그러나 한국교회 대부분의 교단 헌법은 정치인과 현직 목사의 이중직을 용인하지 않는다. 그럴만한 한국 교회의 전통이 있

---

26) Stanley Hauerwas, 『교회됨』, 문시영 옮김, 북코리아, 2010, p. 17.

는 것이므로, 그런 경우에 목사직은 내려놓고 한 사람의 신앙인으로 돌아가서 일하는 것이 한국 교회와 사회를 진정으로 위하는 길일 것이다.

5. 확대되어야 하는 기독교인의 정치적 책임

기독교인의 정치적 책임은 정당 관련 논의에 한정되거나 굳이 정권을 가져야만 하는 것이 아니다. 물론 국회의원으로 선출되어 활동할 때에만 제대로 감당되는 것도 아니다. 이 땅을 딛고 살아가는 모든 사람에게는 정치적 책임이 상존하고 있다. 이런 면에서 교회와 기독교의 정치적 책임 및 영향력은 정치·경제·사회·문화 등 제 영역에서 신장되어야 할 과제이다.

결국 기독교의 윤리와 사회적 책무는 정당의 창립이 아니라, 교회의 교회됨과 기독교의 기독교 됨이란 측면에서 찾아야 한다. 즉 "본질로 돌아가야" 하는 문제라고 볼 수 있다. 존 칼빈이 제네바 시정을 담당하였고, 아브라함 카이퍼가 네덜란드의 수상을 역임한 경우는 특별하고 매우 제한적인 경우였음을 고려해야 한다. 한국사회의 경우도 이승만 정부, 미군정 치하에서 많은 기독교인들 구체적으로 목사들이 관료 등으로 일하기도 했지만, 그 때는 인력풀이 제대로 구성되지 못한 비정상적인 상황이었음을 고려해야 한다. 서구 사회에 기독교 이름이 들어간 정당이 있다고 해도, 그들은 정당 정치의 역사가 길다. 실제적으로는 국교로 지정된 국가교회의 경험을 가진 나라들이 대부분이다. 그들에게 기독교 혹은 크리스천이란 말은 우리가 받아들이는 것처럼 종교적인 심각함이 거의 고려되지 않는다는 것을 이해할 필요가 있다.

기독교인들의 고민은 현 시대의 정치인들이 가장 염두에 두는 종교로서 기독교가 자리매김 되고 있지 못하다는 데 있다. 이제 기독교는 한국 사회에서 언론의 먹이사냥의 대상이 되기보다는 가장 조심스럽게 볼 수 있는 종교 공동체가 되어야 한다. 진정한 정치력은 기독교가 보다 적극적으로 시민들에게 다가서서 그들의 공동체와 삶에 주는 파급 효과가 가장 큰 종교 집단이 됨을 통해 발휘되어야 할 것이다. 기독교가 본연의 책무에 충실하고 사회에서 제 역할을 다하기 위해서 기독교 정당 창당 등의 소모적인 논쟁과 논의를 넘어서는 고도의 정치력과 직업소명론의 재해석과 강조에 따른 책임 감당이 필요하다.

참고문헌

김소영, 『한국의 정치신학』, 대한기독교서회, 1984.

김진호, 「한국교회의 '신앙적 식민성'이라는 문법」, 『기독교사상』, 제51권 제11호, 2007, 11.

민경배, 『교회와 민족』, 연세대학교 출판부, 2007.

이장식, 「종교와 정치」, 기독교사상편집부편, 『한국의 정치신학』, 대한기독교서회, 1983

조용훈, 「정교분리원칙에서 본 최근 한국 개신교의 정치참여문제」, 『한국기독교신학논총』제65집, 2009.

한규무, 「선교의 역사적 반성과 오늘의 방향성 모색」, 『기독교사상』, 제49권 제9호, 2005.9.

막스 베버, 『프로테스탄티즘의 윤리와 자본주의 정신』, 김덕영역, 도서출판 길, 2010.

Will Kymlicka, 장동진 역, 『현대 정치철학의 이해』, 동명사, 2006.

Stanley Hauerwas, 『교회됨』, 문시영 옮김, 북코리아, 2010.

John Howard Yoder, 『예수의 정치학』, 신원하, 권연경 역, IVP, 2007.

존 베일리스, 스티브 스미스, 퍼트리샤 오언스, 「세계정치론」, 하영선 역, 을유문화사, 2006.

Pasewark, Kyle A. A Theology of Power: Being beyond Domination. Fortress Press, 1993.

Smith, Michael Joseph. Realist Thought from Weber to Kissinger. Louisiana State University Press, 1986.

제12장

라인홀드 니버가 말하는 죄와 교만*

1. 니버의 인간 이해

라인홀드 니버(1892-1971)는 교회와 신학 분야를 넘어선 인지도와 영향력을 갖고 있는 학자이다. 기독교 역사상 많은 신학자들이 활동 했지만 라인홀드 니버는 아우구스티누스 및 칼빈의 신학 전통을 잘 계승하면서도, 기독교의 범주를 넘어 일반 지성인들에게 널리 알려 져 있는 학자이다. 현재 고등학교 윤리 교과서에서 라인홀드 니버를

---

* 이 장은 두란노서원 발행, '목회와 신학' 2011년 3월호 부록 '그말씀'에 게재된 내용을 수정, 보완한 것입니다.

개인과 집단의 이기심을 분석하고 사회윤리적 접근의 필요성을 강조한 학자로 소개하고 있다.

니버는 목회자이며 신학자로 격동의 시대를 살았다. 세계대전과 월남전을 목도하였으며, 자동차 공업의 메카라고 할 수 있는 디트로이트 지역에서 13년간 목회를 했다. 또한 30여 년간 뉴욕 유니온신학교에서 교수생활을 했으며 활발한 정치활동을 하기도 했던 니버의 삶 속에는 세대를 향한 진지한 고민과 함께 경건한 신학적 태도가 함께 녹아져 있다. 『도덕적 인간과 비도덕적 사회』, 『'인간의 본성과 운명』, 『빛의 자식들과 어둠의 자식들』, 『비극을 넘어서』 등 20여권의 저서에서 볼 수 있는 신학적 깊이와 넓이, 목회와 다양한 사회 활동을 통해 얻은 통찰력은 여러 면에서 시사점을 제공해 주고 있다.

우리 사회에는 기독교 윤리에 대한 편견과 오해가 있다고 생각한다. 이런 오해의 배경에는 기독교 윤리를 제대로 설명하고 가르치지 못한 전문가들의 책임도 크다. 윤리는 옳고 그름에 대한 이론적인 연구이며, 이를 실천할 수 있는 덕목을 제시하는 것이다. 특히 기독교의 윤리는 인간의 주관적인 관점이나 어느 특정한 이론에 근거해서 행위를 판단하거나 평가하는 것이 아니라, 진리의 근원인 성경 말씀을 기초로 하여, 우리가 살고 있는 사회 속에서 어떻게 살아가야하는가에 대한 답을 제시해야 한다. 이런 면에서 인간에 대한 낙관적 혹은 비관적으로 편향된 이해를 멀리하고, 균형 잡힌 기독교적 인간이해를 정립하고 정의와 사랑의 변증법적 윤리를 제시한 라인홀드 니버의 균형 잡힌 신학 및 윤리적 지평이 주는 의미를 재해석하는 것은 매우 중요하다.

건전한 기독교 윤리를 세우기 위해 중요한 것은 인간이 어떤 존재인지 정확하게 알아야 한다. 인간은 윤리와 관련해 볼 때 양면성을 갖고 있다. 인간은 '하나님의 형상'이라는 성경의 표현에서 볼 수 있듯이, 다른 어떤 피조물과 비견될 수 없는 하나님과의 관계 속에서 이루어지는 특별한 존재이다. 많은 사람들이 인간만이 갖고 있는 '이성'을 인간의 특징으로 인정하고 있다. 그러나 또한 분명한 것은 인간은 철저하게 타락한, 죄로 인한 교만과 이기심에 가득 찬 존재이기도 하다는 점이다. 라인홀드 니버의 경우에는 이를 가리켜 인간의 '가능성'과 '불가능성'이라고 구분하여 설명한 바 있다.

니버는 인간의 합리성을 우선적으로 존중했던 고전적 이론과 합리주의자들을 거부하고, 오히려 인간의 탐욕과 사악한 야심으로부터 발생하는 악의 요소에 주목하였다. 인간은 피조물로서의 한계를 갖는 죄인이기에, 인간들이 만든 제도와 법도 절대적인 것이 되지 못하고 상대적이며 잠정적인 것이 되는 한계를 갖는 것이다. 사실 인간이 실현하는 선은 절대적인 선에 가까운 근사치(approximation)일 뿐이다. 근대의 합리주의자들은 이성을 지나치게 신뢰하여, 이성을 신과 동일시하는 경우가 많았다. 또한 낭만주의자들은 자연을 인간의 창조성의 근원으로서, 혹은 질서와 덕망의 근원으로서 인정하려고 하였다.

인간의 죄성과 한계를 강조하면서 윤리적 가능성과 필요성 자체를 인정하지 않는 태도도 잘못된 것이다. 인간을 완전한 도덕적 성취가 가능한 존재로 과대평가하는 것도 신학적으로 옳지 않다. 즉 바른 기독교의 인간관은 피조물로서의 한계와 도덕적 담지자 및 행위자로서의 인간을 조화롭게 발전, 부각시켜야 한다. 이런 면에서 인간을 가리켜 '불가능한 가능성(the impossible possibility)', 혹은 '가능한 불가능성'의 존재라고 본 라인홀드 니버의 윤리는 탁월하다는 평가를 듣는 것이다.

2. '불가능성'으로서의 인간이해

니버의 '불가능성으로서의 인간' 이해는 낙관적이며 긍정적인 인간이해가 갖는 한계를 설명해내고, 결국은 이에 대한 극복의 방향까지 제시해내는 관계적인 발전의 단계에 이르게 된다. 이제 피조물, 죄인으로서의 인간관을 살펴보고자 한다.

1) 피조물, 죄인으로서의 인간

라인홀드 니버의 사상은 그의 인간론과 관련이 있으며, 특히 기독교 현실주의적 사회윤리 구상은 그의 인간이해에 기초하고 있음을 볼 수 있다. 그런데 이 문제를 이해하기 위해서는 전통적인 철학적, 신학적 인간론에 있어서는 인간을 어떻게 생각해 왔는가하는 문제를 간과해서는 안 될 것이다.

인간에 대한 그의 이해는 구약성서의 창조이야기, 신약성서의 바울 및 중세 사상가 아우구스티누스(Augustinus)에게로 거슬러 올라간다. 니버는 기독교 현실주의적 사상의 연원이 아우구스티누스에게 있음을 언급한 바 있다. 실제로 니버의 기독교 현실주의는 인간의 본성, 죄, 구원과 관련된 예언자적 희망 등을 놓고 볼 때, 그 기초를 아우구스티누스에게 두고 있다고 할 수 있다.

아우구스티누스는 계시종교인 기독교가 그리스 로마철학과 만나면서 이루어진 새로운 상황 가운데 발생하는 시민사회의 문제를 포괄적으로 다룬 사람이라는 평가를 받는다.[1] 그는 『신국론』에서 사회적 현실에 관해 언급했는데, 고전적 시대에는 이성이 모든 비이성적인 요소들 위에 군림할 때 도시국가의 정의와 질서가 성취되는 것으로 보았다. 그러나 그는 인간 이성의 능력을 강조하기보다는 인간의 이기심에 관한 성서적 통찰을 수용하고 있다. 즉 아우구스티누스는 인간의 합리성을 존중하는 고전적 이론을 거부하고 오히려 인간의 탐욕과 사악한 야심으로부터 발생하는 악의 요소에 주목하였는데, 이점이 니버 사상의 기초가 되고 있다.

아우구스티누스는 플라톤 철학 및 마니교[2] 등에 심취한 적이 있으나 생의 다양한 체험을 통해 기독교에 귀의한 것으로 알려져 있다. 그런데 아우구스티누스를 신플라톤주의적 이원론과 관련시킨 논의가 많이 있다. 물론 바울 사상 등 초기 기독교 내에서도 인간에 대한 이원론적 이해가 부분적으로 보이는 것은 사실이다. 그러나 바울 사상의 체계에서 보더라도 헬라 철학적인 이원론은 이미 극복되고 있으며, 아우구스티누스는 인간과 악의 문제를 설명함에 있어서 인간

---

1) L. Strauss. ed., *A History of Political Philosophy*. p. 279.

2) 마니교(Manichaeism)는 A.D 3세기에 페르시아인 마니가 창시한 이란의 종교이다. 고대 페르시아의 조로아스터교에서 파생되었고 그리스도교와 불교의 요소를 가미한 종교이다. 마니교에는 광명-선, 암흑-악의 이원론을 근본으로 하는 교의와 예배양식, 엄한 계율이 있었다. 현실세계는 명·암이 혼돈되어 있으나 머지않아 광명의 세계가 예정되어 있고 그 예언자 겸 구세주로 마니가 파견되었다고 주장하는 종교이다. '극단적인 이원론을 바탕으로 하고 있는 고대 종교로, 아우구스티누스는 한때 이 종교에 심취했었다.

에 대한 이원론적인 이해를 거부하고 있다고 보아야 할 것이다. 아우구스티누스에 의하면 인간은 자연적인 본성과 영혼이 연합되어 있다. 인간은 단순한 정신 그 이상의 것으로서 자신의 목적을 위해 정신을 사용할 수 있는 능력을 갖고 있는 것이다. 자아는 정신과 기억 그리고 의지 등 고유한 기능을 상승적으로 통합하는 기능을 갖는다.3)

아우구스티누스는 인간은 피조물의 본성과 인간에게 부여된 초월성 사이에서 긴장 관계를 지니고 있다고 보았다. 그런데 이 긴장이 니버에게 있어서는 인간의 긍정적인 측면과 부정적인 측면이 관계적으로 통합되는 '불가능한 가능성'이란 관점에서 수용되는 것을 볼 수 있다.

또한 아우구스티누스는 인간이 진리를 이해할 수 있는 지성과 함께 사랑의 능력인 자유의지를 지닌 중간적인 존재로 창조된 것으로 보고 있다. 그는 도덕성의 근원이 지적인 인식이나 외적 행위에 있는 것이 아니라 내적인 의지에 있다고 보았던 것이다. 그런데 인간은 자유의지를 남용하여 악이라고 하는 흠을 지니게 되었다는 것이다. 이것이 상존하는 악의 근원이 되는 것으로, 악의 근원은 외적인데 있는 것이 아니라 인간 내부에서 기인했다는 것이다. 그는 악에 대한 설명에 있어서 기존의 형이상학적 설명을 거부하고, 악이란 인간의 자유의지에서 비롯된 것이라는 입장을 견지하고 있다.

그렇다면 아우구스티누스 사상과 이원론은 어떤 관계에 있는가? 아우구스티누스 입장에서는 마니교 등에서 주장하는 극단적인 이원

---

3) W. S. Babcock. ed. *The Ethics of St. Augustine*(Atlanta: Scholars Press), pp. 87~114.

론이 책임 귀속의 논변 등에 있어서 설득력을 잃게 되기 때문에 거부되고 있다. 만일 인간이 범하는 악한 행동이 인간 자신의 의지와는 상관없는 악한 신의 강요에 의한 것이라고 설명한다면 선한 신을 보존하기에는 타당할지 모르지만 책임귀속의 문제에 있어서는 모순으로 보인다. 인간 자신이 도덕적 행위의 원인이 되지 못하면 도덕적 책임을 묻는 것은 무의미해지고, 악한 신의 세계를 상정하여 세계를 이원론적으로 설명하는 것도 허구에 불과해진다. 따라서 아우구스티누스는 악에 관해 인간에게 부여된 질료인 육체를 영적인 것에 대립시켜서 그 원인으로 상정하는 플로티누스적인 해결책을 거부하고 "존재하는 모든 것은 선하다"는 관점을 견지한다.[4]

악의 원인을 초월적 악신의 강요나 존재의 유출과 관련된 저급한 질료라고 상정하는 것은 모두 악에 관한 형이상학적 해법에 속한다고 볼 수 있다. 이런 이유 때문에 아우구스티누스는 이제 악의 개념을 형이상학적 논의에서 윤리적인 논의로 전환시켜 상정하고 있다. 인간의 자유의지는 근본적으로 중간적인 선에 불과하므로, 마땅히 지향해야할 질서를 어기고 선의 향유를 거부하고, 사용의 가치만을 갖고 있는 저급한 것을 탐하는 데서 악으로 귀결된 것으로 보았다. 다시 말해서, 영원불멸의 존재인 신을 사랑하기보다는 저급한 것들을 탐하는 것은 악이 되는 것이며, 이런 잘못을 일컫는 개념인 교만은 '죄의 시작'이라고 말할 수 있다.[5] 니버는 이런 아우구스티누스의 사상을 '인간의 피조물'로서의 한계를 설명하는데 중요하게 적용하

---

4) Ibid.
5) H. A. Armstrong, "Plotinus" *The Cambridge History of Later and Early Medieval Philosophy*. pp. 256~257.

고 있다. 그렇다면 아우구스티누스에게 죄성과 교만을 어떻게 설명하고 있는가?

아우구스티누스는 죄를 통해 동료 인간에 대한 우위를 주장하려는 욕망과 교만의 욕구가 나왔다고 한다. 『신국론』에 의하면 지상의 도성이 처해 있는 두드러진 특징은 인간의 저차원적 욕구들의 무정부 상태와 자신의 이기적 욕구들을 공동선 위에 올려놓으려는 극복할 수 없는 경향성이다.

두 가지 사랑이 두 도성을 건설하였다. 심지어 하나님까지도 멸시하는 자기 사랑이 지상의 도성을 만들었고, 자기를 멸시하면서 하나님을 사랑하는 사랑이 하나님의 도성을 만들었다 … 지상의 도성에서는 자기 몸이나 마음이나 혹은 이 두 가지 모두에게 유익한 것만을 추구했고, 심지어는 하나님에 대해 알 수 있던 자들 마져도 교만에 지배되어 자기들의 지혜로 스스로 높다 하면서 "우둔하게 되어 썩지 아니하는 신의 영광을 썩어질 사람과 금수와 버러지 형상의 우상으로" 바꾸었다.6)

결과적으로 인간이 선을 추구하는데 있어서 향유했던 자유는 결과적으로 인간사회의 억압과 강제를 산출했다. 강제는 사유재산 제도, 노예 제도, 정부 등 시민 사회의 전형적인 제도들에서 명백히 나타나고 있다.7) 아우구스티누스의 하나님의 도성과 지상의 도성의 구분은 그의 역사철학적 조망이었다고 볼 수 있다. 그는 완전한 정의가 실현되는 하나님의 도성과 사치와 부패가 성행하던 정치 현실을 동

---

6) Augustine, *De civitate Dei*. 14. 28.

7) L. Strauss. *op.cit*., p. 288.

시에 바라보면서, 정치적 현실의 불완전성을 폭로하고 있는 것이다. 이런 면에서 아우구스티누스는 기독교적 신학을 바탕으로 하는 기독교 현실주의적 사회 인식의 원형을 제공하고 있으며, 바로 이런 점들이 니버 사상의 기저가 되고 있다. 니버는 아우구스티누스를 통해 하나님의 도성을 가치의 기준으로 삼아 지상에서의 제도와 기구를 잠정적이며 예비적인 것으로 판단하는 통찰을 얻었다고 볼 수 있다.

특히 니버는 아우구스티누스가 말한 인간의 공동체를 위협하는 악이 이기심에서 비롯되었다는 주장에 주목하고 있다. 이런 인간 이해에 있어서는 탐욕스러운 자아 사랑이 이기심의 원인으로 제시되며, 이는 또한 교만이나 우월감, 자아 중심성 등으로 다양하게 나타날 수도 있다는 것이다. 이는 나아가 집단이기주의 및 사회적 알력의 원인이 되기도 하는 것이다.

니버의 기독교 현실주의는 종교개혁자 마틴 루터(Martin Luther)의 인간에 대한 설명인 "의인인 동시에 죄인"이라는 사상에 의해서도 깊은 영향을 받았다고 볼 수 있다. 그는 기독교의 원죄(原罪) 사상에 근거하여 합리주의, 낭만주의, 과학주의 등 일체의 현대문명을 예리하게 비판한다. 그는 인간이 성취한 문화 속에서 그것이 아무리 높은 수준의 문화라고 할 지라도 그것들이 죄로 물들어 있는 상대적인 것임을 지적해내고 있다. 니버는 인간은 피조물로서의 유한성과 제한성을 가지고 있을 뿐만 아니라 악한 죄인이며, 이로 인해 인간의 모든 활동과 성취가 영향 받고 있다는 사실을 인정함으로써 진보주의적 기독교의 함정인 감상주의적 유토피아주의를 경계하며 극복하고 있는 것이다.

니버는 『도덕적 인간과 비도덕적 사회』 (Moral Man and Immoral

Society)에서 개인윤리와 사회윤리를 구별할 것을 역설했고, 그가 논의한 요지는 개인 대 개인의 관계에 있어서는 사랑과 도덕이 비교적 높은 단계까지 실현될 수 있지만, 집단 대 집단의 관계에 있어서는 '집단적 이기주의'가 강력하게 작용하기 때문에 사랑과 도덕의 실현이 현저하게 저하된다는 것이다. 예를 들어 노동자와 자본가, 백인과 흑인, 국가와 국가 간의 관계 등은 집단 대 집단의 관계에 있어서 결정적인 역할을 하는 것은 사랑이나 정의가 아니라 이기주의라는 것이 니버의 사회 현실에 대한 진단이다.

니버는 사랑의 사회적 실현은 집단적 차원에 있어서의 인간의 죄악과 이기주의 때문에 개인의 양심과 합리성에만 의존해서는 해결될 수 없고, 오직 제도와 강제력에 의해서만 효과적으로 실현가능하다고 주장한다. 니버는 진보적 기독교가 인간성과 관련하여 '하나님의 형상'이란 긍정적 측면에만 관심을 집중하고, 죄인이라는 부정적이며 파괴적 측면을 소홀히 했기 때문에 인간의 이성적 능력과 종교적 능력이 역사의 완성을 가져올 수 있다는 '망상(illusion)'에 사로잡히게 되었다고 보았다.

니버는 악의 문제를 경시하고 지나치게 낙관적으로 해석한 사상에 대해서 역사의 사실과 모순되고 있는 인간의 선성(善性)에 관한 확신을 재평가할 필요가 있다고 보고 있다. 대부분의 낙관주의적 견해는 인간의 인격과 의지에 있어서 죄가 있다는 생각은 거부되고 있음을 지적하고 있다.

이성적 인간 또는 자연적 인간은 어느 한쪽이라도 선하다고 생각된다. 그리고 인간이 구원을 받기 위해서는 인간을 자연의 무질서로부터 마음의 조화로 끌어올리든지, 정신의 무질서로부터 자연의 조

화로 끌어올리든지 어떤 것이 인간에게 필요한 것이다.[8]

2) 낭만주의, 이상주의의 한계

니버가 본 인간은 피조물로서의 한계를 갖는 죄인이라는 특징이 있다. 그러기에 인간들이 만든 제도와 법도 절대적인 것이 되지 못하고 상대적이며 잠정적인 것이 되는 한계를 갖는다. 그러므로 니버는 현실 문제들에 대한 지속적인 분석과 대답을 통해 선의 근사치(approximation)을 만들어야 한다고 주장한 것이다. 특히 그는 마르크시즘과 낭만주의에 있어서 인간의 진정한 자아가 상실되는 과정에 대해 상세히 기술하고 있다.

니버는 인간 본성을 파악하기 위해 생명력(vitality)과 형식(form)이란 창조의 두 측면에 주목하였다. 인간적 생존은 조건부이기는 하지만 참여하고 있는 면에서 동물적 생명과 구별되려면 네 가지를 고려해야 하는데, 시대와 사조에 따라 부분적으로 강조되는 경향이 있다. 니버가 언급한 네 가지는 다음과 같은 것들이다. ① 자연의 생명력, 즉 충동과 정력, ② 자연의 형식과 통일, 즉 본능의 결정과 자연적 결합 및 자연적 분화의 형식, ③ 적당하게 자연의 형식을 초월하고 생명력을 방향 지우고 다시 그 방향을 돌이키도록 하는 정신의 자유, ④ 정신의 형성력, 즉 새로운 질서를 창조하는 정신의 능력 등이다.[9]

근대의 관념론자들은 정신을 지나치게 이성과 동일시하고, 이성을

---

8) R.Niebuhr, *The Nature and Destiny of Man* (New York: Charles Scriber's Sons, 1953), Vol.1. p. 24.

9) Ibid., p.27.

신과도 동일시되는 경우가 많았다. 이에 대립하여 낭만주의자들은 자연을 인간의 창조성의 근원으로서 혹은 질서와 덕망의 근원으로서의 의의를 갖고 있다고 강조한다. 그러나 낭만주의는 자연의 생명력 속에 어느 정도는 정신의 자유가 들어 있고, 자연의 통일과 결합력이 인간의 정신에 의해 어느 정도 조정될 수 있음을 제대로 인식하지 못했다.

또한 니버는 낭만주의가 생명력의 해석에 있어 오류를 범했다고 보았다. 특히 인간관에 있어서 낭만주의의 근본적인 잘못은 자연과 정신, 생물적 충동과 이성적·정신적 자유와의 결합체인 인간을 생물적으로 유기체적인 영역으로 보고 있다. 합리주의가 생물적 충동의 중요성이나 힘이나 생태계의 질서나 통일 등을 경시한다면, 낭만주의는 인간성이 순수한 형태에 있어서는 생물적 충동을 감지하지 않는다는 것을 인식하지 못하고 있다. 즉 낭만주의는 생물적 충동의 제 요소를 지나치게 중시했다고 볼 수 있다. 한 예로 니체는 의지의 투쟁 장소로서 자연 전체를 해석함으로써 권력의지에 관한 그의 개념을 완전히 자연적인 충동과 동일시하고 있다.[10]

마르크시즘 또한 낭만주의적 요소가 강한 것으로 니버는 보았다. 사실 마르크시즘은 생명을 이해하는데 있어서는 생물학적 개념보다 유물론적 개념을 이용하고 있다. 따라서 마르크시즘은 인격의 구조에 있어서 정신의 깊이를 부정하고 있다.

---

10) Nitsche, *Kritik und Zukunft der Kulter*, ch.4. 13.

마르크시즘은 인간 악의 참된 성격을 이해할 수 없다. 지배적인 부르조아의 탐욕은 마르크시즘의 학설에 있어서는 악의 원리를 상징하는 것으로 되어졌으나, 그것은 분명히 조직된 굶주림 이상의 상징이다. 소유욕의 충돌은 그 자체가 육체적이라기보다는 보다 정신적이다. 그것은 많은 실례가 보여주듯 권력을 충족키 위한 도구에 불과한 경우가 많다.[11]

니버는 마르크시즘이 이기적인 관심을 일반적인 타당성을 가진 이념 뒤에 숨기려는 인간의 경향을 보여주고 있다고 보았다. 즉 니버는 인간의 정신은 각자의 생명보다 일반적인 가치의 영역을 보고 있기 때문에 자신의 생존 충동을 초월하며, 포괄적인 가치의 영역에 충실한 면이 있음을 지적하고 있다.[12]

니버는 동물의 생명은 통일된 상호 의존적인 특수한 중심 즉 신경 중추 조직을 가진 유기체이기 때문에 보다 높은 불연속적인 특수성이 있다고 보고, 불연속성과 독자성을 구체화하고 있다. 인간이 갖는 순수한 개성은 인간 생명의 특이성으로, 결국 실제적인 개성은 자연의 산물인 동시에 정신의 산물이라고 볼 수 있다.

자연은 특이성을 부여하나 정신의 자유는 참다운 개성의 원인인 것이다. 동물적 생존과 달리, 인간은 비단 중심을 가졌을 뿐만 아니라 자기 자신을 초월한 중심을 가지고 있는 것이다. 인간만이 오직 자기를 대상으로 삼을 수 있는 유일한 존재이다. 인간의 정신을 인간이나 동물이 공유하는 것으로부터 구분하는 자기 초월의 능력이 불연속적인 개

---

11) R. Niebuhr, *The Nature and Destiny of Man*, Vol. 1(New York: Charles Scribner's Sons, 1953), p. 47.

12) Ibid., p. 48.

성의 근거인 것이다. 왜냐하면 자기 인식은 타자로서의 세계의 인식을
내포하고 있는 까닭이다.[13]

니버는 '자기 인식'이 인간이 갖는 불연속적인 개성의 기반이 되
고 있다고 보았다. 또한 인간의 자기 초월 능력은 자유의 기반이며
개인의 독자성의 기반이기도 한 것이다. 오직 인간만이 자신을 대상
화한다는 것은 에른스트 캇시러(Ernst Cassirer)도 밝힌 바 있다.[14] 니버
에 의하면 인간의 의식은 '자연의 과정'을 초월할 뿐 아니라, 자신까
지도 초월할 수 있는 것이다. 인간의 의식은 인간의 존재를 특색 지
워 주는 인간 능력의 끝없는 변화와 노력을 가능하게 하는 것이다.

그런데 기독교 신앙에 의하면 인간 정신은 자유에 있어서 하나님
이 주시는 지혜에 의존하지 않고는 충분히 못하며, 불완전할 수밖에
없다. 즉 인간 생명은 종족의 습관이나 행동에 관한 이성적 규칙과
행동의 일반적, 추상적 규범을 초월하는 종교적 근거와 관련을 갖고
있다는 것을 의미한다. 이는 인간 생명의 독자성과 개성을 지나치게
강조하다보면 극복 및 지양해야만 할 피조물성을 간과하는 위험이
있음을 지적하는 것이다. 그러나 니버는 인간의 한계와 피조물로서
의 성격을 지나치게 강조하면 책임감 결여와 무정부화가 야기될 수
있는 위험과 부정적인 측면이 있음을 동시에 지적하고 있다.

종교개혁사상은 기독교 전통 안에서 개성의 궁극적 발전을 도모했
다는 점에서 르네상스 정신과 공통되는 측면이 있다. 그러나 종교개
혁 사상은 사회적인 덕행이나 정치적인 정의의 상대적 표준이나 구

---

13) Ibid., p. 51.
14) Ernst Cassirer, 최명관 역, 『인간이란 무엇인가?』(서울: 전망사, 1986), p. 9.

조를 제시하거나 지지하지 않았기 때문에 근대 사회 생활의 무정부
상태를 촉진했다고 할 수 있다. 즉 니버는 종교개혁 사상이 정치나
도덕 분야에 있어서 낭만주의가 합리적이며 전통적인 규범을 전적으
로 무시하고 있는 것을 간접적으로 도운 측면이 있다고 보고 있다.15)

르네상스의 중대한 오류는 인간의 자유와 힘을 과대 평가한 것이
다. 니버는 역사에 있어서 인간의 힘과 자유는 르네상스 정신과 운
동이 가정했던 것보다 허약했으며, 역사적인 결정은 순간의 초월적,
종교적 영역에 관계되는 경우가 많았다고 보았다.

그러나 많은 사람들이 도피하는 영원이 모든 역사를 부정하고 역
사의 의미를 거부하는 무차별한 존재의 영역인 것은 아니다. 신비주
의적 주장이 보여주는 것과 같이 그런 부정이 지속되면 개인의 존
재는 잠식되고 만다. 니버는 이를 극복하기 위해서 개성의 개념과
자기초월적 실재를 함께 인정하는 것이 기독교 신앙의 특징이라고
강조하고 있다.

어떠한 철학이나 종교라도 인간 실존의 구조를 변경시킬 수는 없
다. 특수한 육체를 가지고 있는 자연적 사실과 자기초월이라고 하는
정신적 사실이란 두 면에 있어서 그 구조가 개성을 포함하고 있는
것이다.16)

이런 언급은 자아가 역사의 안과 바깥 모두에 걸쳐 있다고 보는
니버의 입장을 잘 보여준다. 지금까지 자아의 주제는 자연주의 및
관념론 등에서 위협받아 왔다고 볼 수 있다. 니버의 평가에 의하면,

---

15) R. Niebuhr, *op.cit*., p. 61.
16) R. Niebuhr, *op.cit*., p. 69.

근대 문화의 자연주의적인 접근은 인간의 의식 자체를 완전히 기계의 한도에까지 끌어내리지는 않았다 하더라도 인간 정신의 전 영역을 무차별한 의식의 흐름으로 끌어내리려고 하였다. 또한 관념론은 마음으로서의 정신에 대해 관심은 갖고 있지만 마음의 불명료한 보편성 속에서 인간 자아의 특징에 대한 이해를 상실하게 되는 경향이 있다.17) 데이비드 흄(David Hume)이 아래와 같이 말한 것에서 볼 수 있듯이 로크(J. Locke)의 사상을 일소하고 자아를 파악하는 모든 가능성을 부정하고 있음을 니버는 지적한 바 있다.

> 나는 나 자신이라고 부르는 것 속으로 가장 가깝게 접근할 때에 항상 열기와 냉기, 밝음과 어두움, 고통과 즐거움, 어떤 특수한 지각이나 또는 다른 지각에 부딪치는 것이다. 나는 언제나 지각없이 자아를 파악할 수 없으며 지각 외에는 아무 것도 볼 수가 없는 것이다.18)

니버는 관념론에 있어서 우선 자아의 상실이 야기된 과정을 분석하였다. 자연주의가 인격적 동일성을 최소밖에 인정하지 않는 의식의 흐름으로 끌어내린 반면에, 관념론적 철학은 의식을 정신과 동일시하고 신적 정신, 절대 정신, 보편적 정신과 동일하게 다루고자 하였다. 자아는 실제로 유기체적 통일 이상의 것인데, 관념론은 참된 자아를 보편적인 것과 연관시켜서 참된 자아가 이 보편적인 것 이상이나 이하도 아닌 그 자체로 흡수되고 말았다.

---

17) R. Niebuhr, *op.cit.*, p. 70.
18) David Hume, *A Treatise of Human Nature*, 제1권, 제4부, 제6장, Niebuhr, *The Nature and Destiny of Man*, Vol. 1, p. 72에서 재인용.

3. '가능성'으로서의 인간 이해

그런데 칸트의 비판적 관념론에 있어서, 자아는 보편성 때문에 상실되어 버리는 것이 아니라 예지적 자아의 보편성과 경험적 자아의 독자성 사이에 있어서 그림자와 같은 존재라고 볼 수 있다. 자아는 예지적 도덕률을 받아들이는 덕에 의하여 존재한다. 니버는 버나드 보상케(Bernard Bosanquet)와 로이스(Josia Royce)의 견해를 들고 있다. 보상케는 절대적 관념론에 관해 이렇게 기술하고 있다.

> 신은 하나의 자아를 알게 함으로써 신 자신을 알게 할 수 있다고 말하고 있다. 그리고 우리들은 하나의 자아가 되는 것에 의해 자아를 알 수 있다는 부가적 진리도 주장할 수 있다.[19]

보상케의 사상은 이렇게 요약될 수 있다. ① 우리들은 본래 개인을 정신이라고 생각하려고 한다. ② 정신에 있어서 최선의 일반적인 기술은 정신을 세계라고 부르는 것이다. 그리고 정신을 구성하는 세계는 견고하며 고정된 법칙에 따라 제한되는 것이다. ③ 개인은 제약된 사항 내에서 전체의 논리와 정신을 실현하는 하나의 세계이다. 원칙 면에서 개인에 의한 사건이라고 생각할 수 없는 이해의 증가와 자기의 변화는 존재하지 않는다. ④ 개성은 긍정적이며 건설적이다. 그리고 만약 자각이 자아의 관념에 대해 부정적이라면, 개성은 그것

---

19) Bernard Bosanquet, *The Principle of Individuality and Value*, p. 342, R. Niebuhr, *The Nature and Destiny of Man*, Vol. 1, p. 77에서 재인용.

과 비교에 있어서 해석되어서는 안된다. 이렇게 되면 보상케의 합리
주의는 자아성 자체가 악이라고 보는 고전적 신비주의 신앙에 가깝
게 된다. 보상케는 합리성의 성취를 통해 지극히 개인적인 '자아가
상실'되는 것을 기대했다고 볼 수 있다. 자아의 동일성 원리에 의해
판단되는 배타성은 결함이라고 보는 것이 그의 입장이다.[20]

　관념론적 자아의 부정은 '생각하는 인격'의 실재까지 거부하는 이
태리 사상가 젠틸레(G. Gentile)에게 극단적으로 나타나서 '사고 자체'
가 '사고의 주체'가 되는 결과가 된다.[21] 이렇게 되는 경우 자아의
동일성과 정체성에 관련되는 도덕성의 담지자로서의 인간 주체는 물
론이고 죄인, 피조물로서의 한계를 지닌 인간에 대한 논의가 그 의
미를 잃고 만다. 따라서 니버는 관념론적 입장에서 보다는 낭만주의
적 인간이해를 기독교적으로 재해석하는데 집중하고 있다. 이런 면
에서 낭만주의는 니버의 '불가능한 가능성'의 인간관이 태동하는데
있어서 중요한 실마리를 제공하고 있다고 볼 수 있다.

　그렇다면 낭만주의에 있어서 자아의 상실은 어떻게 나타나는가?
앞에서 언급한 자연주의는 자기 초월적인 인간 정신을 이해함에 있
어서 생명을 관찰하지 않음으로써 자아를 상실하고 만다. 인간의 정
신은 우주를 이해함에 있어서 자연주의의 유일한 원칙인 자연의 인
과율의 범주 속에 세운 완전하게 해결되지 못하는 실재이다. 관념론
은 개성의 독자성과 자의성 및 실재를 이해하기 위한 유일한 원리인
합리성의 규범에 맞추다 보니 결국 자아를 상실하고 있음을 보았다.

---

20) Bernard Bosanquet, *The Principle of Individuality and Value*, pp. 285～286. Ibid. p. 77에
　서 재인용.
21) R. Niebuhr, *The Nature and Destiny of Man*, Vol. 1, p. 79.

니버는 관념론과 대비되는 낭만주의 전통에는 루소적인 원시주의 (Rousseauistic primitivism)와 기독교적 경건주의(Christian Pietism)가 교묘히 혼합되어 있다고 보았다. 즉 낭만주의는 개인의 육체적 생존의 특수성과 그의 정신생활의 독특한 자기 인식에 의해서 개인을 이해한다고 볼 수 있다. 어떤 면에서 보면, 낭만주의는 관념론자들이 집중했던 '인간의 정신'보다는 인간의 육체 속에서 지혜를 탐구한 것이다.

이제 낭만주의는 기독교적 경건주의와의 결합을 통하여, 정신의 자기초월을 강조했던 것이다. 낭만주의 전통은 인격에 있어서 비합리적인 힘, 정념, 의지, 상상력 등을 강조하는 것을 루소에게 얻고 있으며, 신과 개인의 매개자 없는 관계를 강조한 측면은 기독교적 경건주의의 영향을 받았다.22)

종교개혁자 마르틴 루터(Martin Luther)의 종교적 개인주의는 하나님에 대한 인간의 책임과 독특한 관계를 강조하였으나, 경건주의자들은 융합적, 무매개적, 직접적 경험이 가능하다고 생각하여 은총보다는 신비주의로 기울게 되었다. 또한 니버는 낭만주의는 도덕, 정치, 종교에 있어 철저한 상대론으로 치우치게 된다고 보았다. 종교와 정치에 있어서 낭만주의적 상대론은 개인의 개념을 자기 파멸로 인도함으로써 낭만주의적 논리를 드러내는 경우도 많다고 볼 수 있다.

그러나 낭만주의가 지향하는 독자적이며 자의적인 생존의 특성은 영원한 의미의 세계에 있어서 인간 자신의 한계와 완성을 발견하는 것이 아니라, 무제한적 겉모양의 영역에 있어서 자신을 드러내는 것이다. 이런 면에서 본다면 낭만주의는 관념론적 철학보다는 전체적

---

22) Ibid., pp. 82-84.

으로 볼 때 기독교 신앙에 가깝지만, 기독교적 인간관에 대해 부정적인 측면도 갖고 있다.

관념론은 신을 심판자로 하는 미완성적인 신관을 가지고 있으나, 낭만주의에는 창조의 피안을 바라볼 여지가 없는 경우가 많다. 낭만주의는 역사적 존재의 고유한 자의적 성격을 강조하고 있으며, 철학 체계의 합리적 보편성이 사물의 고유성을 충분히 포함하거나 이해하지 못한다면 생존의 우연성이나 비합리성을 충분히 초월하지 못한다고 보고 있다. 기독교 신앙과 자아의 관계에 대해 니버는 이렇게 말한 적이 있다.

> 기독교 신앙의 전제가 없이는 개인은 무가 되든지 또는 전체가 된다. 기독교 신앙에 있어서는 자연과 시간의 과정 속에 휩쓸려 들어간 피조물로서의 인간의 무의미함은 그의 생명을 유지하게 하는 하나님의 긍휼과 능력에 의해서 의미 있는 것으로 변하게 된다. 자유스러운 정신으로서의 인간의 의의는 신의 자유에 복종함을 통해 이해된다.[23]

이 언급에서 니버는 인간이 가멸성, 의존성, 유한성을 갖고 있다고 주장한다. 그런데 낭만주의는 해석이나 강조점에 따라 이런 기독교적 인간관과 일맥상통할 수 있는 가능성이 있다. 사실 기독교의 인간관은 피조물은 모두 선한 것이라는 성서적 이해를 전제로 하고 있다. 즉 창조주인 하나님은 무한히 선한 존재이다. 따라서 선한 창조주의 작품인 피조물인 인간은 당연히 선하고, 창조에 있어서 악은 포함되지 않는 것으로 보아야 할 것이다.[24]

---

23) Ibid., p. 92.

니버는 인간의 구원을 이해함에 있어서 피조물의 성질이 완전히 없어지고 신적인 것에 흡수되는 것이라고 보지는 않았다. 물론 인간 개체가 전 세계를 조망하기도하고 자기 육체에 대한 부분적인 초월을 가능하게 하는 신성을 드러내는 부분도 일부 있다. 그러나 개인은 항상 의존적인 자아를 낳게 되고, 인간의 본성 중에 의존성, 연약성, 불완전성 등을 드러내므로 이런 모습은 인간이 유한하다는 증거이다.[25] 니버는 피조물의 유한성을 인정하기는 하지만 그 자체가 악한 것으로 보지는 않고 있음에 주목할 필요가 있다. 결과적으로 니버의 인간관은 피조 세계와 창조주, 의존성과 자유, 비충족성과 충족성이 대조를 이루고 있기는 하지만 지음 받은 세계 자체를 본래적으로 악한 것이라고 보는 것은 아니다.[26]

아우구스티누스는 "죄에 의해서 우리가 죽게 되었지만 죽음에 의해서 우리가 죄를 짓는 것은 아니다"라고 말한 바 있다.[27] 니버는 유한성이 무한성과 조화를 이루지 못한 것이 죄라고 하면서, 신을 중심으로 설명되는 율법에 의한 죄관이 아니라 인간의 자율 정신에 근거하여 설명되는 죄인으로서의 인간관에 주목하고 있다.

니버는 타락한 인간의 본성에 집중하고 있지만, "죄는 불가피한 것이었지만, 필연적인 것은 아니다"라고 보았다. 즉 창조주가 인간을 유한하게 창조하긴 했지만, 유한성 그 자체가 악한 것은 아니며 인간은 하나님의 형상을 통한 초월성을 갖는 이중적인 처지에서 불가

24) 이종성, 『神論』 (서울: 대한기독교서회, 1980), p. 308.

25) R. Niebuhr, *The Nature and Destiny of Man*, Vol. 1, p, 167.

26) Ibid., p. 169.

27) Augustinus, *Pelagian Works*, Vol. I, p. 150. Ibid., p. 173에서 재인용.

피하게 죄를 짓는다고 보았다. 그러나 결국 현실적으로는 사회 속에
서 인간이 죄인으로서의 모습을 드러낼 수밖에 없는 한계를 갖고 있
다는데 니버 사상의 강조점이 있다.

그렇다면 니버가 말하고 있는 죄란 구체적으로 무엇인가? 그는 유
한성과 자유를 동시에 가진 인간이 실제의 자신보다 자신을 더 높이
평가하는 것이 죄라고 한다. 따라서 죄는 교만(pride)이라고 할 수 있
으며, 이런 교만을 가진 인간들은 결국 하나님의 권리와 영역을 침
범하게 된다고 보았다. 그러므로 인간이 자신의 유한성· 무력성· 나
약성을 부정할 때 문제가 된다. 즉 인간들이 자신에게 주어진 자유
가 한정된 자유임을 거부하고 자신을 격상시켜 생각하거나 자신의
이익을 위하여 하나님을 떠나 스스로에게 매달리는 교만을 행할 때
죄로 간주한 것이다.28)

또한 니버는 유한성과 자유의 모순 문제에 대해 언급하였다. 인간
이 어떤 때는 자신의 유한성을 숨기고 세계를 이해함으로써가 아니
라, 자신의 자유를 숨기고 세계의 생명력에 치중하여 자신을 상실함
으로써 유한성과 자유의 모순을 해결하려고 한다고 설명 하였다. 니
버는 이런 경우 인간의 죄를 교만(pride)이라기보다는 육욕(sensuality)
으로 정의할 수 있다고 하는데, 육욕은 인간의 단순한 자연적 충동
의 표현이 아니다. 육욕은 인간들이 항상 인간의 한계와 자유의 문
제를 동시에 풀려고 했던 것으로, 결국 실패로 끝난 인간이 노력한
일면을 드러내 주고 있다.29)

---

28) R. Niebuhr, *The Children of Light and the Children of Darkness : A Vindication of
Democracy and a Critique of Its Traditional Defence* (New York : Charles Scribner's Sons,
1944.), p. 20.

이와 관련하여 성서의 타락이야기 등은 인간이 사탄에 의해서 하나님이 자신에게 설정해 준 제한을 깨뜨리고 그것을 초월하려고 하는 유혹을 받고 있다고 설명하고 있다. 그러므로 유혹은 유한성과 자유의 이중적인 형태로 구성된 인간 안에 존재하고 있는 것으로 볼 수 있다.[30]

니버는 유혹의 상태에 대한 내적 표현이며 죄의 내적 전제이기도 한 불안(anxiety)을 키에르케고르(Kierkegaard)의 개념을 빌려 설명한다.[31] 곧 유한성과 자유의 모순 가운데 존재하는 인간은 항상 자연의 유한성으로부터 자신을 보호하려고 노력하는데, 그렇게 하기 위해서는 자신이 처한 한계를 넘지 않으면 안 된다. 그러므로 인간은 항상 자기 지식의 유한성과 그 관점의 유한성을 부정하려는 유혹을 받게 되고, 즉 불안은 자유와 유한성의 역할 사이에서 불가피하게 동반되는 것이다. 그러나 니버는 불안 그 자체가 죄는 아니라고 말한다. 왜냐하면 불안은 죄의 전제 조건이면서 인간이 갖는 창조적 능력의 기초가 되기 때문에 죄와는 구분되어야 한다는 것이다.[32]

니버는 유혹의 근본적인 근원에 대해서 불안을 전제로 한 교만과 육욕의 관계성에 대해 이렇게 설명한다.

---

29) R. Niebuhr, *The Nature and Destiny of Man*, Vol. 1, p. 179.

30) Ibid., pp. 179~180 참조.

31) 그는 불안은 죄에 앞서는 심리상태라고 보았는데, 불안이 죄를 설명하는 것은 아니라고 보았다.

32) R. Niebuhr, *The Nature and Destiny of Man*, Vol. 1, pp. 182-183.

인간이 불안을 느끼게 될 때 불안은 교만과 육욕을 초래하게 한다. 인간은 자신의 우연적 존재에 대해 조건 없는 중요성을 부여하고자 할 때 교만에 빠지게 된다. 그리고 있는 그대로의 생명력 속에 자기 자신을 상실시킴으로써 '변덕스러운 선함'에 집중하여 자유의 무제한적 가능성과 자기 결정의 책임으로부터 도피하고자 할 때 육욕에 빠지게 된다.[33]
니버의 위와 같은 언급은 인간은 유한성과 자유라는 이중 차원의 구조 속에서 불안이라는 죄의 내적 선결 조건을 드러내게 됨을 보여주고 있다. 결국 인간은 이제 불안에 의해서 불가피하게 교만(pride)과 육욕(sensuality)이라는 죄를 짓게 되는데, 이 교만과 육욕이 구체적인 죄의 두 유형이라고 할 수 있다.[34]

4. 니버의 교만 이해

그러면 니버가 말하는 교만은 좀 더 구체적으로 무엇인가? 니버는 교만이 자기중심성과 자기 사랑의 확장이며 유한성과 자유의 모순 속에서 빚어지는 형태로서의 죄이며, 인간 능력의 남용이라고 말했다. 내적 연관성이 있지만 다음과 같은 네 가지의 구체적인 형태로 교만을 설명하고 있다.[35]
첫째로, 교만은 권력과 영광을 향한 끝없는 욕망이라고 할 수 있다. 버틀란트 러셀(Bertrand Russell)은 인간의 욕망은 끝이 없다고 하면서, "지배자는 권력과 영광에 대한 욕망(the desire for power and glory)을

---

33) Ibid., p. 186.
34) 박봉랑, "니버의 신학사상 - 인간론을 중심으로", 『제3일』 11호 (1971년7월) p. 38.
35) Ibid., pp. 186-203.

갖는다"고 말한 바 있다.[36]

니버는 이 권력과 영광을 향한 욕망이 사회적 권력을 가진 개인이나 집단에게 현저하게 나타난다고 한다. 이것은 인간이 자기 충족과 자기 통제를 전제로 하는 안전을 확신하면서 생명의 유한성과 의존성을 망각함으로써 자신을 창조자 및 운명의 결정자로 생각하는 데서 이런 권력의 교만이 시작된다는 것이다.

특히 이런 형태의 교만은 사회적으로 자신의 위치가 안전하다고 생각하는 개인이나 집단에 나타나는 것으로서, 이들 개인이나 집단은 자신의 안전을 더욱 강화하려는 욕구가 있다는 것이다. 그러나 니버는 성서의 예언자들은 그들이 처한 상황에 안주하려고 하는 자들에게 임박한 운명을 경고하고 있음을 지적했다.[37]

둘째로, 지적인 교만(the intellectual pride)을 들 수 있다. 지적인 교만이란 권력의 교만을 보다 정신적으로 고양시킨 것으로서 보다 잔인하고 교활한 권력의 교만이라고 볼 수 있다.[38] 사실상 지적인 교만과 권력의 교만은 구분이 불가능한 경우도 많이 있다. 그러나 지적인 교만이 권력의 교만과 다른 것은 지적 교만은 소수의 독재자들에게 뿐 아니라 심지어는 사회의 노예 계층에게도 나타날 수 있는 교만이라는 것이다.

그러므로 이 지적 교만은 인간이 스스로 유한한 지식을 가졌음에도 불구하고 자신의 지식을 역사를 초월하는 '궁극적인 지식'으로

---

36) Ibid., p. 188에서 재인용.

37) Ibid., pp. 190~191.

38) Edward J. Carnell, *The Theology of Reinhold Niebuhr* (Michigan: Eerdmans Publishing, 1951), p. 194.

착각하는 데서 나타난다고 볼 수 있다. 니버는 역사상 영향력 있는 사상가들이었던 엥겔스(F. Engels), 마르크스(K. Marx), 데카르트(R. Descartes), 쇼펜하우어(A. Schoppenhauer), 콩트(A. Comte)등의 지적 교만을 언급한 바 있다.

셋째로, 도덕적 교만(the moral pride)을 들 수 있다. 도덕적 교만은 지적인 교만과 긴밀히 연관되어 있다. 니버는 도덕적 교만의 모든 요소가 앞서 말한 지적 교만에 포함되어 있다고 한다. 즉 도덕적 교만이란 자기 의(the self righteousness)를 다른 사람들의 행위를 판단하는 표준으로 삼는 것을 의미한다. 자신의 선입견이나 독선을 기준으로 다른 사람이 자기 행위의 기준과 맞지 않다는 이유로 질책하는 독선적 판단에 잘 나타난다.[39] 니버는 자기 의를 궁극적인 의로 생각하는 도덕적 교만 때문에 대부분의 인종적·종교적·국가적·사회적 투쟁의 역사가 발생했다고 설명한다.

넷째로, 정신적, 영적인 교만(the spiritual pride)을 고려할 수 있다. 니버는 정신적인 교만은 도적적 교만에서 기인하는 것이라고 본다. 그리고 이 정신적, 영적인 교만은 모든 교만 가운데 가장 궁극적인 것이며, 이 교만으로 인하여 인간은 자신을 신격화(the self defication)하게 되고 종교적, 신앙적인 죄를 짓게 된다고 보았다.[40]

니버는 이런 교만은 신과 인간의 자기 평가 사이에서 발생하는 투

---

39) 신약성서 로마서 10 : 2,3. "내가 증거하노니 저희가 하나님께 열심이 있으나 지식을 좇는 것이 아니라 하나님의 의를 모르고 자기 의를 세우려고 힘써 하나님의 의를 복종치 아니하였느니라" 참조.

40) R. Niebuhr, *The Nature and Destiny of Man : A Christian Interpretation.* Vol. 1 (New York: Charles Scribner's Sons, 1953), p. 200.

쟁인데, 여기서 주목할 것은 소위 종교적으로 가장 경건한 행동도 경우에 따라 이런 정신적 교만의 수단이 될 수 있다고 보고 있다. 즉 예를 들어 인간들이 예수 그리스도를 심판자로 바라본다고 하지만, 어떤 경우에는 그리스도의 정의가 자신의 정의에 보다 더 가깝다고 증명하려고 시도한다는 것이다. 따라서 니버는 이기심을 동반한 자기주장이 최악의 모습으로 종교적 주장에 나타날 수 있다고 경고하고 있다.

특히 니버는 기독교에서는 종교개혁 이후 모든 신앙인들이 '만인 제사장'이라고 주장하여 성서나 기독교 전통을 스스로 해석할 수 있는 권한이 인정되므로 개인을 절대화할 수 있는 위험이 도사리고 있다고 지적하였다. 따라서 니버는 종교를 문화종교와 계시종교의 두 형태로 구분하고, 기독교는 하나님이 인간을 찾아오는 계시종교임을 강조한다.41) 따라서 하나님이 인간들에게 그의 계시로 진리를 보여줌으로써 인간의 모든 자기주장과 교만을 분산시킨다고 말한다. 니버는 교만을 완전히 피해갈 수 있는 인간은 하나도 없다고 주장한다. 그러므로 인간은 항상 죄의 뿌리인 교만에 의해서 자신이 우주의 중심인 신이 되려고 유혹 당하는 존재라고 보았던 것이다.42)

니버는 집단과 개인 사이에 불가피한 윤리적 긴장이 존재함을 지적했다. 이 긴장에는 이기심뿐 만 아니라 개인과 집단의 교만이 중요한 자리를 차지하고 있다. 사람들이 구성하는 사회·정치 집단은

---

41) R. Niebuhr, *Interpretations of Christian Ethics* (New York: Merdian Books, 1956), p. 22. 키에르케고르는 종교를 계시종교와 자연종교로 구분하였다. 자연종교는 지식이나 행위 등 인간의 노력이 지향점이며, 계시종교는 절대자의 상대자를 향한 자기 계시가 강조되는 것이다.
42) Ibid., p. 204.

어떤 집단이라도 자기중심적이며 우상 숭배적인 측면이 있다고 보기 때문이다. 즉 모든 집단은 그들이 가진 유한한 가치를 무한하고 절대적인 것으로 주장하려는 경향이 있다는 것이다. 이에 대한 예로써 니버는 나폴레옹에 대해 말하고 있다.

> 나폴레옹은 프랑스 애국심을 도구로 사용하여 국가를 혁명적인 열정의 기관이라고 자처하면서 그의 권력에 대한 우쭐한 탐욕을 만족시키기 위해 전 유럽을 피로 물들였다. 프랑스 혁명의 평등과 자유와 박애의 꿈이 그렇게도 빨리 나폴레옹의 제국주의의 악몽으로 변하게 되었다는 사실은, 애석하게도 사람들이 자신의 사회 생활의 문제들을 해결하려고 사용한 방법들이 적절하지 못했음을 드러낸 것이다.[43]

그런데 니버는 이러한 모습이 모든 국가에 적용되는 것은 아니지만, 특히 예언자적 성격을 갖고 있는 종교적인 국가에 해당될 수 있음을 경고하고 있다. 즉 기독교는 역사적으로 국가가 행한 죄에 대해 상당한 책임이 있다고 보고 있는 것이다. 나아가서 니버는 국가와 마찬가지로 교회도 하나의 집단임을 인정하는 경우에 집단적 이기주의의 수단이 될 수 있음을 지적하였다. 이를 가장 잘 드러낸 예로 독일의 고백교회와 대조되는 국가교회가 나치 정부를 비호하면서 "국가는 곧 신이다"라고 하면서 국가의 자기 찬양의 길을 열어준 경우를 들고 있다.

니버는 죄의 발전이 자신의 유한함과 불완전함을 모르고 유한함과

---

43) R. Niebuhr, *Moral Man and Immoral Society : A Study in Ethics and Politics* (New York: Charles Scribner's Sons, 1932), p. 17.

무한함, 불완전함과 완전함을 일치시키려고 하는 데서 일어난다고
보았다. 이러한 욕망은 인간 자신이 세계를 자신의 안으로 끌어들여
통치자가 되겠다는 생각을 하기 때문에 일어나며, 결국 자신을 세계
의 중심으로 만들어 무제한적으로 자신의 지위를 누리겠다는 생각
때문에 나타나는 것으로 보았다.[44] 바로 이런 현상을 매우 포괄적으
로 보여주는 것이 육욕이며, 니버는 식욕· 지식욕· 권력욕· 물질욕·
학문· 종교· 정치 등 자기애(self-love)를 통해 육욕이 구체적으로 드러
나는 것으로 보았다.[45]

　니버는 또한 죄의 균등성과 죄악의 불균등성에 대해서도 언급하였
다. 정통주의 기독교는 모든 인간이 하나님 앞에서 동등하게 죄인이
라는 성경적 전제를 갖고 있다. 바울서신에서 볼 수 있는 "모든 사람
이 죄를 범하였으매 하나님의 영광에 이르지 못하더니"[46] 라는 표현
은 죄에 대한 기독교 신앙적 이해의 불가결한 요소이다. 니버는 도
덕적 죄악(guilt)은 종교적 죄(sin)와 구별되는 것으로 보고, 양자 사이
의 관계를 설명할 때 도덕적인 죄가 종교적인 죄의 객관적 역사 속
에서 나타난 것이라고 보았다. 따라서 역사적 현실 속에서 이루어지
는 모든 도덕적 판단에 의해 규정되어지는 도덕적 죄악은 상대적이
며 균등하지 않다는 것이 니버의 평가이다. 니버에 의하면, 권력을
가진 높은 자들의 교만과 부정은 자본주의가 첨예화된 산업사회에서
더욱 심각하게 나타난다고 한다. 예를 들어 자본주의 사회인 미국에

---

44) R. Niebuhr, *The Nature and Destiny of Man : A Christian Interpretation*. Vol. 1 (New
　　York: Charles Scribner's Sons, 1953), p. 228.
45) Ibid.
46) 신약성서 로마서 3:23 참조.

서 특권층인 자본가들은 노동쟁의에 있어 폭력사태가 발생했을 때, 한결같이 폭력적 방법의 사용에 대해 혐오를 표시하면서도 격분한 노동자들을 진압하기 위해서는 군대의 출동을 요청하는 등 폭력과 관련된 불의와 부정을 행한다는 것이다.

지금까지 살펴 본 바와 같이 사회의 윤리적 현안에 대한 니버의 통찰은 단순한 대안적 방안을 제시하는 차원에 머무르는데 있지 않고 인간에 대한 근원적인 문제를 파고들고 있다. 스미스(M. J. Smith)가 니버를 '기독교의 예언자(prophet)'라고 평가했을 정도로 그의 인간관은 기독교 신앙적 토양 위에 존재하고 있다. 그러나 이 문제는 더욱 발전될 수 있는 가능성을 갖고 있다. 그의 인간관은 인간 본성에 대한 분석에 머무르지 않고, 사회윤리적 문제 해결이란 적용으로 이어지고 있기 때문이다.

제13장

라인홀드 니버의 현대적 의미

1. 왜 라인홀드 니버인가?

필자는 수 년전 뜻 있는 연구자들과 함께 한 연구소를 세워서 활동하고 있는데 RISE라는 약칭으로 불리는 라인홀드 니버 연구소(The Reinhold Niebuhr Institute of Society and Ethics)이다.[1] '라이즈(rise)'는 영어로 '일어나다, 날아오르다' 등을 뜻하기에 '긍정'과 '희망'으로 우리 시대의 갈등과 모순을 극복하며, 움츠려든 이 사회와 세계를 향

---

[1] 필자는 2009년 지난 6월 29일-7월 10일 한국연구재단의 지원으로 연구를 진행 중 자료 수집차 미국 뉴욕, 시카고, 보스턴 지역을 방문했으며, 엘름허스트대학 등 라인홀드 니버와 관계된 행적을 둘러보고 우리시대에 니버 사상이 주는 의미를 되새겨보았다.

하여 용기와 대안을 제시하고자 하는 비전과 목표를 담고 있다.

많은 신학자 가운데 도대체 왜 라인홀드 니버(1892-1974)를 주목해야 하는가 라며 물음을 던지거나, 특정한 사람을 중심으로 하는 연구의 한계를 지적하기도 하며, 연구소의 이름이 포스트모던 시대에 걸맞지 않는다고 지적하는 사람도 적지 않았다. 또 리차드 니버도 중요한데 라인홀드 니버만 연구하냐는 질문도 있다. 이들의 물음 속에는 아마도 신학의 지나친 서구화나 종속문제에 대한 일종의 의구심이 있을 것이다. 그럼에도 불구하고 라인홀드 니버의 신학과 사상에 주목하는 데에는 몇 가지 이유가 있다.

2. 니버 사상의 적실성

첫째로, 라인홀드 니버는 교회와 신학 분야를 넘어선 인지도와 영향력을 갖고 있는 학자이다. 기독교 역사상 많은 신학자들이 활동했지만 라인홀드 니버는 아우구스티누스 및 칼빈의 신학 전통을 잘 계승하면서도, 기독교의 범주를 넘어 일반 지성인들에게 널리 알려져 있는 학자이다. 현재 고등학교 교과서에서 라인홀드 니버를 칼빈의 직업 소명론과 함께, 집단의 이기심을 분석하고 사회윤리를 강조한 학자로 '라인홀드 니부어'라고 소개하고 있다. 라인홀드 니버에 관한 연구는 신학이 신학자들만의 게토화된 논의로 끝나지 않고 인문학적 재생산을 통해 확산될 수 있는 가능성이 있기에 지속적으로 연구할 분야가 있고 심층적 연구의 필요성이 있다.

둘째로, 최근 우리사회는 어느 정도 해소되었다고 믿었던 연령적, 계층적, 이념적 갈등이 오히려 증폭되는 추세에 있다. 이를 해소하기 위한 윤리적, 신학적 방향의 모색이 필요하며, 한국사회가 추구해야 할 비전 제시가 요청된다. 이러한 필요와 요청을 해결하기 위해서는 어느 한쪽에 치우치지 않고 진정성을 전제로 진행되는 학문적 담론과 연구가 절실히 필요하다. 한국사회를 위해 기독교와 교회는 여전히 희망을 갖고 있으며, 사적 영역에만 머무는 것이 아니라 공공의 영역에서 담당해야 할 일이 많이 있기 때문이다.

우리가 잘 알고 있듯 니버는 목회자이며 신학자로 격동의 시대를 살았다. 세계대전과 월남전을 목도하였으며, 자동차 공업의 메카라고 할 수 있는 디트로이트 지역에서 13년간 목회를 했다. 또한 30여 년간 뉴욕 유니온신학교에서 교수생활을 했으며 활발한 정치활동을 하기도 하였다. 그는 신학과 목회를 어떻게 조화시킬 수 있는가를 보여주었다고 할 수도 있다. 우리는 여기서 니버에 다시 한 번 주목할 이유를 찾을 수 있을 것이다.

셋째로, 니버의 삶 속에는 세대를 향한 진지한 고민과 함께 경건한 신학적 태도가 함께 녹아져 있다. 최근 발행된 '목회와 신학' 7월호는 신학교수와 신학생들의 설문조사를 통해 10년 후의 한국교회를 전망하면서 한국교회가 삼가야 할 문제로 대형교회와 소형교회의 양극화, 도덕성 결여, 물질만능주의 등이 지적되었다. 또한 한국교회가 힘써야 할 목회분야는 차세대 교육과 사회적 약자를 돌보고 섬기는 일이라고 인식을 같이 하고 있음을 볼 수 있다. 그렇다면 기독교의 성장 정체나 퇴보를 극복하고, 사회 구성원을 향한 기독교의 위상과 지도력을 강화하기 위해서 어떻게 해야 할 것인가?

라인홀드 니버는 이런 문제들에 대해 적절한 대답을 주고 있다고 할 수 있다. 우리말로 번역된 『도덕적 인간과 비도덕적 사회』, 『'인간의 본성과 운명』, 『빛의 자식들과 어둠의 자식들』, 『비극을 넘어서』 등 20여권의 저서에서 볼 수 있는 신학적 깊이와 넓이, 목회와 다양한 사회 활동을 통해 얻은 통찰력은 여러 면에서 시사점을 제공해 주고 있다.

3. 니버의 행적과 자료

니버가 쓴 책과 논문은 어디서든 접할 수 있지만, 그의 행적을 짚어 볼 수 있는 자료들은 몇 곳에 분산되어 있다. 기본적으로 중요한 문서 자료들의 상당수가 워싱턴의 국회도서관 문서보존소에 있다. 그의 강의안, 에밀 부루너, 동생인 리차드 니버, 본 훼퍼, 아터 슐레진저, T. S. 엘리어트 등과 주고받은 편지들도 있다. 그의 음성을 들을 수 있는 자료는 니버가 뉴욕 유니온신학교를 은퇴하기 전 버지니아의 유니온신학교에도 제공하여 '니버 오디오 컬렉션'을 구성하고 있다. 필자는 자료보다는 그의 행적을 더듬어 보고자 하는데 의미를 두었기에, 우선 그의 아들이 살고 있는 보스톤에서 자동차로 두 시간 거리에 있는 메사추세츠의 스톡브릿지를 찾았다. 구체적인 정보는 한국에서 공공신학에 대한 관심을 불러일으킨 프린스톤신학교를 정년퇴임하고 스톡브릿지에 살고 있는 막스 스택하우스(Max Stackhouse)교수의 소개로 얻을 수 있었다. 한 가지 아쉬웠던 것은 세계적으로 유명한 스톡브릿지의 '탱글우드 음악축제'에 함께 참석하려던 계획이 스택하우스 교수의 갑작스런 입원 때문에 무산되었고, 그를 병원에서 만나야 했다는 점이다. 그는 방문한 필자에게 소중하게 간직하고 있던 라인홀드 니버의 딸인 엘리자베스(Elisabeth Sifton)가 아버지에 관해 2003년 출간한 『고요한 기도자』(The Serenity Prayer)란 책을 내주었다. 후의를 아끼지 아니한 교수 부부께 다시 한번 감사를 전하고 싶다.

스톡브릿지 제일회중교회 전경

1) 니버 가족과 스톡브릿지

7월 5일 주일 스톡브릿지 제일회중교회에서 예배를 드린 후 그곳에 살고 있는 니버의 가족과 친지를 만날 수 있었는데 이 만남을 주선한 이도 스택하우스 박사였다. 스택하우스 박사에게 미리 듣기는 했지만, 외모가 거의 라인홀드 니버와 비슷한 아들 크리스토퍼 니버 (Christopher Niebuhr)를 만나 이야기를 나누니 감회가 새로웠다. 그에 게는 아버지와 삼촌 리차드 니버(Richard Niebuhr)를 비롯한 가문에 대한 긍지가 겸손한 표현 가운데서도 묻어 나오고 있었다.

니버는 뉴욕의 유니온신학교 교수로 재직할 때도 여름방학이면 대 부분의 시간을 스톡브릿지(Stockbridge)와 인근의 히쓰(Heath)라는 마을 에서 보냈다고 한다. 특히 히쓰에서 보낸 여름은 니버와 가족들에게 큰 추억이 되었던 것으로 보인다. 니버는 히쓰 시민회관에서 공연된 연극무대에 오르기도 했으며, 은퇴 후 마음의 고향인 스톡브릿지에 자리를 잡게 된다. 그곳은 산을 끼고 있기에 한 여름에도 대도시 보 스톤이나 뉴욕에 비해선 서늘하다 싶을 정도로 시원하고 아름다운 경관을 갖고 있는 곳이다. 지금도 많은 피서객들이 찾아오는 휴양지 로 마치 유럽의 도시 같은 아름다운 자연과 소박한 도시문화를 이루 고 있다.

2) 유니온신학교와 엘름허스트 대학

사실 뉴욕의 유니온신학교에 대해서는 몇 가지 아쉬움이 있다. 필 자의 아쉬움이 담긴 주관적인 평가일 수도 있지만, 전에 비해 너무 나도 급격하게 축소된 교수진과 학생 수 때문에 활기를 느낄 수 없 었다. 특히 니버의 아들 크리스토퍼로부터 재정난 때문에 니버의 손 때 묻은 관련 자료들이 국회도서관과 버지니아 유니온신학교로 넘겨 졌다는 말을 들으니 마음 한쪽이 무거워졌다. 니버 자신도 은퇴 후 학교에서 지급하는 연금이 작아서 무척 애를 먹었다는 이야기가 전해지고 있다. 워낙 유명한 학자들이 많이 머무른 학교이기에 그럴 수도 있겠지만, 귀중문서 보관실에 있는 상자에 들어 있던 책 원고 교정본 등을 제외하고는 그의 연구실 등을 기념하는 흔적은 볼 수 없었다.

뉴욕 유니온신학교에서의 아쉬움을 뒤로하고 시카고 근교의 엘름허스트 대학(Elmhurst College)을 방문하였다. 그곳에서는 청년 니버의 흔적을 만날 수 있었다. 니버는 1892년 6월 21일 미국 미주리 주 라이트(Wright) 시에서 복음적인 교단에 속한 독일어권 교회의 목사인 아버지 구스타프 니버(Gustav Niebuhr)와 아내 루디아 니버(Lydia Niebuhr) 사이에서 4남 1녀 중 넷째로 태어났다. 니버는 엠름허스트 대학에서 공부했고, 이어 자신이 속한 회중교회 교단의 신학교인 에덴신학교(Eden Theological Seminary)에 진학했다. 나중에 예일대에서 신학사(B.D.)와 석사(M.A.)를 1년을 사이에 두고 받았다. 니버의 동생인 리차드 니버 역시 같은 엘름허스트 대학 출신으로, 그는 나중에 이 대학의 총장을 역임하기도 하였다. 니버가 다닐 당시에는 정식 학위를 주지 못하는 학교였지만, 지금은 어엿한 교육중심 대학으로 인문·사회·간호·교육 등 상당히 여러 전공에 걸쳐서 알찬 교육 과정과 시설을 구비하고 있었다. 특히 설립된 니버 센터(Niebuhr Center)를 통해, 사회문제와 관련한 대학 교육 및 연구 활동을 추구하고 있었다. 니버 센터에서는 뷰참 소장 등 스텝들이 반갑게 필자를 맞아 주었고, 도서관 귀중자료실에서 니버와 관련된 문서와 사진들을 열람할 수 있도록 안내해 주었다.

3. 균형 잡힌 인간 이해의 중요성

우리 사회에는 기독교 윤리에 대한 편견과 오해가 있다고 생각한다. 이런 오해의 배경에는 기독교 윤리를 제대로 설명하고 가르치지 못한 전문가들의 책임도 크다. 윤리는 옳고 그름에 대한 이론적인 연구이며, 이를 실천할 수 있는 덕목을 제시하는 것이다. 특히 기독교의 윤리는 인간의 주관적인 관점이나 어느 특정한 이론에 근거해서 행위를 판단하거나 평가하는 것이 아니라, 진리의 근원인 성경 말씀을 기초로 하여, 우리가 살고 있는 사회 속에서 어떻게 살아가야하는가에 대한 답을 제시해야 한다. 이런 면에서 인간에 대한 낙관적 혹은 비관적으로 편향된 이해를 멀리하고, 균형 잡힌 기독교적 인간이해를 정립하고 정의와 사랑의 변증법적 윤리를 제시한 라인홀드 니버의 균형 잡힌 신학 및 윤리적 지평이 주는 의미를 재해석하는 것은 매우 중요하다.

건전한 기독교 윤리를 세우기 위해 중요한 것은 인간이 어떤 존재인지 정확하게 알아야 한다. 인간은 윤리와 관련해 볼 때 양면성을 갖고 있다. 인간은 '하나님의 형상'이라는 성경의 표현에서 볼 수 있듯이, 다른 어떤 피조물과 비견될 수 없는 하나님과의 관계 속에서 이루어지는 특별한 존재이다. 많은 사람들이 인간만이 갖고 있는 '이성'을 인간의 특징으로 인정하고 있다. 그러나 또한 분명한 것은 인간은 철저하게 타락한, 죄로 인한 교만과 이기심에 가득 찬 존재이기도 하다는 점이다. 라인홀드 니버의 경우에는 이를 가리켜 인간의 '가능성'과 '불가능성'이라고 구분하여 설명한 바 있다.

아우구스티누스는 인간의 합리성을 우선적으로 존중했던 고전적 이론을 거부하고, 오히려 인간의 탐욕과 사악한 야심으로부터 발생하는 악의 요소에 주목하였다. 인간은 피조물로서의 한계를 갖는 죄인이기에, 인간들이 만든 제도와 법도 절대적인 것이 되지 못하고 상대적이며 잠정적인 것이 되는 한계를 갖는 것이다. 사실 인간이 실현하는 선은 절대적인 선에 가까운 근사치(approximation)일 뿐이다. 그런데 근대의 합리주의자들은 이성을 지나치게 신뢰하여, 이성을 신과 동일시하는 경우가 많았다. 또한 낭만주의자들은 자연을 인간의 창조성의 근원으로서, 혹은 질서와 덕망의 근원으로서 인정하려고 하였다.

인간의 죄성과 한계를 강조하면서 윤리적 가능성과 필요성 자체를 인정하지 않는 태도도 잘못된 것이다. 인간을 완전한 도덕적 성취가 가능한 존재로만 평가하는 것도 기독교 신학적으로 옳지 않다. 즉 바른 기독교의 인간관은 피조물로서의 한계와 도덕적 담지자 및 행위자로서의 인간을 조화롭게 발전, 부각시켜야 한다. 이런 면에서 인간을 가리켜 '불가능한 가능성(the impossible possibility)', 혹은 '가능한 불가능성'의 존재라고 본 라인홀드 니버의 윤리는 탁월하다는 평가를 듣는 것이다.

4. 집단의 죄악성과 사회윤리의 필요성

니버는 디트로이트에서 산업사회의 비인간성을 경험하면서, 라우
센부쉬(Walter Rauschenbusch) 등이 주창한 "사회복음주의운동"의 순진
함(naivete)을 비판하기 시작했다. 그들은 부패한 이기심에 의해 좌우
되는 산업사회의 비참한 현실을 깊이 있게 꿰뚫어 보지 못한 채 산상
수훈을 실천하려 했으며, 이를 통해 미국의 불의한 사회제도를 변화
시킬 수 있다고 보았기 때문이다. 니버는 한 인간을 그리스도인으로
개종시킴으로써 핵문제와 같은 사회문제들까지도 해결할 수 있다고
생각하거나, 대도시의 문제들이 성적인 악에 기인한다는 "피상적인
윤리"를 비판하였다. 기독교인이 느끼고 담당해야 할 죄책과 책임의
식이 얼마나 복잡하고 어려운 문제인가에 대해서 간과해서는 안 된
다는 것이다. 니버는 이런 한계를 극복하기 위해서 사회(집단)의 악한
측면을 직시하고, 제도와 법 등으로 힘의 균형을 유지하는 가운데 정
의를 실현해야 한다는 기독교현실주의를 주장하게 된 것이다.

엘름허스트 대학 구내에 세워진 라인홀드 니버의 동상.
유명한 조각가 로버트 벅스(Robert Berks)에 의해 1997년 제작, 설치되었다.

덕의 윤리는 낱낱의 행위에 주목하기 보다는 그 행위를 이끄는 행위자 자체에 주목하며, 삶의 환경까지를 포함하는 자아를 살핀다는 면에서 내러티브에 주목한다. 그리고 내러티브는 한 사람의 이야기가 아니고 공동체의 것이 된다.

현대윤리학이 범하는 '덕의 윤리'에 대한 오해를 넘어서야 한다. 덕 윤리는 개인윤리와 사회윤리의 구분까지도 넘어서는 차원일 수 있으며, 결국 이런 면에서 정치도 어떤 사람을 육성하는 문제에 있으며, 내러티브에 의해 형성되는 공동체가 도덕 형성에 있어 매우 중요한 자리를 차지한다.

다원화된 도덕관과 냉소주의적 가치 체계를 갖고 있는 현대 사회 속에서 덕을 견지한다는 것은 매우 힘든 일이다. 교회 공동체를 바탕으로 소망과 인내를 함양한 무리들이어야 덕을 이루며 경험 할 수 있다. 신앙공동체는 소망과 인내를 통해 도덕 공동체가 되어야 한다. 마이클 샌델(Michael J. Sandel)의 '정의란 무엇인가'란 책이 여전히 베스트셀러가 되는 것은 결국 윤리의 문제는 가치판단이라는 형이상학적 문제로 귀결됨을 보여주고 있다. 이는 종교, 기독교의 신학과 윤리적 대답의 필요성을 강하게 요청하는 것으로 해석할 수도 있을 것이다.

결국 정의는 단순한 분배의 문제가 아니라, 개인적으로 혹은 공동체적으로 어떤 사람과 사회를 이상으로 추구하는지가 더욱 중요한 문제가 된다는 점을 샌델은 여러 곳에서 보여주고 있다. 기독교 윤리는 정의의 문제를 갖고 고민하는 우리 사회의 지성인들과 합리적 논변을 이어갈 수 있는 과제를 안고 있다. 이런 면에서 덕성 함양은 지속적으로 강조되어야 하는 기독교 윤리의 한 축이다.

제 **14** 장

삶과 죽음의 신비

1. 한국 사회의 낮은 출산율

한국사회가 안고 있는 중요한 걱정거리 하나가 있다. 출산율이 급격히 떨어지고 있다는 점이다. '인구 폭발'로 인한 걱정 때문에 "둘만 낳아 잘 기르자"고 외치던 때가 그렇게 오래 전이 아닌데, 이제는 다양한 출산장려책이 나오고 있다. 1970년에 4.53명이던 출산율이 1980년에는 2.83명, 1985년 1.67명, 1995년 1.64명에서 2004년에는 1.16명에 그치게 되었다. 1970년과 2000년을 비교하면 출생률이 3분의 1로 떨어진 것이다.

이는 OECD국가 중에서도 최하위에 속하며, 이런 추세라면 2022년에는 사망자 수가 출생자 수를 넘어서 인구 감소 현상이 시작될 전 망이다. 급격한 출산율 저하의 원인은 무엇인가? 가정교육에 있어서 과도한 자녀 교육비와 주거비용 등 여러 원인이 있을 것이다. 그러 나 빼놓을 수 없는 중요한 원인은 사람들의 생각 가운데 '생명' 및 '출생' 자체의 소중함이 상실된 데 있다. 아울러 부끄럽게도 세계 최 고를 기록하고 있는 자살률 또한 삶의 의미와 인간의 존엄성이 상실 된 데서 온 결과다.

가임 여성 1인당 출산율 변화

연도	1994	1995	1996	1997	1998	1999	2000	2001	2002	2003	2004
명	1.67	1.65	1.58	1.54	1.47	1.42	1.47	1.30	1.17	1.19	1.16

자료: 한국기독공보 2007년 1월17일 17면 참조

2. 생명이란 무엇인가?

사람들이 포괄적인 질문이 아니라 '생명이란 무엇인가'라는 구체 적인 질문을 던지기 시작한 것은 20세기 말부터라고 할 수 있다. '생 명'에 대해 이전에 논의된 것은 대부분 이에 근접하거나 설명할 수 없는 신비에 가득 찬 것으로 보고 있다. 플라톤은 생명을 '내적인 운 동의 힘'으로 보고, 생명의 원리를 영혼이라고 보았다. 자신을 움직 이는 것은 마음대로 시작하거나 멈출 수 없기 때문에 불사불멸의 영 혼으로 본 것이며, 생명과 반대되는 개념을 '죽음'으로 설명하였다.

생명에 대한 이해를 위해서, 우선 구체적인 생리학적 정의를 보면 다음과 같은 특징이 있다. 성장(growth), 감각(sensitivity), 섭생(feeding), 치유(healing), 운동(movement), 재생산(reproduction), 죽음(death)등이다. 철학자 아리스토텔레스는 생명을 생령(엔텔리키)라고 설명하는데, 즉 "자기 자신 안에 목적을 가지고 있는 바로 그것이다"라고 설명했다. (「우리말 철학사전」 2002. 지식산업사). 앞에서 설명한 생명의 7가지 특징은 평범하고 당연한 것 같으나, 그 어느 것 하나만 없어도 '생명'이 되지 못한다. 특히 '죽음'이 있기에 '생명'일 수 있다는 사실은 매우 역설적인 것으로 '생명'을 유지한다는 의미가 무엇인지 깊이 생각해 보게 한다. 결국 '살아 있는' 모든 생명은 동시에 '죽어가는' 과정에 있다는 것이다.

3. 신비로운 출생 과정

이제 좀 더 구체적으로 인간 출생의 과정을 살펴보자. 한 남자와 여자의 만남에 의해 그 다음 세대가 태어난다는 것은 너무 상식적인 이야기로 들린다. 그 많은 사람들 가운데 배우자를 만나고 결혼을 통해 2세가 태어나는 것이 일반적이다. 물론, 생명 과학기술의 발전으로 인해 여러 가지 특별하고 예외적인 상황도 발생하지만, 일반적인 생식 과정은 남자의 정자와 여자의 난자가 만나서 이루어진다.

매우 쉽고 간단해 보이지만 많은 부부들이 '불임' 때문에 고생하는 것을 보면 생물학적으로도 매우 기묘하고 섬세한 과정이라고 할 수 있다. 모든 여성은 태어날 때 이미 일생 동안 쓸 난자를 갖고 태어난다. 두 개의 난소에 난자를 보관하고 있다가 배란기가 되면 두 난소 가운데 한 곳에서 난자를 방출한다. 남성의 몸에서는 정자가 방출되는데, 한번 사정에 약 3억 마리의 정자가 배출되며, 그 가운데서 단 하나만이 난자와 결합된다.

3억 마리의 정자가 배출되면 최소한 하나는 난자에 이를 것으로 생각되는데, 아직도 30세 부부의 7%, 40세 부부는 33%, 45세가 되면 87%의 불임률을 보이고 있다. 매우 간단한 것 같은 임신의 과정도 깊이 들여다보면 심오한 과정을 거치고 있다(마이클 로이젠·메멧 오즈, 「내몸 사용설명서」, 김영사, 2007). 인간의 출생 과정은 매우 신비로운 과정이라고 할 수 있다.

최근 유전자와 관련된 많은 정보들이 밝혀지면서 인간의 유전자 정보해독(genome project)이 여러 면에서 관심을 끌었다. '유전자 결정론'이란 말을 들어 보았는가? 인간의 희로애락, 다양한 행동양식, 신체적 특징 등이 이미 유전자 DNA에 내장되어 있다고 보는 것이다. 한 세대가 짧기 때문에 실험용으로 많이 쓰이는 초파리의 유전자가 13,000~14,000개 인데, 만물의 최고 영장인 인간은 약 10만 개의 유전자를 갖고 있는 것으로 예상했었다. 그러나 인간의 유전자 지도를 그리고 나서 보니, 유전자 수는 약 3~4만개에 지나지 않았다고 한다.

이와 관련해서 리처드 르윈튼(Richard C. lewontin)은 "인간이란 종이 나타내는 놀라운 다양성 유전부호에 의해 영구적으로 결정된 것이 아니라 우리 주변의 환경이 결정적인 역할을 한다"고 설명했다. 만약 소위 '결정론(determinism)'이 우리의 출생과 성장, 죽음까지 지배한다면 삶의 의미와 역동성은 상실되고 말 것이다. 사람은 누구나 미지의 경로를 통해 심오하게 태어나서, 미지의 세계를 향해 달려가고 있는 것이다.

4. 인간 생명의 특징과 지위

많은 사람들이 오해하고 있는 것 중의 하나가 다윈의 진화론이다. 다윈의 저서 중 『종의 기원』, 『인간의 유래』 등을 보면 그가 개별적 창조론에 대해 반대한 것은 사실이지만, 종교에 대해 반대한 것은 아니다. 즉 다윈은 종이 개별적 기원을 갖는다는 사실을 부정한 것이지, 신의 존재를 부정한 것은 아니었다. 사실 다윈은 「종의 기원」에서 "절묘하게 적응된 모든 구조"라는 말을 즐겨 사용하면서 이전의 사람들이 '신의 초자연적 행위'라고 설명했던 것을 대체하려고 했다. 다윈은 소위 '자연선택'을 진화적 변화의 원인으로 보았다.

다윈은 '자연 선택'에 의해 진화되지는 않으나 종의 존재에 필수 불가결한 생명의 특징 한 가지가 있다고 했다. 즉 두 종의 교잡은 대개 유전되지 않는다는 점이다. 물론 다윈은 창조론자들을 좌절시키고, 잡종의 불임성이 적응의 결과가 아니라고 주장했지만 '적응'에 대한 정의와 이론에는 많은 논쟁이 있다. 현대 생물학자들은 두 종의 교잡이 일어나지 않는 것을 '생식적 격리'라고 일컫는다. 생물학적 분류표에 의하면 인간은 '영장류'로 분류될 수 있다. 그러나 인간은 단순히 최고의 고등 동물이라고 하기에는 설명할 수 없는 신비한 부분과 종의 특이성을 갖고 있음을 부정할 수 없다.

다윈의 진화론과 기독교 신앙의 관계를 예리하게 설명한 존 호트 (John Haught)의 지적을 살펴보면 다음과 같다.[1]

① 완전히 새로운 창조의 이야기를 제공함으로 성경의 창조 이야기와 충돌한다.

② 자연의 선택에 대한 다윈의 개념은 생명의 다양한 형태를 창조했다는 창조주의 역할을 작게 한다.

③ 인간이 낮은 형태의 생명에서 점차 진화했다는 다윈의 이론은 인간의 독특함과 윤리적인 구별점에 대한 오래된 믿음에 의심을 갖게 한다.

④ 진화 가운데 종의 변화가 가진 중요한 역할에 대한 그의 강조는 신의 섭리를 파괴하는 듯이 보인다.

⑤ 다윈의 진화론은 인간 삶의 어떤 영속적인 중요성, 목적을 가진 우주라는 개념을 제거하는 듯이 보인다.

⑥ 많은 그리스도인들에게 다윈의 인간 기원에 대한 설명은 원죄와 인간 타락, 그리고 구세주에 대한 필요에 대한 개념과 충돌하는 것으로 보인다.

사회생물학자인 에드워드 오스본 윌슨(Edward Osborne Wilson)은 「지식인의 대통합 통섭」에서 인간의 특징에 관해 이렇게 적고 있다. 생물학적으로 분류할 때 인간을 고릴라·오랑우탄·침팬지·보노보 등과 함께 대형 유인원(Great apes, 유인원 중에서 덩치가 큰 동물을 뜻하는

---

1) 존 호트(J. F. Haught), 『신과 진화에 관한 101'가지 질문』 (신재식 옮김, 지성사, 2004년)

말)에 인간을 넣을 수는 있지만, 다년간의 관찰·실험에 의하면 영장류들의 언어 능력은 인간과는 근본적인 차이가 있다.

예를 들어 훈련에 의해 150개 정도의 구어체 단어를 골라낼 수 있는 '칸지(Kanzi)'라는 보노보가 있었다. 이 보노보는 에모리대학교 여키즈 영장류센터에서 훈련을 받았는데, 동물 기준으로 보면 꽤 높은 수준의 지능을 갖고 있다. 그런데 이런 대형유인원들이 기초언어를 사용할 수는 있어도 인간처럼 그것을 발명할 수는 없다고 한다. 침팬지들의 경우 인간과 유사하게 교활하고 기만적인 행동을 할 수 있다고 한다. 그러나 오직 인간(Homo Sapiens)만이 언제나 소리를 내어 의사소통을 한다.

또한 인간은 '문화적 존재'라는 특징이 있다. 침팬지의 발명 및 도구 사용 등에 관한 보고가 있다. 그러나 도구 사용에 있어서 정확한 동작을 흉내 내지 못하고, 그런 행동의 목표를 정확히 이해한 것으로 보이지 않는다는 점이다.

반면 어린 아기는 속도와 정확도 면에서 모방의 귀재다. 아기들은 태어난 지 40분 만에 혀를 불쑥 내밀며 어른의 움직임을 따라 머리를 움직인다. 12일이 지나면 복잡한 얼굴 표정과 손동작을 흉내 낸다. 두 살이 되면 말로 하는 설명을 알아들으며 간단한 도구를 사용하기도 한다. 인간을 다른 영장류와 비교하는 것은 매우 어설픈 비약이라고 할 수 있다.

'하나님의 형상(모습)'(the Image of God)이라는 말을 들어 보았는가? 성경은 인간이 하나님에 의해 만들어진 존재이고 특별한 가치와 지위를 갖고 있다고 기록하고 있다. 특별한 창조의 과정에는 특별한 지위와 책임이 함축되어 있는 것이다. "하나님이 이르시되 우리의 형상을 따라 우리의 모양대로 우리가 사람을 만들고 그들로 바다의 물고기와 하늘의 새와 가축과 온 땅과 땅에 기는 모든 것을 다스리게 하자 하시고(창세기 1:26)".

5. 죽음을 넘어 생명으로

'죽음학(thanatology)'이라는 학문에 대해 들어 보았는가? 요즘 기업체의 직원 연수에서도 죽음의 문제는 매우 심도 있게 다루어진다. 생명에 대한 이해가 바로 되어야 어느 분야에서든 제대로 일할 수 있기 때문이다. 그런데 인간의 생명을 잘 이해하려면 역설적이지만 '죽음'에 대한 이해를 필요로 한다. 헨리 나웬(Henry Nauen)은 죽음에 대해서 이렇게 적고 있다. 그는 하버드대학교의 안정된 교수직을 정년 전에 사직하고 남은 생을 봉사자로 살았던 신부다.

"죽음은 아예 생각하지도 말고 말하지도 않은 편이 더 나을 만큼 끔찍하고 터무니없는 일입니까? 죽음은 마치 현실에서는 일어날 수 없는 일처럼 생각하고 행동하는 편이 더 나을 만큼 달갑지 않은 일입니까? 죽음은 단순하게 맞이할 수 없을 만큼 우리의 모든 생각과 행위를 여지없이 끝내 버리는 사건입니까?"

심리학자 프로이트(Freud)는 인간은 사랑과 더불어 죽음을 추구한다고 했다. 실제로 증오·전쟁·죽음을 위해 노력을 쏟고 있는 사람들의 모습을 보면, 인간은 내면적으로 죽음을 갈구하고 있는 것으로 보이기도 한다. 물론 '죽음이란 무엇인가' 하는 정의(definition)자체가 의사, 종교인, 생물학자들에 따라 다를 수 있다. 우선 의학적으로 보면 과거에는 심장사가 기본적이었지만, 현재 우리나라의 경우도 법적으로 뇌사(brain-death)를 인정하고 있다. 이 문제는 육체와 영혼의 문제, 불멸과 부활 등의 종교적, 철학적 관심이 더해지면 훨씬 미묘하고 복잡해진다.

여기서 우선 생각할 점은 '죽음'에 대한 문제를 자신은 어떻게 지혜롭게 이해하고 준비할 것인가 하는 점이다. '죽음의 인식'에 관한 문제는 매우 어렵다. 타인의 죽음을 목도하고 인식하면서도, 나의 죽음에 대해서는 예견하거나 직시할 수 없는 것이 인간의 한계다.

Rando는 타인의 죽음에 대한 애도의 과정에도 6R 단계가 있다고 설명하고 있다.

① 죽음에 대한 인식(recognize): 죽음을 인식하고 이해

② 분리와 상실에 대해 정서적으로 반응(react)

③ 죽은 사람과의 관계를 회상하고 재 경험(recollect)

④ 죽은 사람과의 오래된 애착 관계를 포기(relinquish)

⑤ 죽은 사람을 잊지 않고 있지만 새로운 세계에 적응하기 위해 자산을 재조정(readjust)

⑥ 다시 삶에 에너지를 투입(reinvest)

설은주, 「아름다운 삶, 거룩한 죽음」(쿰란출판사, 2005)

그렇다면 인간은 죽음을 극복할 수 없는 것인가? 기독교의 특징은 여러 면에서 설명될 수 있다. 그런데 가장 핵심적인 특징은 예수께서 십자가의 죽음 이후에 부활하셨다는 것이다. 그리고 흩어졌던 공동체의 무리들이 다시 모여 교회가 세워지게 된 것이다. 313년 콘스탄틴 황제가 기독교를 합법적인 종교로 인정한 칙령을 공포하기 전까지 여러 로마 황제들은 기독교인들을 박해했다. 많은 사람들이 잔혹한 고문 끝에 처형당했는데, 그런 어려움을 견디고 순교할 수 있는 힘은 어디에서 나왔을까? 그들은 생명을 사랑하고 추구하는 사람들이었다. 그러나 그 생명은 몸의 한계를 넘어서는 영원한 생명이었다. 죽음을 이기는 길은 예수 그리스도를 통한 십자가와 부활의 과정을 통해 제시되고 있다.

> "나팔소리가 나매 죽은 자들이 썩지 아니할 것으로 다시 살아나고 우리도 변화되리라 이 썩을 것이 반드시 썩지 아니할 것을 입겠고 이 죽을 것이 죽지 아니함을 입으리로다."(고전 15: 52-53)

살아 있는 인간은 '죽음을 향한 존재(Being-towards-death)'다. 그러나 인간은 죽음을 비극이나 운명으로 받아들이지 않고, 생명을 더 가치 있게 하는 또 다른 '가능성'과 특징으로 받아들여야 한다. 한국 사회의 낮은 출산율을 극복하기 위해 출산장려금을 주는 지방자치단체도 있는 등 다양한 정책이 나오고 있다. 그러나 더 중요한 문제는 생명 자체에 대한 경외심과 출생의 경이감을 갖는 것이다. 지구상에 있는 60억의 사람들은 한 사람도 예외 없이 신비의 과정을 거쳐 출생한 귀한 존재들이다. 성숙한 사람은 자신의 생명에 대한 자긍심과 다른 사람의 생명에 대한 책임감을 둘 다 갖추고 있어야 한다. 인류는 출생률 저하, 기아와 질병으로 고통당하는 영유아들, 전쟁과 폭력 등으로 파괴되고 있는 생명의 존엄성 회복을 위해 우리는 공동의 책임을 지고 있음을 잊지 말아야 하겠다.

죽음과 관련된 많은 문제들이 있다. 우선 '죽음'이란 무엇인가 하는 정의(definition)자체가 의사, 종교인, 생물학자들의 결과에 따라 다를 수 있다. 의학적으로 과거에는 심장사가 기본적으로 인정되었으나, 현재 우리나라의 경우도 법적으로 뇌사(brain-death)를 인정하고 있다. 이 문제는 육체와 영혼의 문제, 불멸과 부활 등의 종교적, 철학적 관심이 더해지면 훨씬 미묘하고 복잡하다. 여기서 생각할 점은 '죽음'에 대한 문제가 예로부터 중요한 문제였으며, 여전히 풀리고 있지 않다는 점이다. 특히 개인적으로는 '죽음의 인식'에 관한 문제가 있다. 타인의 죽음을 목도하고, 인식하면서도 나의 죽음에 대해서는 예견할 수도, 직시할 수도 없는 것이 인간의 한계인 것이다. 그렇다면 어떻게 하는 것이 지혜로운 자의 태도인가?

퀴블러로스(Elizabeth Kubler-Ross)에 의하면 죽는 사람은 몇 단계의 심리적 과정을 거친다고 한다. ① 죽음을 부인하고 고립화 시키려는 단계 ② 죽음에 대해 분노하는 단계 ③ 죽음과 협상을 벌이는 단계 ④ 모든 것을 포기하고 죽음 자체를 받아들이는 수용의 단계 등이다.

죽음은 다른 사람들과는 관련이 없는 독립적(non-relational)인 것이며, 누구에게나 찾아오는 확실한(certain)것이며, 언제 올지 모르는 불확정적(indefinite)인 것이며, 말살할 수 없는(outstripped)것이다.

성경이 말하는 죽음은 무엇보다 피할 수 없다는 점이다. 전도서 3:20에 보면 "다 흙으로 말미암았으므로 다 흙으로 돌아가리니 다 한

곳으로 가거니와"라고 인간의 죽음을 표현하고 있다. 아울러 죽음을 정복하는 길은 예수 그리스도에게 있다는 점이다. 십자가와 부활은 무엇보다 죽음을 이기는 길의 제시라고 볼 수 있을 것이다.

수년 전부터 장례 방식에 있어서 매장률에 비해 화장률이 높아진 것을 보면, 우리 사회의 인식이 급속히 변하고 있다.

다음은 기독교 공동체 내에서 죽음과 관련시켜 구체적으로 실천할 과제를 정리해 보았다.

1) '죽음학'은 문화센터가 아닌 교회에서 가르쳐야 한다

살아 있는 인간은 '죽음을 향한 존재(Being-towards-death)'이다. 그러나 인간은 죽음을 비극이나 운명으로 받아들이지 않고, 생명을 더 가치 있게 하는 또 다른 '가능성'과 특징으로 받아들여야 한다. 목회 현장은 설교, 심방, 상담 등을 통해 온전한 '죽음관'이 강의되어야 하는 매우 중요한 현장인 것이다. 예전에는 상상할 수 없었던 일은 백화점 등에서 운영하는 문화센터의 강의 과목 중에 '죽음'과 관련된 과목이 있다는 점이다. 한국 사회의 성숙도를 보여주고 있는데, 교회는 어떤 다른 기관보다도 이 문제에 대하여 제대로 된 답을 제공해 줄 수 있는 기관이 되어야 한다.

2) '사전 유언'의 준비를 교육해야 한다

교회가 아닌 자기계발 프로그램에서도 '유언장'을 작성하며 감동을 받는 모습을 어렵지 않게 볼 수 있다. 그러나 성공이나 자기계발의 단계로서가 아니라, 신앙인은 영생을 위한 과정으로 한 번의 죽음을 반드시 겪어야 하기에 좀 더 체계적이고 구체적인 준비가 필요한 것이 아닐까? 그렇게 많은 재산을 갖고 있는 것이 아니라고 하더라도 본인이 소유했던 물질에 대한 형식적 요건을 갖춘 유언장(성명, 주소, 날인포함)을 준비하는 것은 지혜로운 일이다. 자녀들이나 친족들 간에 불필요한 분쟁을 방지하는 길이기도 하다. 일상생활은 철저하고 매사에 치밀하게 살아가는 분들도, 사후에 보니 유언을 남기지 않아서 여러 가지 불편함과 부정적인 문제들이 생기는 모습을 어렵지 않게 볼 수 있는 것이 현실이기 때문이다. 아마 좀 더 생명이 주어지리라 예상했든지, 아예 '죽음'에 대해서만은 생각하기 싫은 게 많은 사람들의 태도가 아닌가 한다.

특히 현대의학은 과거에는 행할 수 없었던 많은 치료기술 혹은 생명연장기술을 제공하고 있다. '연명치료'와 관련된 문제가 제기되는 것도 발달한 현대 과학기술과 깊은 관련이 있다. 환자의 죽음이 확실한 상황에서 행해지는 의미 없는 의료행위를 영웅적 처치(Heroic measures)라 부르기도 한다. 의료진이나 가족 입장에서도 이런 치료를 꼭 시행해야 하는가 하는 딜레마에 빠질 수 있다. 특히 의사표시가 부자연스럽게나 불가능한 상황 속에서 집중치료실(ICU)의 생명 연장 장치들이 모두 가동되는 것만이 능사일까? 대부분의 사람들이 실제적으로 던지는 질문인데, 좀 더 신속하고 명료한 답을 얻는데 필요한 자료는 '사전진술서(Living Will 혹은 Advanced Declarations)'라고 할 수 있다. 존엄사를 용인하는 것으로 볼 수 있는 독일 가톨릭교회에서는 다음과 같은 형식의 '사전의료지시'를 사용하고 있는데 참고할 필요가 있다. 아울러 스페인 가톨릭교회가 제안한 '자연사 선택 유언

장'도 참고할 필요가 있다.[2]

사전의료지시

내가 나의 의지를 더 이상 형성하지 못하거나 표현할 수 없을 경우에 대비해 나는 다음과 같이 지시한다:

의사의 최선의 지식과 양심에 따라 모든 생명유지 조치에도 불구하고 개선의 조짐이 없으며 죽음의 과정만을 연장시킬 것이라고 확실시된다면, 나에게 그 어떤 생명연장 조치도 취해서는 안 될 것이다.

이 경우 비록 필요한 통증치료가 생명단축 결과를 야기하더라도, 의사의 동반과 치료, 주의 깊은 간호는 통증, 동요, 불안, 호흡곤란 혹은 구역질 같은 고통의 완화를 위한 경우에만 적용되어야 한다. 나는 가능한 나의 가족과 친지의 곁에서, 그리고 나의 친숙한 환경에서 존엄하고 평화로운 가운데 죽을 수 있기를 원한다.

나는 사제의 도움을 청한다.

나의 종교는 _____,이다.

---

2) 소개한 내용은 구인회, 『죽음과 관련된 생명윤리적 문제들』, (서울: 집문당, 2008), p.187~195에 소개된 내용이다.

자연사 선택 유언장

"나의 가족들과 의사와 변호사에게

제가 더 이상 의학적 치료에 관한 선택을 내릴 수 없을 경우에, 이 유언장을 제 뜻의 표명으로 받아 주십시오. 저는 온전한 의식과 책임을 가지고 이러한 부탁을 드리는 바이며, 이 유언장을 저의 뜻으로 받아 주시기를 바랍니다.

이 세상 삶은 하느님의 선물이며 은총입니다. 그러나 저는 이 세상 삶만이 절대적인 것이라고 생각하지 않습니다. 언젠가는 죽음을 맞게 되며 저는 이것이 이 세상에서 제 존재의 마지막임을 압니다. 그러나 신앙의 눈으로 보면 죽음은 하느님과 함께하는 영원한 생명으로 들어가는 것입니다.

그러므로 저 (이름)는 다음과 같이 부탁드립니다.

1. 저의 병이 말기이고 회복의 가능성이 없을 경우, 과도하거나 지나친 치료로 제 생명을 연장하지 마십시오.
2. 적극적인 안락사는 바라지 않습니다.
3. 단순히 죽음을 미루려고 의학적인 방법을 사용하지는 마십시오.
4. 고통을 완화할 수 있는 적절한 진통제를 사용하십시오.

제가 그리스도인으로서 인간답게 죽음을 받아들일 수 있도록 도와주십시오. 저는 제 인생 최후의 사건을 사랑하는 사람들의 도움과 신앙의 위로에 힘입어 평화로이 맞고 싶습니다.

저는 충분히 숙고하고 이 유언장에 서명합니다. 저는 제 간호를 책임지고 있는 사람들이 제 뜻을 존중해 주기를 바랍니다. 저는 제가 다른 사람에게 어렵고 막중한 책임을 맡기고 있다는 것을 압니다. 그러므로 누구든 혼자서만 책임을 지지 않고 책임을 분담할 수 있도록 저는 이 유언장을 쓰고 서명하는 바입니다."

3) 육체적 생명의 가치와 연장에만 집착하지 말아야 한다

얼마 전 『인턴일기/초보의사의 서울대병원 생존기』라는 책을 재미있게 보았다. 저자 홍순범 선생은 서울대학교 병원에서 인턴과 레지던트를 경험한 현직 의사이다. 책에 보면 '세상에서 가장 무서운 기도'라는 제목의 글이 있다. 내용은 중환자실의 일로 심방대원과 관련된 경험을 담고 있다.

> "날이 밝자 환자가 다니는 교회 신자들이 찾아왔다. 보호자들과 교회 신자들은 환자가 있던 빈 병실 안으로 들어가더니 기도하기 시작했다. 병원에선 가급적 정숙해야 한다는 상식으로부터 상당히 거리가 있는 기도였다. 곧 주변 병실의 환자와 보호자들이 간호사에게 항의했다. 이에 간호사가 기도를 자제해달라고 요청했다. 그러자 병원 측에 환자를 다 죽여 놓고 기도까지 방해하느냐고 소리쳤다. 자칫 더 시끄러운 상황이 우려되어 일단 기도가 끝나기를 기다려보기로 했다." (중략) "약속한 10분이 훨씬 지났음에도 끝날 기미가 보이지 않았다. 오히려 기도 소리가 점점 더 커지더니 급기야 환자의 가슴을 때리고 목을 누르는 것 아닌가! 우리는 놀라서 즉시 격리실 문을 열고 주의를 주려고 했다. 그러자 문을 열지 못하도록 등으로 문을 밀고 버티면서 기도를 계속하는 것이었다."[3]

상당히 극단적인 장면 같기는 하지만 적지 않게 실제적으로 발생하는 상황이라는데 우리의 고민이 있다. 생사를 주관하시는 분이 하

---

3) 홍순범, 『인턴일기/초보의사의 서울대병원 생존기』, (서울: 글항아리, 2008), p.128.

나님이시므로 간절히 기도해서 간구하는 모습이 귀한 것은 사실이지만, 상황 속에서 특히 다른 사람들에게 미치는 영향을 고려할 때 분명히 잘못된 모습이다. 기독교는 생명의 가치를 귀하게 여긴다. 그러나 생명은 육체적인 건강과 수명 연장에서만 가치가 드러나는 것은 아니다. "'하나님의 통치'나 '고통과 악'은 왜 존재하는가?"라는 근본적인 질문까지 제기될 정도로 이 땅에서는 생명을 얼마 누리지 못하거나 고통가운데 지내다가 숨을 거두는 이들도 많은 것이 현실이다.

4) 호스피스운동과 관련 시설을 적극 지원해야 한다

말기 암환자 등 여생이 6개월 정도 남아있는 환자들에 대한 지원 프로그램을 총칭하는 말이 호스피스(Hospice)인데 환자의 고통경감, 통증조절, 환자의 가족들에 대한 도움들을 목적으로 행해지는데, 미국에서만 2,200여 가지의 홈 호스피스 프로그램이 있다고 한다. 우리 사회에서도 지속적으로 확대되고 있기는 하지만, 호스피스 부분을 활성화하고 지원할 수 있는 방안이 필요하다.

민간 봉사 차원에서만이 아니라 좀 더 공식적인 프로그램으로 적극적으로 시행하고 통증완화 등 의료적인 방법과 병행하게 될 때 더 큰 효과를 볼 수 있을 것이다.

기독교는 고통의 극복과 종식, 생명의 연장을 위해 기도한다. 그러나 최종적인 부여는 하나님의 신비한 주관 아래 놓여 져 있는 것이다. 최선을 다하되 그 결과는 하나님께 맡겨야 하며, 생명과 관련된 문제는 특히 인간의 한계를 절실히 느낄 수밖에 없는 부분이 아닌가? 지나치게 가시적이고 물질적인 생명관, 건강관에 우리가 물들어 있는 것은 아닌지 돌아보아야 할 필요가 있다. 기독교적 위로와 상담은 이런 근본적인 전제를 갖고 진행되어야 하는 것이다.

말기환자와 가족을 돕기 위한 호스피스 봉사를 위해서는 기본적인 교육을 받아야 한다. 현장의 목회자들은 한국호스피스협회,[4] 하늘다리 호스피스 연합회 등 여러 봉사기관에서 시행하는 교육을 받는다면 많은 유익을 얻을 수 있을 것이며, 교회 내에 이와 관련된 사역자를 확보할 필요가 있다. 병원에 따라서는 '호스피스 병동'을 운영하고 있는 경우도 있음을 참고할 수 있다. 호스피스 전문가들이 제시하는 말기 암 환자들에 대한 대처방안은 다음과 같이 요약할 수 있겠다. 존엄사를 거론하기에 앞서서 실천할 수 있는 우선적인 과제가 훨씬 더 많다는 점을 고려해야 한다.

(1) 환자의 상태를 담당 의사를 통해 정확하게 확인하고 가족회의를 소집한다. 치료의 가능성과 기회를 최대한 살려야 하지만, 그렇지 못하다면 편안하게 임종을 맞을 수 있도록 배려할 필요가 있다. 호스피스 기관의 도움을 요청할 수 있다.

(2) 살아있는 동안 환자의 이야기를 성의껏 들어주고 원하는 것이 무엇인지 살펴보아야 한다.

(3) 환자와 가족들이 슬픔을 공유하고 화해 할 부분이 있다면 서로 용서하고 상처를 치유해야 한다. 아울러 임종을 앞둔 환자를 돌보는 일에는 가족, 친지, 지인, 관련 기관 등이 함께 다가서야 한다.

---

4) 협회에 관한 자세한 정보는 홈페이지 www.hospicekorea.com을 참고할 수 있다.

(4) 죽음에 임박한 환자가 영생의 확신을 갖고 떠날 수 있도록 신
   앙적으로 준비시켜야 하며, 기도하며 '안녕'을 나누어야 한다.
   이제 떠나도 된다는 배려가 서로에게 필요한 것이다.

어리석은 질문 같지만 존엄사를 거론하는 이들에게 다음과 같은
질문을 해 본다. 만일 환자로 인한 시간적, 경제적 부담이 전혀 없다
면 그럼에도 불구하고 당신은 존엄사란 방법을 통해 죽음의 때를 앞
당기는 데 동의할 것인가?

244

참고문헌

구인회, 『생명윤리의 철학』, 철학과 현실사, 2002.
＿＿＿, 『죽음과 관련된 생명윤리적 문제들』, 집문당, 2008.
데릭 험프리, 김종연·김설아 옮김, 『마지막 비상구』, 지상사, 2007.
리사 슈와츠·폴 프리스·로버트 핸드리, 조비룡·김대균·박균열·정규동 옮김,
　　　　『사례 중심의 의료윤리』, 인간사랑, 2008.
마이클 로이젠·메멧 오즈, 유태우 역, 『내몸 사용설명서』, 김영사, 2007.
마크 리들리, 김관선 옮김, 『다윈』, 웅진지식하우스, 2007.
설은주, 『아름다운 삶, 거룩한 죽음』, 쿰란출판사, 2005.
에드워드 윌슨, 최재천·장대익 옮김, 『통섭』, 사이언스북스, 2007.
헨리 나웬, 홍석현 옮김, 『죽음, 가장 큰 선물』, 홍성사, 2001.

제 **15** 장

정직한 사회와 기독교

1. 21세기에 다시 주목하는 키워드 – 정직

국제기구의 조사에 의하면 우리는 아직도 부패지수가 상당히 높은 나라에 속한다. 부패지수란 국제적인 부패감시 민간단체인 국제투명성기구(TI ; Transparency International)가 1995년부터 매년 1회씩 발표하는 국가별 부패인식지수로, 영문 머리글자를 따서 'CPI'로 약칭하기도 한다. 세계은행(IBRD) 등 7개 독립기구가 실시한 국가별 공직자의 부패 정도에 관한 설문조사를 종합하여 분석, 평가한다. 10점을 만점으로 하여 점수가 높을수록 부패 정도가 낮은 것으로 간주한다.5) 이런 점에서 우리가 살아가는 시대, 문젯거리로 다시 떠오르는 말이 있다면 그것은 아마도 정직(正直)이 아닐까? 최근 한국 사회의 화두인 '공정한 사회'도 아마 '정직'과 관련이 있는 것 같다. 평범한 사람 뿐만 아니라 우리나라 최고 경영자, 국정을 이끄는 대통령조차도 '정직'이라는 말을 화두로 삼고 있다. 이렇게 말하는 데는 '정직'이라는 가치를 어떻게 해석하느냐의 문제가 뒤따라 나온다. 아래의 두 사례는 모두 정직을 말하고 있지만, 정직을 바라보는 이해는 다른 것을 알 수 있다.

> 아이들에게 "정직하게 살라"고 권해도 불안하지 않은 사회가 되면 좋겠다. "정직하게 살면 손해 본다"는 생각이 현명한 것으로 통하고 "손해 보더라도 정직해야한다"는 생각은 순진한 어리석음으로 여겨지는 사회에서, "정직하게 살아야 한다"고 배운 아이들이 커가는 일을 차마 지켜볼 자신이 없다(이용철, 『삼성을 생각한다』, 사회평론사, 2010, 447쪽).

> "거짓말 없는 세상이 되기를 바란다. 모든 국민이 정직했으면 좋겠다."(2010년 이병철 삼성그룹 창업주 탄생 100주년 기념식, 이건희 삼성회장의 변)

우리는 살아가면서 무엇이 바르고(正) 곧은(直)지를, 무엇이 정직(正直)인지를 내세울 수 있어야 하며, 그에 따라 무엇이 거짓이고 무엇

---

5) 2010년 10월 국제투명성기구가 발표한 자료에 따르면, 조사 대상인 178개국 가운데 뉴질랜드·덴마크·싱가포르 등 3개국이 9.3점으로 공동 1위를 차지하여 세계에서 가장 청렴하고 정직한 나라로 선정되었다. 10위권에는 스웨덴·핀란드가 9.2점, 캐나다 8.9점, 네덜란드 8.8점, 스위스·오스트레일리아 8.7점, 노르웨이 8.6점으로 그 뒤를 이었다.

이 참인지를 판가름할 수 있어야 한다. 또한 정직은 충실성이라는 덕목과 함께 생각해볼 수 있는 말이기도 하다. 왜냐하면 정직하지 못함이라는 것은 사회구성원 사이에, 또 국민의 정부에 대한, 정부의 국민에 대한 불신을 확산시키기 때문이다. 이렇듯 정직의 문제는 단순히 개인의 덕성의 문제에 그치는 것이 아니라 가정, 사회, 국가 더 나아가서는 세계의 문제가 된다.

많은 사람들이 자신의 좌우명으로 삼기도 하고, '정직이 최상의 정책'이라는 격언이 경영지침이 되기도 한다. 하지만 아직도 한국의 부패지수는 OECD 회원국 가운데에서 상당히 하위에 속하고 있는데, 왜 그럴까? 이미 관심밖에 있는 것으로 여겨지던 문제들이 사회 이슈화 된다는 것은 우리 사회가 안고 있는 구조적 문제일까 아니면 인간본성이 부패해서 그런 것일까?

2. 정직, 그게 뭘까?

정직이라는 말의 정의를 찾아보면 이렇다. 국립국어원 표준대사전을 살펴보면 정직(正直)은 명사로서 마음에 거짓이나 꾸밈이 없이 바르고 곧음이라고 정의하고 있다. 영어로 가장 많이 사용되는 단어는 honesty이다. 또한 라틴어로는 honestas라고 표현한다. 중세 철학자 토마스 아퀴나스는 『신학대전』에서 '정직'은 명예 상태의 덕이라고 말한다. 그리고 정직은 예의바른 것이며, 아름다움과 동일하다고 이야기했다. 왜냐하면 정직하다는 것은 영적인 아름다움을 잘 드러내는 것이고, 절제의 덕을 완성하는 것이며, 정직은 교활함과 대조되는 영적인 아름다움을 가져다준다고 설명하고 있다. 어쩌면 정직에 대해 시시비비를 가릴 때, 중요한 것은 있는 그대로를 말하는 것이라고 정의할 수도 있을 것이다. 이렇게 정직을 정의한다면, 정직은 아주 쉽게 거짓말을 하지 않는 것이라고 생각할 수 있을 것 같다. 그래서 많은 사람들은 정직이라는 말에서 거짓이라는 말을 떠 올리는지 모르겠다.

그렇다면 정직이라는 쉽지 않은 주제에 우리는 어떻게 다가서야 할까? 그것은 정직하지 못한 것이 무엇인지를 살펴보다 보면 맹인이 코끼리를 이야기하는 것보다는 확실하게 그림을 그릴 수 있지 않을까 생각된다.

"물론, 누구나 정직할 수 있습니다. 우리는 커다란 일, 그리고 대부분의 경우에 그렇지요."라고 말 할 수 있다. 그런데 사소한 일이나 중요한 일을 막론하고 항상 정직할 수 있을까? 그림을 그리기도 전에 뭔가에 막혀 있다는 것을 우리는 발견하게 된다. 일관성 있게 정직하라! 참 멋진 말이지만, 나에게 적용할 때 숨막히는 말이기도 하다. 우리는 자신도 모르게 '선의의 거짓말'을 자연스럽게 내뱉곤 한다. 이제 우리는 그런 것이 자연스러운 경우와 그렇지 않은 경우를 비교하면서 생각해 보자.

• 어느 정치인의 예

어느 도시에 사는 어떤 정치인은 정당의 공천을 받았습니다. 얼마 후 몇 사람이 그가 학력을 속였다는 이유로 그를 고소했습니다. 이들의 주장에 따르면, 그가 실제로는 박사 학위 과정을 완전히 끝내지 않았는데

도 박사 학위를 가지고 있다고 했다는 것입니다. 그 뒤 그는 자신이 학위를 가지고 있지 않으면서도 사람들이 자신을 박사라고 부르게 했다고 실토했습니다. 그는 또한 자신이 박사 학위가 있는 것으로 신문지상에 알린 것도 시인했습니다. 결국 그는 후보 사퇴를 강요받게 되었습니다.

•테드 윌리암스의 예

미국의 전설적인 야구선수 가운데 한 사람인 테드 윌리암스 (Ted Williams, Theodore Samuel Williams 1918~2002)는 40이 되자 목에 이상이 생겨 심각한 고통을 겪었습니다. 투수를 쳐다보기도 힘들었습니다. 그 바람에 그의 타율이 처음으로 3할 이하로 떨어졌습니다. 2할 5푼 4리라는 타율과 홈런 10개라는 초라한 성적이었습니다. 그런데 그는 그 해에 스포츠계에서 가장 연봉을 많이 받는 사람이 되었습니다. 125,000 달러였습니다. 그 이듬해에 보스톤 구단은 전년도와 같은 연봉 조건의 계약서를 보내왔습니다.

그 때 윌리암스는 이렇게 말하고 행동했습니다. "나는 그 계약서를 받고서, 거기에 쪽지 하나를 첨부해서 구단에 되돌려 보냈습니다. 나는 그들에게 연봉을 적절하게 삭감하지 않는 한 계약서에 서명을 하지 않을 것이라고 했습니다. 내 생각엔 지난해 연봉의 25%가 적합할 것 같았습니다. 나는 항상 구단 측으로부터 정당한 대우를 받아 왔다고 생각했었지요. 나는 그 때까지만 해도 구단 측과 돈에 관한 한 어떤 문제도 느낀 적이 없었습니다. 그러나 그들은 그때는 내게 적합하지 않은 연봉을 제시하고 있었던 것입니다. 나는 내게 합당한 수준만큼만 받기를 원했습니다." 그 결과 윌리암스는 자기 연봉을 31,250달러로 삭감했습니다.[6](Bits and Pieces (Fairfield, New Jersey: The Economics Press),

---

6) 제리 화이트, 『정직·도덕 그리고 양심』개정판, 네비게이토출판사, 2010. p. 21. 참고.

September 1977, p. 12~13)

이 두 사례를 읽으면서 여러분은 어떤 생각이 드는가? 그 사람의
직책과 상관없는 일인데 뭘 그러나? 아니면 멍청하게 자신의 연봉을
깎긴 왜 깎아? 혹시 이런 마음이 들지는 않았나? 그렇다면 여러분을
정직한 사람으로 이끄는 센서가 이상이 생긴 것은 아닌 지 살펴봐야
하지 않을까?

3. 생활 속의 정직: 덕 있는 사람이 되는 길

정직이라는 덕목은 단순히 개인에게만 해당하는 것이 아니라 사회
와 기업, 국가, 나아가서는 인류 모두가 소중하게 생각해야 하는 것
이다. 개인이 정직하지 않을 때 사회 구성원 전체가 함께 책임지게
된다. 따라서 부정직은 다른 사람에게 정신적, 경제적 손해를 입히게
되는 사회적 범죄라 할 수 있다. 그렇기 때문에 우리는 사사로운 판
단을 하거나 공적인 일을 할 때 정직이라는 말이 작용을 할 수 있게
해야 한다.

생활 속의 정직이라는 주제로 이야기를 나누게 될 때 우리는 가장
먼저 입가에 머무는 것들을 나열해 본다면 아마도 '거짓말', '자기기
만', '부정행위', '탈세', '연구부정', '의사소통', '험담' 이런 것들이
아닐까 하는 생각한다.

정직이라는 말을 떠올릴 때, 왜 거짓말에 대해 우선 관심을 가질

까? 아이들이 보는 『보리국어사전』에 따르면 거짓말은 '남을 속이려고 참인 것처럼 꾸며 낸 말'이라고 정의하고 있다. 또 다른 사전을 찾아보면 '의도적으로 사실과 다르게 꾸며대어 하는 말'이라고 규정하고 있다. 정리해보면 이렇게 말할 수 있을 것입니다. 거짓말이란 '고의적으로 사실을 사실이라고 말하지 않는 모든 행위를 가리키는 것'이다.

그렇다면 성경은 우리에게 어떻게 이야기하고 있을까? 거짓말을 금지하는 근거로 구약성경에 나오는 '십계명' 가운데 제9계명 '거짓 증거하지 말라'를 대표적인 것으로 들고 있다. 이 계명이 뜻하는 것은 일차적으로는 법정에서 위증하는 것을 금하는 것이라고 할 수 있다. 나아가서는 일상생활에서의 거짓말, 험담과 비방, 아첨, 중상모략 등을 하나님이 금지하신다는 뜻이다.

1) 자신에 대한 정직

당신은 자신에 대해 얼마나 정직한가? 또 삶의 모든 영역에서 우리 자신에 대해 정직한가? 우리 조상들은 '신독(愼獨)'이라는 말로 자기 자신에게 정직하라고 말했다. 정직은 우선 자기 자신과의 약속이라고 할 수 있을 것이다.

자기 자신에게 부정직하고도 당당하게 정당화시키는 것을 자기기만이라고 할 수 있다. 우리 대부분은 의식적으로 다른 사람들을 기만하려 들지 않는다. 그렇지만 자신을 기만하는 데는 어쩌면 최고의 선수인지도 모르며, 우리는 자신과 논쟁을 벌이기도 하고 거짓말을 하며, 자신에 대한 명백한 사실 조차 믿기를 거부할 때도 있다. 거기에 머무르지 않고 자신이 쌓은 명성을 교란 시키려는 시도나 붕괴시 키려는 모든 것에서 우리 자신을 보호하려한다.

더구나 우리가 그릇된 행동을 하였을 때 자신의 행동이 옳았다고 자신에게 확신시키기 위해 종종 자기기만을 이용한다. 우리는 이런 것 을 자기 합리화라고 한다. 합리화를 할 때 우리는 '난 더 잘할 수 있었 는데', '정말 어쩔 수 없었던 거야', '누구라도 그렇게 했을 거야', '나 는 나의 결정이 옳았다고 확신해' 이런 말을 자주 입에 올리게 된다.

이런 문제에 대해 성경은 "아무도 자기를 속이지 말라, 너희 중에 누구든지 이 세상에서 지혜 있는 줄로 생각하거든 미련한 자가 되어 라. 그리하여야 지혜로운 자가 되리라"(고전 3:18)고 경고한다. 자신을 지혜롭다고 생각하는 것은 자기기만이기도 하다. 그렇다면 우리가 자기기만에서 벗어날 수 있는 길은 없을까? 제리 화이트는 다음과 같은 다섯 가지를 우리에게 제안한 바 있다.

---

1. 자신에 대해 솔직하기
   - 자신이 처한 상황에 대해 객관적으로 관찰하기 위해 사실들을 종이 위에 기록하기
2. 성경 말씀에 대해 정직하기
   - 자신의 필요에 맞추기 위해 말씀을 자기합리화를 위해 사용하지 않기
3. 잘못을 범했으면 시인하기
   - 잘못을 정당화하지 않기, 하나님 앞에서 잘못을 시인하기
4. 양심의 소리에 응답하기
   - 자신의 내면에서 오는 소리를 무시하지 않고 예민하게 반응하기
5. 진실에 초점을 맞추기
   - 진실을 피하지 않고 직면하기

---

2) 가정에서의 정직

현대 사회는 가족, 가정의 붕괴를 말하고 있다. 때로는 그것은 일종의 신화라고까지 한다. 하지만 여전히 우리에게 가장 작은 사회의 단위 가운데 하나로 자기 잡고 있는 것 또한 가정이다. 이 가정이란 곳은 의외로 너무나 흠 잡히기 쉽고 또한 너무 노출되어 있는 곳이기도 하다. 하지만 가정이외에서 우리의 모습을 스스럼없이 있는 그대로의 모습을 보일 수 있는 곳도 없는 것이 현실이다. 또한 자녀들이 삶의 사는 방식과 그 모본을 발견하는 곳 또한 가정이기에 '정직'이라는 말에 대한 실제적인 교육과 실천이 이뤄지는 곳이라고 할 수 있다. 가정에서의 정직에 대한 훈련은 마치 흰 눈이 내린 땅에 첫 발자국을 내딛는 것과 같다.

그래서 우리는 가정에서 경험할 수 있는 정직에 대해 살펴볼 필요가 있다. 우선 눈이 머무는 곳은 재정문제인데, 재정 문제라는 것은 가족 구성원들이 각자가 열심히 일하는 일터와 수입에 대해서 정당하게 세금 납부하기와 재정 상태를 가족 구성들에게 있는 그대로 말하기 등이라고 할 수 있다. 이런 것들을 기성세대들이 올바르게 집행될 때, 특히 젊은 세대들 또한 정직한 삶에 대한 두려움과 낯섦을 극복할 수 용기를 심어줄 수 있을 것이다.

또 다른 정직은 의사소통 능력에서 나타난다. 이 의사소통에서 정직이 문제되는 경우는 다른 사람 특히 가족 구성원들이 아닌 사람들에게 자신들의 치부나 어려움을 드러내지 않으려고 할 때라 할 수 있다. 이럴 때 가족 구성원들에게 거짓말을 하도록 유도하거나 강요하기도 하는데, 그렇다면 가족 구성들 사이에 의사소통이 정직하게 이루어지고 있는지 살펴보아야 할 것이다. 이 의사소통에서 나타나는 것은 '약속', '험담', 그리고 '사과' 등인데, 정직한 의사소통을 할 수 있는 능력을 가정에서 배우고 익힌다면 우리 사회를 더 정직한 사회로 쉽게 발걸음을 옮기게 할 수 있을 것이다. 성경은 "스스로 속이지 말라. 하나님은 만홀히 여김을 받지 아니하시나니 사람이 무엇으로 심든지 그대로 거두리라"(갈 6:7)고 말하고 있다.

3) 대학교(학문 영역)에서의 정직

우리 사회는 황우석 사태라고 불리는 연구윤리에 대한 문제가 불거지기 전까지는 단순히 시험 볼 때의 부정행위 정도만을 대학에서 공부하면서 발생하는 부정직이라고 생각했다. 하지만, 이 사건으로 인하여 단순히 연구현장에서만의 문제가 아니라 공직에 오르려는 교수나 연구원들의 연구 성과에 대한 검증 작업이 세밀하게 진행되고 있다. 뿐만 아니라 학문을 연구하는 이들에게 이제 연구윤리와 학습 윤리를 공부하는 것은 너무나 당연한 것이 되었다. 그렇지만 여전히 부정행위를 통해 장학금을 받고 졸업을 하는 이들이 있는 것 또한 현실이다. 학교에서 부정행위를 하는 것은 아마도 '모로 가도 서울로 가면된다'는 결과중심의 사고 패턴이 자리 잡고 있기 때문일 것이다. 그렇다면 왜 적지 않은 이들이 부정행위를 하려는 것일까? 그 첫 번째 이유는 지도자들까지도 거짓말하고 속이는 사회에서 학생들에게 속이지 말라는 가르침이 공허한 외침으로 전락했기 때문이다. 두 번째 이유는 점수와 성적의 압력이다. 우리는 여전히 성적과 승자독식의 세상에서 살고 있다. 학생들에 대한 판단 기준이 그가 어떤 사람이냐는 성품이 아니라 어떤 스펙을 쌓았느냐, 달리 말해 어떤 성과와 성적이 있느냐가 관건이 되고 있다. 학생들 대부분 이것 때문에 받는 압박감은 달리 표현할 필요도 없을 정도이다. 우리는 점수에 대해 한 단계 높은 건전한 관점을 가져야 할 것이다. 세 번째로 게으름이다. 공부하기는 싫어도 학점을 받고 싶고 졸업장을 얻어야 한다는 생각이 있다 보니 부정행위의 유혹에 쉽게 빠져들게 된다. 마지막으로는 실패에 대한 두려움이라고 할 수 있다. 실패가 종착역이 아니고, 특히 대학 생활에서의 성과로 드러나는 실패는 인생에 있어서 성장 및 발전 과정의 일부분일 뿐이다. 대학생활에서 경험한 정직은 수단과 방법을 가리지 않고 도덕적인 면을 무시하거나 접어두고 오직 출세만 하면된다는 세상 속에서 자신의 명예와 자부심을 길러주는 좋은 성품이 된다는 것을 잊지 말아야 한다.

4) 사업과 직장에서의 정직

사업을 하거나 직장 생활을 할 때 우리가 어떤 자각을 가지고 올바른 행동을 할 수 있을까? 이 물음에 도덕적 능력이 답이 될 수 있다. 도덕적 능력이란 원칙, 가치관, 신념에 일치하게 하는 행동능력이다. 달리 말하면 이 도덕적 능력을 가지고 행동한다는 것은 합목적적으로 말하고 행동한다는 것을 뜻한다. 이것은 성실함으로 드러나며, 성실함을 정직이라고 할 수 있을 것이다. 또한 그것은 무엇을 지지하는지 말하고 자신이 말한 것을 지키는 능력이다. 기업이나 직장에서의 정직에 대한 자각은 자신이 꾸준하게 흔들림 없이 행동할 수 있는 첫걸음이 되기도 한다. 정직을 무시하는 리더들은 자신을 따르는 이들의 이익은 물론, 궁극적으로 자신의 이익마저 손상시키며, 더욱이 바람직하지 않은 리더는 마치 '바람 풍(風)을 바담 풍이라고 읽으면서 바담 풍이라고 따라 읽는 제자들을 혼낸 훈장'과 같다. 왜냐하면 말로는 정직을 강조하면서 자신은 정직하게 행동하지 않는 리더이기 때문이다.

조직에서 정직하게 말한다는 것(진실을 말한다는 것)이 어려운 상황 속에서 현실을 올바르게 이야기하는 것을 뜻하는 경우가 종종 있다. 어려운 시기에 리더들은 희망적이고 낙관적인 태도를 가져야 하는 현실적인 이유들을 제시하는 한편, 있는 그대로 말할 수 있어야 한다.

진실을 말하는 것은 리더십의 효율성과 노동자들의 업무 태도에 엄청난 영향을 미친다. 부정직한 리더와 함께 일하는 사람들은 부정적이거나 예상치 못한 반응으로부터 자신을 보호하기 위해 정보를 검열하기도 한다. 부정직한 보스는 정치적인 음모가 판을 치는 기업 풍토를 조성하며, 부정직한 상관 밑에서 일하는 사람들은 생산적인 일을 하기보다는 다른 일들에 많은 시간을 허비한다. 반대로 정직한 리더들은 믿음이 넘쳐나는 기업 풍토를 이끌어 간다.

● 혼다 모터스 부사장 게리 케슬러의 경우

게리 케슬러(Gary Kessler)는 20년 전, 조용하지만 지극히 중요한 조치를 취했던 일을 기억한다. 그는 친구이기도 했던 팀원이 학력을 속인 사실을 발견했다. 게리는 친구를 용서해 줄 수도 있었다. 그리고 다른 사람들이 친구가 한 짓을 눈치 채지 못하게 할 수도 있었다. 그러나 친구의 거짓을 눈감아주는 것은 그도 거짓말을 하는 행위라고 생각했다. 그것은 일정 수준의 학교 교육을 받은 다른 이들의 노력을 무시하는 짓이기도 했다. 그러므로 그는 용기를 내어 친구를 해고했다. (출처: 도그 렌닉, 정준희 옮김, 『이제는 도덕이다』, 북스닉, 2010, 114)

사실 원칙을 지키기 위해 저항하는 것은 쉬운 일이 아니다. 대부분의 조직에는 대중적인 견해에 동조하도록 여러 가지 압력들이 가해진다. 비대충적인 입장을 취하는 사람들은 출세를 하거나 혹은 생계가 위태로워지는 둘 중 한 길을 가게 되며, 정직하게 행동한다는 것은 원칙 때문에 벌어지는 위험을 있는 그대로 받아들인다는 것을 뜻한다. 정직한 사람이라면 위험하다고 현실을 외면하는 것을 도덕적으로 용납할 수 없을 것이다. 하지만 정직한 사람들의 말과 행동을 받아들이지 않을 때 우리 삶에 갖가지 위험이 눈앞의 현실이 되는 경우를 종종 경험하게 된다. 성수대교 붕괴사고라든지, 쓰나미로 인해 발생한 일본 원자력 발전소의 경우라든지, 부조리한 관행과 임원들의 부도덕한 행위로 파산하게 된 저축은행 사고라든지 일일이 예를 들 수 없을 만큼 우리 주변에서 벌어지는 문제이기도 하다.

정직함의 또 다른 덕목은 약속을 지키려는 의지로 나타난다. 이것은 성실한 사람의 특징이기도 한데, 약속을 지킨다는 것은 말을 행동으로 옮기는 신뢰할 수 있는 사람임을 뜻하기 때문이기도 하다. 약속을 지킨다는 것은 기업에서 자신의 가치를 드러내는 일이며, 기업 또한 약속이행의 능력을 높이 평가한다. 숨 쉴 수 있는 시간조차 없이 바쁘게 돌아가는 사회 속에서 지속적으로 약속을 지키기란 쉽지 않은 일이며 악의적으로 약속을 지키지 않기 보다는 해야 할 일이 너무 많아 선약을 지키지 못하는 경우가 종종 있다. 그러다 보면 약속을 불이행하는 사람으로 각인될 수 있다. 우리가 약속을 지키려면 우리의 의도와 행동 사이에서 일어나는 불일치를 인식할 수 있는 지각 능력과 약속을 지킬 수 있도록 절도 있게 업무 처리를 하는 자제력이 함께 있어야 한다.

정직은 한 조직의 리더나 조직원이 되어 활동할 때 가장 핵심적인 능력들 가운데 하나이며, 특히 리더가 부정직해 많은 부패를 낳는 한국 사회에서는 특히 필요한 덕목이라고 할 수 있다.

4. 성경은 왜 정직을 말하고 있나?: 정직에 대한 성경의 가르침

포스트모던의 바람이 휩쓸고 지나간 한국 사회는 새로운 가치관이 자리 잡기 위해 암중모색하고 있다. 특히 정직이라는 가치는 전통사회의 가치로 치부하는 현실에서 다시 관심을 가져야 한다는 것은 시대에 뒤떨어진 소리를 하는 것 같기도 하다. 하지만, 인간의 행위 자체만을 보고 도덕적 판단을 하던 시대에서 행위자의 성품을 묻는 시대로의 이행은 정직이라는 가치를 다시금 돌아보게 한다.

'법적으로 하자가 없으면, 무엇이든 해도 괜찮다', '걸리거나 들키지만 않는다면...'이라는 소리를 우리는 아무렇게나 이야기하고 듣기도 하지만, 정말 괜찮은 것일까? 이런 현상과 물음에 대해 성경은 우리에게 답을 제시한다. 그리고 성경은 우리가 정직하게 살아간다는 것이 하나님과 더불어 사는 것이라는 것을 확신하게 해 준다. 성경은 '정직이란 거짓말을 하지 않는 것'이라는 것 보다 더 크고 넓은 의미가 있다고 말한다. 바울은 구제 헌금을 어떻게 관리할 것인가에 대해 고린도후서 8장 21절에서 "우리는 주님 앞에서뿐만 아니라, 사람들 앞에서도 좋은 일을 바르게 하려 합니다."라고 지적하였다. 이 것을 보면 정직이란 바르게 살고 바르게 생각하는 것이며, 그 결과 바른 생활양식을 낳게 되는 것이다.

또한 우리는 사소하다고 생각되는 일에서뿐만 아니라 삶의 전반에 서 정직해야 한다. 왜냐하면 우리는 삶의 어떤 부분에서는 철저하게 정직하지만 다른 영역에서는 자신의 행동이 부정직하다는 것조차 인 식하지 못한 채 살아가기 때문이다. 그래서 히브리서를 쓴 이는 우 리에게 "우리를 위하여 기도해 주십시오, 우리는 양심에 거리끼는 것이 하나도 없다고 확신합니다. 우리는 모든 일에 바르게 처신하려 고 합니다."(히 13:18) 라고 말하고 권면하였다.

> "중심에 진실함을 주께서 원하시오니…(시 51:6), 그런즉 거짓을 버 리고 각각 이웃으로 더불어 참된 것을 말하라…(엡 4:25)"

제**16**장

삶 속에서 실천되는 덕

1. 숫자놀음에 대한 진정한 회개

　얼마 전 발표된 정부의 2005년 인구 및 주택 센서스 분석에 의하면 지난 10년 간 개신교인 신자가 14만 명이나 줄었다는 충격적인 통계 결과가 나왔다. 물론 이 통계를 믿지 못하겠다는 교계의 반응도 있는 것이 사실이다. 통계에는 허수가 있게 마련이고 특히 종교와 관련된 통계는 여러 약점과 한계를 갖고 있기 때문이다. 그러나 한국 교회의 지도자들은 이 통계가 주는 메시지를 읽어야 한다.

　우선, 한국교회는 숫자가 줄어들었음을 반성하고 회개하기에 앞서 그동안 우리가 얼마나 숫자에 집착해 왔는가를 반성할 필요가 있다.

교회 목회나 기독교의 행사 등에 있어서 항상 중요한 평가의 기준이 숫자가 아니었든가 돌이켜 본다. 소위 지극히 물량주의적인 사고방식을 목회와 선교 영역에까지 도입했던 것이다. 심지어 교회의 크고 작음을 막론하고 발표되는 예배의 회집인원, 등록 교인 수 등도 상당한 과장과 허수가 있었음을 인정하지 않을 수 없다.

아울러, 역설적인 이야기로 들릴 수도 있겠으나 한국교회는 종교사회학적인 지표 및 통계를 통해 좀 더 정확한 자료를 생산해내야 한다. 이런 과학적인 개념이 없었기 때문에 한국 교회인구는 지나치게 과장되어 왔다는 비판을 받아 왔다. 어떤 면에서 이런 사회과학적인 안목이 없었기 때문에 과장과 허위가 자리 잡게 된 측면도 있다. 목회와 관련해서도 현장 및 실태조사는 더 나은 미래를 위한 발판이 되기도 한다. 물론 통계적인 수치는 목표가 되어서는 안 되고 철저하게 참고자료만 되어야 한다.

케냐 마사이족 출신 레마솔라이는 자서전에서 자신의 부족 전통을 소개한 적이 있다. 결코 그들은 사람을 숫자로 세지 않는다는 것이다. 정부에서 인구 조사를 나와서 식구의 숫자를 물어도 일일이 이름을 나열한다는 것이다. 이제 진실하지 못했던 그동안의 숫자 놀음을 회개하며, 좀 더 진실하게 하나님 앞에 서야 할 것이다. 최근 1907년의 대부흥운동을 돌이켜 보면서 침체를 맞이하고 있는 한국교회의 재부흥을 위한 행사들이 여기저기서 전개되고 있다. 그런데 문제는 '회개'와 '회개운동'은 다르다는 점이다. 회개마저도 요란한 구호나 또 하나의 이벤트가 되어 버린다면 한국교회는 더 큰 절망과 좌절을 경험하게 될 수도 있다. 진정한 회개는 요란한 구호나 많은 인원 동원에서 이루어지는 것이 아니다. 철저하고 구체적인 개인의 영성 회복과 예배와 말씀의 재발견을 통해서만 가능한 것이다.

2. 부흥과 부흥운동은 다르다

한국 교회에 있어서 1907년은 '평양 대부흥'의 때로 기억되고 있기에, 바로 100주년이 되는 2007년을 의미 있게 보내야 한다는 목소리가 오래전부터 나오고 있다. 이미 1907이란 숫자가 들어가는 여러 종류의 집회들이 국내외에서 진행된 바 있으며, 지난 6월 월드컵을 전후해서는 응원단 이름과 관련하여 '붉은악마 회개운동'이 전개되기도 하였다. 아마 내년에는 더 많은 행사들이 계획되고 실행될 것으로 보여 진다.

그런데 우리가 1907년을 기념하는 시점에서 짚고 넘어가야할 문제가 있다. 바로 부흥과 부흥운동은 분명히 다르다는 점이다. 1907년 즈음의 한국교회 대부흥을 편의상 대부흥운동이라고 부르는 경우가 많이 있긴 하지만, 결코 우리가 생각하기 쉬운 부흥운동이 전개된 것은 아니었음을 직시할 필요가 있다.

첫째로, 부흥의 주체는 하나님이시기에, 부흥은 인위적으로 일으키는 것이 아니라는 겸손한 자세를 가져야 한다. 최근에 나온 통계를 보더라도 한국교회가 성장에 있어서 침체의 분위기를 맞이한 것은 사실이다. 그렇다고 해서 요란한 구호나 소위 이벤트의 하나로 기획된 부흥운동을 구상해서는 안 될 일이다. 마치 '회개'와 '회개운동'이 다른 것처럼, 부흥이 요란한 구호나 잘 기획된 '부흥운동'에

의해 가능하다는 생각은 한국교회는 더 큰 절망과 좌절을 경험하게
될 수도 있다. 진정한 부흥은 요란한 구호나 대형집회의 인원 동원
에서 이루어지는 것이 아니다. 철저하고 구체적인 개인의 영성 회복
과 예배와 말씀의 재발견을 통해서만 가능한 것이다.

둘째로, 부흥과 부흥운동의 구별과 함께 지나친 행사 위주의 목회
를 반성할 필요가 있다. 필자는 올 해 유난히 많았던 교회 행사에서
의 물놀이 사고와 차량사고 등도 다시 한 번 행사 중심의 교육과 목
회가 한계에 왔음을 반성하는 계기가 되어야 한다고 생각한다. 뭔가
참신하고 새로운 행사를 보여 주어야 한다는 부담과 기존의 행사를
없앨 수 없다는 강박 관념에서 자유를 얻어야 한다. 예를 들어 모든
이들이 지치기 쉬운 여름에는 가족 중심의 휴가가 가능하도록 배려
해야하며, 유동 인구가 많은 시기에 다수의 교인들이 차량이동을 하
는 것도 멀리할 필요가 있다.

셋째로, 진정한 회개와 정직의 회복만이 부흥의 전제가 될 수 있
다. 가장 정직해야 할 교회가 사회적으로도 인정받지 못하는 현실을
하나님 앞에 내어 놓아야 한다. 사람을 향한 고백이 아니라 작은 것
에서부터 진정한 변화가 있어야 한다. 바라는 것은 교회의 크고 작
음을 막론하고 예배의 회집인원, 등록 교인 수 공개 등에 있어서 상
당한 과장이 있었음을 인정하며 바로잡는 것 등이다.

3. 수능등급제와 입학사정관제1)

2007년 실시된 수능등급제는 많은 논란거리를 제공하였고, 결국 2008년 입시에서는 백분위 표기가 병행 표기되는 것으로 결론이 난 일이 있다. 여러 좋은 취지를 담고 있는 것은 사실이나 현실적으로 무리가 있었음은 분명하다. 아쉬움이 있다면 혼란은 이미 예상되고 있었던 것인데, 학생들의 손에 등급제 성적표가 배부된 후에야 본격적으로 여러 문제들이 제기되었고, 해당 학생들은 등급제에 의한 입시를 치룬 셈이다. 경쟁이 전제될 수 밖에 없는 대학입시에 지나치게 정치적인 논리가 앞섰다는 것이 대부분 전문가들의 반성적 평가로 보여진다. 좀 더 바람직한 현실적 대안 마련을 위해 필자는 미국의 유명한 공리주의 윤리학자인 존 롤즈(John Rawls)의 '정의론'에 귀를 기울여보면서 수능 등급제 등 입시 방법에 관한 논의를 전개해 보고자 한다.

우선, 사회적으로 중요한 합의를 위해서는 '원초적 입장'에 서야 한다는 점이다. 사회에서 발생하는 대부분의 문제에는 개인과 개인 및 집단과 집단 간의 이해관계가 예리하게 작용하고 있다. 각자 어떤 입장에 서는 가에 따라 다른 주장을 하게 된다, 롤즈는 이런 경우 일종의 '기억상실증'에 걸렸다는 가정 하에 '무지의 베일'을 쓸 것을 제안하고 있다. 우리는 입시문제와 관련해서 정책입안자, 대학 당국, 수험생, 고교 진학담당교사, 일반시민 등 여러 입장에 설 수 있음을

---

1) 이 부분은 2008년 4월 30일, '전국교수공제회보' 칼럼 및 '조선일보' 독자칼럼에 게재된 내용을 정리한 것임.

생각할 필요가 있다. 수험생의 경우에도 소위 상위권, 중위권 등 자신의 성적에 따라서 이해관계가 달라질 수 있다 지난 해 등급제와 관련된 문제의 핵심에는 여론과 현장 전문가들의 의견에 귀를 기울이지 않고 지나치게 정치적인 공약에 매달려 수능 등급제를 추진한 정부에 일차적인 책임이 있다. 부분적인 변화가 이미 발표되기는 했으나 계속 보완할 부분이 있는데, 합리적 의견수렴과 합의라는 민주사회의 기본방식을 거쳐야 '정의'가 통용되는 사회가 되는 것이다.

둘째로, 자유와 평등의 관계에 있어서 우선순위를 생각해야 한다는 점이다. 정의로운 사회를 만들기 위해서는 언론, 양심, 신체, 사유재산권 등에 있어서 자유가 기본적으로 보장되어야한다. 또한 사회적 직책과 지위를 개방하는 등의 노력 등 불우한 처지에 있는 사람들을 배려하는 차등 분배가 정당화 될 수 있는 평등을 위한 노력 또한 중요하다. 그런데 간과하지 말아야 할 것은 평등한 사회를 이루기 위해 기본적인 자유를 위축시키는 상황을 전개해서는 안 된다는 점이다. 우선순위가 있는 것이다. 각각 공부에 따른 성과를 얻게 되는데 이를 효과적으로 드러내는 것이 '성적'이다. 대학과 수험생 사이에는 성적에 따라 입시라는 공정한 절차가 경쟁 가운데 이루어져서, 학생은 원하는 대학에 가게 되는 것이 기본적이고 정상적인 절차이다. 평등이라는 이념을 실현하기 위해 대학과 수험생 모두를 혼란에 빠지게 해서는 안 된다. 자유와 평등의 가치가 상충할 때는 자유를 우선해야 한다는 것이 롤즈의 교훈이다.

셋째로, 입시에서 우연과 요행의 요소를 가장 최소화할 수 있는 길을 찾아야 한다. 정의로운 사회는 획일적인 산술적 평등의 분배가 이루어지는 사회가 아니라, 자신의 능력과 업적에 따라서 그에 상당한 결과를 얻는 사회이다. 많은 사람들이 지적했듯이 수능성적을 등급제로 하는 경우 총점에서는 더 많은 점수를 받은 학생이 그렇지 않은 학생에게 뒤지는 결과가 발생한다. 사실 수능성적이 합격의 최소한의 기준 정도로 작용하는 상황이라면 문제될 것이 없는데, 지금과 같은 치열한 경쟁이 계속되는 상황 속에서는 요행이란 우연적 요소가 상당하게 당락에 영향을 끼치게 되는 것이다.

전에는 외국에만 있던 제도인데, 근래에는 입학사정관이라는 신종 전문직업을 만들어내면서 많은 사람들의 관심을 끌고 있는 제도가 입학사정관제 전형인데, 이 제도는 많은 논란과 관심 속에 계속 확대되고 있다. 입학사정관제는 여러 선진국에서 검증되었듯이 수험생의 창의성과 잠재력을 평가할 수 있는 장점이 있는 것은 사실이다. 그러나 이 제도가 바람직하게 정착되기 위해서는 몇 가지 전제들이 선행되어야 한다.

첫째로, 입학사정관제 전형 제도의 미래에 대한 불확실성을 해소가 필요하다. 제도의 중심축이라 할 수 있는 입학사정관들은 전형업무를 실질적으로 담당하고 있는데, 아직도 대개 1년 계약직의 연구원 신분으로 채용된 경우가 많다. 대학 입장에서는 제도가 사라지거나 정부의 재정지원이 중단될 경우 발생할 부담을 고려하기 때문이다. 결국, 이를 해결하기 위해서는 이 제도의 미래에 대한 불확실성을 해소하기 위해 직업적 안정성을 추구해야 한다.

둘째로, 입학사정관제는 상호 '신뢰'를 바탕으로 할 때만 가능하다. 만일 평가 주체인 대학이 고등학교나 교사들을 믿지 못한다면, 수험생에 관한 여러 중요한 정보를 담고 있는 학교생활기록부도 제대로 활용할 수 없다. 또한 아무리 각 대학에서 다양한 검증과정과 평가 방법을 통해 학생을 선발한다고 해도 수험생, 학부모 등이 이를 신뢰하지 않는다면 소용없는 일이 되고 만다. 서로 불신하게 되면, 제도가 양적인 척도와 객관적인 검증에만 치우치게 되어 전형 취지에 맞는 잠재력을 갖춘 인재 발굴에 한계가 있다.

셋째로, 이미 우리사회의 새로운 직업군으로 형성된 입학사정관들에 대한 지속적인 직무교육과 윤리의식 고취가 필요하다. 대학과 사회는 전문인으로 그들을 교육하고 대우해야 한다. 특히 선발에 개입되는 당사자를 대학을 홍보하는 일, 수험생 대상 모의평가 프로그램 등에 과도하게 관여시키는 것은 공정성 확보를 저해하는 요소가 될 우려가 있다.

입학사정관을 통한 선발 제도는 이런 전제들이 충족될 때에만 성적 위주의 획일적 선발 탈피와 교육 풍토 개선에 긍정적으로 기여할 수 있을 것이다. 물론, 대학입시의 경쟁률 자체가 낮아지고, 국민들의 대학 입학에 대한 인식 전환이 이루어지면서 이런 제도들은 더욱 안정적으로 정착될 것으로 생각된다.

4. 신앙인의 식탁예절[2]

신앙인의 식탁 예절에 대해 생각해 본다. 우리는 많은 시간을 먹는데 소비한다. 먹는 것은 사실 우리 생존을 위해서 필요한 것이고 즐거운 시간 행복한 시간이다. 성경에 보면 예수님께서도 많은 사람

---

2) 2008년 8월 1일, CTS 기독교TV "신앙에세이" 방영.

들과 식탁의 교제를 나눈 것을 볼 수가 있다. 초대교회 교훈서에 보면 먹는 데에 관해서 구체적으로 교훈하고 있다. 식탁의 교제를 할 때 너무 빠른 속도로 먹어서는 안 된다든지 대화를 할 때는 입에 오물이 없게 한다든지 구체적인 이야기들을 하고 있다.

우선 생각을 할 것은 식탁을 대할 때 내게 진정한 감사가 있는가 하는 것이다. 우리는 음식을 대할 때 기도한다. 우리는 작은 음료를 대할 때도 기도한다. 참으로 귀하고 아름다운 모습이다. 그런데 혹이라도 우리의 기도가 형식으로 전락한 것이 아닌가? 습관이 되어버린 것이 아닌가? 하는 생각이 든다. 그러나 습관은 좋은 의미의 습관일 수도 있다. 하지만 그 내용을 생각하지 않고 그저 형식치례가 되어버린다면 그것은 바람직하지 않은 것이다.

우리 주변을 돌이켜 보면 많은 사람들이 굶주림 가운데 허덕이고 있다. 유엔에서 나온 보고서를 보니까 2005년 기준으로 10세미만의 아동들 가운데 5명중의 1명꼴로 아직도 아이들이 죽어 간다는 것이다. 참으로 안타까운 뉴스가 아닐 수 없다. 우리도 춘궁기라는 말이 있었다. '보릿고개'라는 이야기를 들어 보았는가? 어떤 특별한 사람들만 그러한 어려움을 겪는 것이 아니고 많은 사람들이 대 다수의 사람들이 그런 어려움을 겪은 때가 있었다. 그에 비하면 우리는 너무도 많은 것을 쉽게 먹을 수가 있고 누릴 수가 있다. 우리에게 진정한 감사가 있는가? 우리가 먹을 때마다 순간순간 마다 있어야 할 것이다. 아울러 식탁을 대할 때 도덕적인 식탁을 준비하면 좋겠다. 우리가 음식을 준비하는 있어서 너무 많은 시간을 소비하거나 너무 많은 것을 소비하고 있지는 않는지 생각을 해보아야 할 것이다.

구약 레위기서에 보면 우리에게 먹어야 할 음식 먹지 말아야 할 것에 대해 구체적으로 말씀하고 있는 것을 보게 된다. 지금 우리가 복음의 시대를 살아가면서 이것은 먹고 이것은 먹지 말고 그런 차원에 말을 하는 것은 아니다. 또 비싼 음식은 무조건 잘못되었다는 말도 아니다. 우리가 음식을 접할 때 마다 한 번 돌이켜 보면서 먹자는 뜻이다. 우리가 너무 많은 것들을 낭비하고 있지는 않는가?

푸드 뱅크(Food bank)라는 말을 들어 보았을 것이다. 상품으로 팔수는 없지만 먹을 수 있는 음식을 함께 나누는 그런 제도 그런 운동들을 가리키는 말이다. 푸드 뱅크가 조금 더 활성화 되었으면 좋겠다. 본의 아니게 먹는 음식을 버리는 경우가 있다. 참으로 송구한 마음을 금할 수가 없다. 가능하다면 우리가 채식을 장려했으면 어떨까 하는 생각을 했다. 좁은 의미로 우리 모두가 채식주의자가 되자는 말은 아니다. 그러나 채식을 하게 되면 보다 더 많은 사람들이 음식을 먹을 수 있기 때문이다. 육식을 하게 되면 일단 동물을 사육해야 된다. 많은 음식들을 사육에 활용해야 되고 그 다음 과정을 거쳐서 먹게 되기 때문에 효율적인 면에서 생각해 볼 필요가 있다.

끝으로, 식탁 매너에 대해서도 생각해 본다. 이 맛이라는 것은 주관적이다. 어떤 분들은 음식 비평에 능력이 있어서 인지 모르겠지만 먹을 때마다 너무 까다롭다. 맛이 없다는 이야기를 자주 하시는데, 그럴 것이 아니라 만든 이들 제공한 사람들의 수고를 생각해서 감사한 마음으로 긍정적인 마음으로 먹었으면 좋겠다. 음식을 나눌 때는 가능한 한 밝고 감사하고 긍정적인 이야기들을 하면서 먹는 것도 다른 사람에 대한 배려가 아닐까 생각해본다.

식구라는 말을 아는가? 가족을 다른 말로 일컫는 말이다. 식구라는 말은 같이 않아서 먹는다는 이야기이다. 식탁의 교제를 함께 나누게 되면 식구가 되는 것이다. 그만큼 식탁의 교제는 우리를 사랑으로 묶는 중요한 자리인 것이다. 오늘도 식탁의 자리가 감사의 자리, 사랑의 교제의 자리가 될 수 있기를 간절히 기원한다.

5. 시묘 살이, 진정한 효인가

지난 달 말, 주요 신문과 방송 등에서 3년 간 시묘 살이를 마친 충남 서산의 유범수씨에 관한 기사들이 다루어졌다. 공영방송의 한 채널에서는 그에 관한 일화를 연작 이야기로 소상히 다루기도 했기에, 그의 시묘 살이는 많은 사람들의 입에 오르내리며 사회적 반향 또한 매우 컸다고 생각한다. 유씨는 묘지 근처의 초등학교에서 특강을 하기도 했으며, 시묘 살이 현장을 다녀간 사람도 8천여 명이나 된다고 한다. 그런데 필자는 "시묘 살이가 진정한 효인가"하는 근본적인 질문을 던져본다. 특히 그가 이제 못다 한 아버지의 시묘 살이를 위해 묘지 옆 움막생활을 1년을 연장했다는 소식을 듣고는 더욱 본질에서 벗어나고 있다는 생각을 하게 된다.

세계 최고의 이혼율과 부모에 대한 학대 등의 뉴스가 판을 치는 세상에 돌아가신 어른을 위해 시묘 살이를 한다는 것은 상당한 감동을 주었고 부모 공경의 자세를 고취시킨 긍정적인 기능이 있다. 필자의 경우, 1년에 한두 차례 성묘 가는 것도 쉽지 않은 일이었음을 돌이켜 볼 때, 유씨가 한 일은 이런 면에서 일단은 존경스럽기도 하다. 돌아가신 부모에 대한 애정과 솔직하게 자신의 불효를 고백하는 모습도 교육적으로 귀감이 된다고 생각한다. 그런데 유씨의 행위는 다음과 같은 아쉬움이 있을 수 밖에 없다.

첫째로, 유씨가 분묘 옆에 움막을 짓고 생활하는 것이 진정한 효인가하는 점이다. 돌아가신 조상이 후손들에게 기대했던 것은 무엇일까? 자신의 일과 가정에 충실히 생활하는 것이 공통적이며 기본적인 바람일 것이다. 기사에 의하면 유씨의 가족들이 경제적으로도 상당히 어려움을 겪고 있는 것으로 보이는데 이는 매우 안타까운 일이다. 가장 및 사회인으로서 마땅히 해야 할 일을 감당하는 것이 우선적인 효가 아닌가? 효는 부모의 유지을 받들며 부모의 이름에 영광이 되게 하는 것인데, 돌아가신 유씨의 부모들이 지금 그의 모습을 진정 기뻐할 것인가? 내용을 담은 형식과 전통의 고수는 여러 면에서 긍정적인 기능을 갖고 있다. 그런데 그 형식이 도를 넘게 되면, 이른 바 '형식주의'가 되어 여러 폐해를 드러내게 된다. 유씨는 이제라도 삶의 자리로 돌아가서 생업과 가장으로서의 역할에 충실해야 할 것이다.

둘째로, 야산에 움막을 짓고 생활을 하는 것은 환경보전 측면에서도 결코 바람직하지 않다. 법적으로 농사를 짓기 위한 농막은 허가가 되어도, 무덤을 지키기 위한 움막은 허락되지 않는 것으로 알고 있다. 상하수도도 없는 상황에서 장기간 생활을 하는 것은 개인 위생면에서도 좋지 않을뿐더러 부수적인 자연 파괴를 수반하게 된다. 이를 따라하는 사람이라도 생기게 되면 문제는 상당히 심각해진다. 가정이긴 하지만 사람들 모두가 돌아가신 부모를 위해 움막을 짓고 시묘 살이를 한다고 상상을 해보라. 소위 이 행위의 '보편화 가능성'

을 생각하면 이 일은 분명히 많은 문제점을 안고 있다.

우리 사회의 비뚤어진 장묘 문화는 상당히 뿌리가 깊다. 전에 비해 여러 면에서 개선되고 있지만, 매장보다 납골묘를 장려했더니 썩지도 않는 돌로 거대한 납골묘를 만들어 환경적인 문제가 더욱 심각하게 등장하는 등 아직도 개선해야 될 부분이 많다. 여기에 시묘 살이의 행태가 더해지면 큰일 날 일이다. 이제 언론도 포퓰리즘의 시각에서 시묘 살이를 다룰 것이 아니라 비판적인 시각에서 접근해야 할 것이다.

유씨의 행위는 여러 면에서 효의 자세를 회복하게 하는 계기를 제공해 주었다. 이제 한 단계 승화된 효에 대한 해석과 삶의 실천과 있기를 기대한다.

6. 지혜로운 쉼의 자세3)

오늘 어떤 일을 하면서 살고 계십니까? 우리가 일할 수 있다는 것은 참 행복한 것이다. 자아실현의 과정에 있어서 일은 매우 중요한 요소이다. 더 나아가 신앙적인 면에서 보더라도 일은 매우 중요한 행위이다. 하나님이 우리에게 베풀어주신 은혜요, 은총이라고 할 수 있다. 일할 수 있는 기회가 있을 때 또 능력이 있을 때 일하지 않고 게으름을 피운다면 그것은 잘못 된 것이다. 도덕적으로도 그러하고 신앙적으로도 그러하다. 우리는 기회가 있을 때 열심히 일해야 한다.

---

3) 2008년 6월 25일, CTS 기독교 TV "신앙에세이" 방영.

요즘 중독이란 말이 많이 사용되는데, 일 중독증은 가장 대표적인 중독 가운데 하나이다. 영어로 '워크홀릭(work holic)' 이라고 한다. 게으름을 피우는 것도 문제이지만 일에 대한 욕심이 너무 과한 것도 문제이다. 강박증적인 증세를 나타낼 경우가 있다. 일에 대한 집착과 욕심이 너무 과할 때 그것은 문제다. 얼핏 보면 "그 사람 참 열심히 일한다. 그 사람 참 정열적이다" 라고 평가될 수도 있지만, 만약 일 중독증에 해당된다면 그것은 병이다. 병 중에서도 아주 중대한 병에 해당되는 것이다. 성경에 보면 하나님께서도 쉬셨다. 하나님께서는 엿새 동안 창조의 역사를 행하신다. 그리고 그의 뜻에 따라서 계획을 마치시고 난 후, 하나님께서도 쉬신다. 그리고 우리에게도 쉬라고 명하신다.

이제 이 안식은 예수의 부활과 관련되어서 기독교 안에서 주일제도로 정착하게 되는 것이다. 예수께서도 쉬는 모습을 우리에게 보여주셨다. 하나님의 아들 예수께서 쉬셨다는 것은 우리에게 큰 위안이 된다. 구령사업과 다양한 일에 예수께서는 얼마나 매진하셨는가? 그러나 동시에 피곤에 지쳐서 때로는 쉬고 계신 모습을 우리는 성경에서 발견하게 된다.

이제 쉼과 관련해서 몇 가지 생각해볼 것이 있다. 우선 우리가 쉴 때는 쉼 그 자체에 충실해야 한다는 것이다. 다시 말하면 쉰다고 해 놓고 쉬지 못하는 경우가 종종 있다는 것이다. 6월이면 대학교는 방학에 들어간다. 연중 휴가라고 하지만, 7~8월이 되면 많은 직장인들이 여름휴가를 사용하는 것으로 보인다. 그리고 휴가철에 많은 사람들이 계획하는 것이 여행이다. 낯선 곳에 가는 여행은 여러 면에서 참 좋은 것이다. 그런데 여행도 또한 과할 때가 있다. 심지어는 하루에 서너 도시를 방문하기도 하고, 도시가 아니라 서너 나라를 구경하는 사람을 본 적도 있다. 결국, 너무 많은 목표를 갖다보면 제대로 쉬지 못한다는 것이다. 오히려 그것이 하나의 일이 되어버리고 만다.

아울러, 교회에서 진행되는 여름행사와 쉼을 한번 연관시켜 본다. 여름성경학교 캠프를 비롯해서 많은 행사들이 여름에 있다. 전통적으로 중요한 행사이다. 그런데 실무자들의 이야기를 들어보니 전에 비해서 여름행사에 대한 호응도가 많이 낮다고 한다. 생각해볼 문제이다. 특히 여름에는 교통량이 많기 때문에 사고의 위험이 있다. 또 익사 사고의 위험도 있는 것으로 안다. 가끔씩 원치 않지만 여름행사와 관련해서 교회들이 겪게 되는 사고의 소식을 접하게 된다. 여름행사를 하지 말자는 것은 아니다. 그러나 혹시라도 전에 해왔기 때문에 관행적으로 하고 있다면 목표를 재점검할 필요가 있다는 것이다. 새로운 방식을 찾아볼 필요성도 있다고 생각한다. 잘 쉬는 것은 꼭 필요하다. 잘 쉬게 될 때 우리는 건강함을 얻게 된다.

제17장

고린도전서 10:13-33을 통해 본 신앙과 윤리*

1. 고린도와 고린도교회

성경에 기록된 바울 사도의 교회를 향한 서신 가운데 하나는 고린도전서이다. 고린도전서를 읽다보면 초대교회의 형성기에 있어서 고린도 교회의 상황을 바로잡기 위한 바울의 윤리적 측면에서의 고민들을 접하게 된다. 우선, 이 고린도란 도시는 어떤 도시였으며, 무엇 때문에 고린도교회는 특수하고도 다양하며 복잡한 상황이 전개되었

---

* 이 장은 백석대학교 논문집 『진리논단』, 2008년도, 제16집에 게재된 "고린도교회의 윤리적 문제들과 해결에 관한 소고"를 수정·보완한 것입니다.

는지에 대해 의문을 갖지 않을 수 없다. 또한 고린도 교회에서 발생했던 문제들은 오늘날 신앙생활을 하는 우리에게 있어서의 고민들과 문제점들과도 상당히 비슷한 점들이 많다. 성경의 가르침은 약 이천년이라는 시간과 공간의 한계를 넘어서서, 많은 문제와 갈등을 안고 살아가는 현대의 신앙인들에게 바른 윤리적 삶의 방향을 제시해 주며, 바람직한 삶으로 인도해 주는데 완벽한 지침서의 역할을 한다. 기독교 윤리의 기준은 기본적으로 계시의 말씀인 성경이기 때문이다.

필자는 당시 고린도 교회에서 일어났던 문제들에 대한 성경의 가르침 중에 사도시대 당시 고린도교회의 배경 및 상황을 살펴보고 고린도전서 10장에 나타난 우상의 제물(祭物)과 관련된 성경의 가르침을 하나의 예로써 살펴보는 가운데, 고린도교회의 기독교 윤리적 입장과 특징을 정리해 보고자 한다.

2. 고린도의 역사와 고린도교회

고린도는 고대 그리스 제국의 여러 도시 중 하나였다. 고린도는 B.C 146년 로마에 의해 파괴되었다가 B.C 44년 로마제국의 율리우스 시저 황제에 의해 동서와 아프리카를 연결하는 상업 및 무역 중심의 항구 도시로 재건되었다.[1] 재건된 도시는 로마의 속령(屬領)이었던 관계로 그 주민들은 주로 로마인이었다. 그리스인들은 처음에는 고린도에 정착하기를 꺼려하다가 결국은 상당수가 들어와 살게 되었

---

1) 장종현 외 1명, 『사도 바울』, (서울: 기독교연합신문사 2001), p. 221.

다. 아울러 주민들 중에는 유대인들도 제법 많았기 때문에, 회당까지 세워지게 되었다고 성경은 말하고 있다.[2] 다른 도시들과 마찬가지로 로마인들의 상당수는 문화적으로 로마적인 특색을 가지고 있었다. 이런 면은 상당수의 라틴계 이름이 신약 성경에서 고린도와 연결되어 있는 것에서도 찾아볼 수 있다. 그러나 그들의 사고 구조는 그리스적이었음을 바울이 보낸 편지 속에 제기된 문제들 속에서 볼 수 있다. 에드워즈는 고린도를 이렇게 평한바 있다. "그곳은 그리스의 도시들 중 가장 비 그리스적이고 그 당시의 로마 속령 중 가장 비 로마적이었다."[3] 고린도는 좁은 지협에 위치하여 본토인 그리스와 펠로폰네소스 반도를 연결하는 교두보(橋頭堡)였다.[4] 이런 지정학적 위치 때문에 그리스와 펠로폰네소스의 모든 교통수단들이 이곳을 통과하였으며, 특히 상인들에게 있어서 고린도를 통과하는 길은 멀리 펠로폰네소스를 돌아 항해하지 않고도 동서를 오갈 수 있는 가장 짧은 지름길이었다. 또 고린도에서 지협 한쪽에서 반대쪽으로 작은 배들을 옮길 수 있는 조선대가 있었으며, 고린도 동편 겐그레아(Cenchrea)와 서편 레카에움(Lechaeum)에는 항구도 있었다. 훗날 네로 황제는 이 지협에 운하를 건설하려고 시도했다.[5] 따라서 바울이 그곳에 도착했을 때 고린도는 문화적으로는 강력한 그리스 철학과 종

---

2) 사도행전 18:4에 보면 "안식일마다 바울이 회당에서 강론하고 유대인과 헬라인을 권면하니라"라고 기록되어 있다.

3) 모리스 타스키, 『틴델 주석: 고전&고후』, (서울: 기독교문서선교회 1983), pp. 17-18.

4) 고린도 운하는 폭은 작지만 깊이는 상당하며, 잠수교가 설치되어있다. 고린도의 잠수교는 서울 한강의 잠수교와는 달리 이동식 잠수로 큰 배가 들어 올 때는 다리를 완전히 물 밑으로 가라 앉혀 배가 지나가는 방식이다.

5) 하워드 마샬 외 2명, 『서신서와 요한계시록』, (서울: 한국성서유니온선교회 2007), p. 135

교의 영향 아래에 있었고, 행정적으로는 로마 제국의 통치 아래에 있었으며, 아가야 지역의 행정상의 수도로서 총독이 거주하는 도시였으며, 결국 그리스 지역에서 가장 크고 번창한 도시를 이루고 있었다.[6]

셰익스피어의 희곡에 고린도 사람이 등장을 하면 대개는 술주정뱅이라고 할 만큼, 고린도는 지역사회 자체만으로도 도덕적으로 많은 문제를 갖고 있었다. 그 지역에 위치했던 고린도교회 역시 많은 문제로 시달렸다. 고린도의 역사적 배경과 관련되어 거주하는 사람들의 문화의식을 엿볼 수 있다. 그들에게 있어서 물질과 부는 온갖 종류의 사치를 조장하는 경향이 있기 때문에, 고린도는 부와 예술로 유명한 장소가 되고 결국 온갖 종류의 악으로 악명을 떨치게 된 것역시 조금도 이상하지 않았다.[7] 따라서 고린도의 윤리적 타락은 그 문화적인 발전 정도만큼이나 다양하게 나타났다. 그리스 종교의 폐해로 여 사제들과 순례자들과의 행음이 자행되었으며,[8] 많은 그리스 신의 신전이 세워져 우상 숭배가 범람했다. 그들이 주로 섬긴 신은 미와 사랑의 여신인 아프로디테였다. 아울러 사상적인 면에서는 그리스 철학의 영향을 받아서 바울이 전한 '십자가의 복음'과 '십자가의 신학'을 그리스 문화의 배경 아래 '영광의 신학'으로 곡해한 측면도 있다고 볼 수 있다. 바울이 전한 복음은 예수님의 십자가와 부활에 근거를 둔 '이미'와 '아직'의 수평적이며, 역동적인 종말론 및 구원론을 제시하고 있음에도 불구하고, 고린도 교인들은—특별히 여성

---

6) 장종현, 최갑종 공저, 『사도 바울』, (서울: 기독교연합신문사 2001), p. 221
7) 매튜헨리, 『로마서&데살로니가후서 : 매튜헨리 주석』, (고양: 크리스챤다이제스트 2007)
8) 장종현 외 1명, 『사도 바울』, (서울: 기독교연합신문사 2001), p. 221

교우들을 중심으로—바울의 복음과 그의 구원론을 당대 고린도 지역에 풍미하던 그리스 사상의 이데아와 현상, 영혼과 육체를 나누는 수직적이며 정적이며 존재론적인 이원론을 토대로 이해하려 한 경향이 있었다. 고린도인들의 바울이 전한 복음에 대한 잘못 된 이해 및 그릇된 신관은 특히 그리스 사상에 따른 잘못된 구원 이해 및 성령 이해와 불가분의 관계를 갖고 있다고 볼 수 있다.[9]

3. 고전 10:13-33에 나타난 고린도의 사회·문화적 배경

고린도에는 그리스 사상과 연관된 수사학자와 철학자들이 많았다. 이들은 허망하고 자만으로 가득 차 있고 복음의 단순한 교리를 경멸하기 쉬운 사람들이었다. 왜냐하면 복음은 질문하고 논쟁하는 성질의 호기심을 채워 주지도 않았고, 재치 있는 연설과 유수 같은 말로써 귀를 즐겁게 하지도 않았기 때문이다. 이러한 이유로 고린도인들의 학문적인 교만은 많은 사람들을 혼란에 빠뜨리고 성경을 궤변론자들처럼 따지고 논쟁하기를 즐겨했다.[10]

초대교회는 윤리적인 면에서도 강력한 지도력을 갖고 있었다. 당대의 문화나 윤리적 태도와는 대조적인 사도시대의 기독교가 개인의 삶에 미친 보편적 특징은 다음과 같은 것들이다. 높은 도덕적 경지, 높은 경건의 자리, 하나님의 영광과 구원의 추구를 통한 그리스도와

---

9) Ibid. p. 228-229
10) 매튜헨리, 『매튜헨리 주석: 고린도서』, (서울: 기독교문사 1994), p. 26

의 생명의 연합 등이다. 특별히 이러한 기독교의 윤리는 약자인 종들과 여성들에게 큰 영향을 끼친 것으로 드러나고 있다. 예를 들어 신약성경에 등장하는 여성들에게서 여러 가지 복음의 도덕적 영향력을 엿 볼 수 있다. 이에 관해서 교회사가인 필립 샤프는 이렇게 설명하고 있다. "당시에 유대교와 이교 세계를 막론하고 노예의 지위에 있던 여성들을 기독교는 본연의 도덕적 존엄성과 중요성의 지위로 끌어올리고, 남성들과 동일한 구원의 후사로 만들고(벧전 3:7; 갈 3:28), 고상하고 훌륭한 덕을 발휘할 수 있는 장을 열어 주되 현대의 박애주의를 가장한 여성해방운동 방식으로 여성을 본연의 가정생활에서 떠밀어내어 가장 아름다운 장식과 독특한 매력을 박탈하는 일을 하지 않는다."11)

사도시대 당시 고린도 사람들의 중요한 관심에 대하여 최갑종 교수는 주요 관심사를 다섯 가지 특징으로 꼽았는데, 문화와 관련된 특징으로 볼 수 있는 내용은 다음과 같다. "첫째, 어떻게 남보다 더 잘 살 수 있겠는가? 고린도에서는 돈이 있으면 무엇이든지 할 수 있다는 사상이 팽배했고, 부를 통해 신분 상승을 꾀하는 풍조가 있었다. 둘째, 어떻게 자유로운 자가 될 수 있는가? 특별히 노예들, 여인들 가운데서 돈, 연줄을 통해서 자유를 회복하고자 했다. 여인들은 신전에 헌신함으로써, 즉 신전 여인이 됨으로써, 남자들 우위에 서는 자유로운 여인이 되고자 했다."12)

---

11) 필립샤프, 이길상 역, 『사도적 기독교』(고양: 크리스챤 다이제스트, 2004), p.354.
12) 장종현, 최갑종 공저, 『사도 바울』(서울: 도서출판 UCL, 2008), p.237.

4. 고린도전서 10:13-33절을 통해본 신앙과 윤리

성경 본문에 나타나는 주요한 문제와 바울의 가르침은 다음과 같다. 우선 고린도교회는 풀어야 할 많은 문제를 갖고 있었고, 사도 바울은 이에 대해 막연한 이론이 아니라 문제를 풀어나가기 위한 구체적인 권면을 제시하고 있다. 10장 전체의 내용을 고려해보았을 때, 10장에서의 핵심적 가르침은 바로 '우상 숭배에 관한 논란'이다. 그런데 책의 앞부분인 제 8장에서 이미 우상 숭배의 문제는 이미 다루어 진 바가 있다. 8장을 살펴보면, 우상 숭배와 관련해서 특히 '이방 신전에 바쳐진 음식의 문제'를 중심으로 다루고 있다. 즉 8장과 10장에 있어서의 윤리적 관점 및 논의의 차이점은 8장에서는 제사에 바쳐졌던 음식을 먹는 행위를 주로 언급하며, 10장에서는 제사 자체를 드리는 행위에 대해 언급한 것이다. 즉 제사에 쓰였던 음식이 아닌 제사를 드리는 행위를 행한 사람들이 초점이라고 할 수 있다.

8장에서 바울 사도는 모든 음식은 하나님께서 우리에게 주신 것으로 누구나 먹을 수 있다고 말했다. 그것은 제사에 참여하지 않은 사람의 개인적 신앙의 문제이기 때문이다. 중요한 것은 모든 것이 하나님이 만든 것으로 선하게 창조되었음을 기억하는 것이다. 그렇지만 음식을 먹는 것이 가능하나, 내가 우상에게 바쳐졌던 것을 먹을 수 있는 믿음의 굳건함이 있다고 하더라도 만약 믿음이 연약한 자가 자신의 먹는 것을 보고 '이방신에게 바쳐졌던 것을 먹다니'라는 마음을 품어 시험에 들게 될까봐 먹지 않는다고 말하고 있다.

10장에서 바울은 우상 숭배를 하는 것은 하나님께서 가장 가증히 여기는 일이라는 핵심적인 신앙을 밝힌다. 그러면서 고린도교회를 향해 이방인들의 우상을 섬기는 일에 대해 경고하며, 오직 참신이고 한분인 하나님만을 섬겨야 한다는 것을 강조하고 있다. 이런 면에서 8장은 형제와 이웃 사랑을 음식과 관련하여 실천하는 윤리적 덕목을 강조한 것이며, 10장은 하나님만을 믿고 사랑하라는 십계명의 제일 계명에 입각하여, 우상숭배에 대하여 심각한 경고를 하고 있는 것이라고 설명할 수 있을 것이다. 그러므로 사도 바울은 지식은 사람을 교만하게 하며, 사랑은 덕을 세운다는 결론을 내리고 있다. 즉 8장에서는 십자가의 수평적인 의미인 형제와 이웃사랑에 근거한 사랑의 윤리를, 10장에서는 하나님께서 인류를 먼저 사랑하셨기에 꼭 하나님을 사랑해야만 하는 하나님의 사랑에 관한 수직적 의미로서의 십자가 사랑을 말하고 있는 것이다.

우상에 관한 성경의 언급을 보면 예나 지금이나 우상은 이 세상에서 아무것도 아니라는 것이다. 하늘에나 땅이나 신이라고 칭하는 자가 많이 있으나, 진정 하나님은 곧, 우리가 믿고 고백하는 하나님 아버지 한 분 밖에 계시지 않다는 것이 기독교의 중요한 신앙고백이다. "만물이 그에게서 나왔고, 우리도 그를 위하여 사는 것이며 또한 한 주 예수 그리스도께서 계시니 만물이 그로 말미암고 우리도 그로 말미암았다"고 성경은 분명히 말씀한다.[13]

8장과 조금 다르게, 10장에서는 우상 숭배와 관련해서 시장에서 판매되거나 혹은 다른 집에 방문했을 때 접하게 되는 제물에 관하여

---

13) "비록 하늘에나 땅에나 신이라 불리는 자가 있어 많은 신과 많은 주가 있으나, 그러나 우리에게는 한 하나님 곧 아버지가 계시니…" 고전 8:5-6 참조.

교훈하고 있다. 역시 그리스도인은 이 문제에 대하여 자유로울 수
있다는 점이다. 그러나 기억해야 할 것은 이것이 나 자신만의 문제
가 아니라 교회 공동체 안에 속한 다른 사람의 신앙과 성숙도도 함
께 고려해서 행동해야 한다고 말한다. 구체적으로 시장에서 물건을
살 때는 자유롭게 구입할 수 있다고 기록되어 있다. 그런데 그 배경
을 살펴 볼 필요가 있다. 대부분의 종교에서 중요한 제사 의식에는
동물의 희생이 따르게 되고, 거기서 생겨나는 부산물로써 고기가 거
래된다. 본문은 신자들이 시장에서 파는 것에 대해서는 그것이 우상
에게 제물로 바쳐진 것인지 아닌지에 대해서 양심을 위하여 묻지 말
고 먹으라고 충고한다. 이유는 "땅과 거기 충만한 것이 모두 주의 것
이기 때문"이다. 혹 이방 신전에서 그 음식에 대해서 어떤 종교적인
일이 벌어졌다고 하더라도 사실 모든 음식은 하나님께서 창조하신
것이고 우리에게 선물로 주어진 것이기 때문이다. 이미 고린도 교회
의 상당수 신자들도 이렇게 생각하고 있었다.

또 다른 문제는 불신자의 집에 초대 받았을 때, 우상의 제물로 여
겨지는 음식이 있을 수 있다. 이런 경우에는 차려 놓은 것에 대해 양
심을 위해 묻지 말고 먹으라고 기록하고 있다. 만약 음식에 대해서
물어보고 나서 먹기를 거절하는 것은 예의에도 어긋나는 일이기 때
문이다. 그러나 한 가지 생각해야 할 경우가 있는데, 누군가 "이것이
제물이다"라고 명백히 말하는 경우이다. 바울은 그런 경우에는 믿음
이 연약한 자를 위해서 그 제물은 먹지 말아야 한다고 언급하고 있
다. 중요한 이유는 공동체의 덕을 세우기 위한 것이다. 교회는 그리
스도의 몸으로서 공동체로 존재한다. 간혹 교회라고 하면 교회의 가
시적인 건물부터 생각하기 쉽지만, 교회는 성도들의 모임 즉 공동체

를 말하는 것이다. 심한 경우는 교회를 가시적인 조직, 공간 속의 건물을 중시해서 고린도교회, 갈라디아교회, 라오디게아교회 등도 교회의 구체적인 장소를 궁금해 하기도 하지만 이런 질문에 대한 답을 찾는 것은 의미 없는 일이라고 할 수 있다. 성경에서 말하는 교회는 보이지 않는 공동체이다. 윤리적 입장에 있어서 개인과 공동체 중에서 무엇이 우선인가에 관한 논쟁이 있을 수 있으나, 교회 공동체를 생각해야하는 것은 중요한 고려사항이다. 교회 공동체 안에서 발생하는 문제들도 결국은 자신의 유익을 구하는 것이 아니라, 타인의 유익을 고려하여 그 문제에 자유롭지 못한 성도를 위해 삼가야 한다는 것이 성경의 권면이다.

아울러 10장 21절인 "주의 잔과 귀신의 잔을 겸하여 마시지 못하고 주의 상과 귀신의 상에 겸하여 참예치 못하리라"는 말씀은 매우 깊은 의미를 담고 있다. 혹 교회 안에서 아직도 우상 숭배나 제물에 관한 문제가 등장한다는 말인가라고 생각할 수 있다. 우상을 너무 좁은 범위에서만 생각해서는 안 된다. 본문의 일차적인 의미는 예배나 성례전에 참여하는 것과 생활 속에서의 순결이 조화를 이루어야 한다는 점을 지적한 것으로 볼 수 있다.[14] 결국 이 문제는 현대 사회 속에서 보면 신앙과 문화의 관계를 어떻게 정립하는가에 관한 문제라고도 해석될 수 있을 것이다.

---

14) 하워드 클락 카이 저, 서중석 역, 『신약성서이해』 (서울 : 한국신학연구소, 1993), p.380.

5. 신앙과 문화의 바람직한 관계

1) 대중문화 및 매체의 적극 활용

그동안 타종교나 천주교에 비해서 기독교계는 "오른손이 하는 일을 왼손이 모르게 하라"는 성경 말씀에 너무 문자적으로 충실하려고 했는지도 모른다. 예를 들어서 가장 많은 복지기관과 학교를 운영하면서도 그렇게 도덕적인 집단으로 평가받지 못하고 있다면 억울한 일이 아닌가? 요즘은 보수와 진보를 막론하고 대다수의 교회가 사회봉사를 담당하고 있다. 물론 봉사의 진정성을 전제로 하는 것은 당연하지만 다양하게 전개되는 사회 복지 및 봉사활동의 영역을 좀 더 문화적으로 개발, 다양화하고, 무엇보다 대중매체를 통한 홍보가 필요하다는 점을 간과해서는 안 된다.

얼마 되지 않은 재정을 투입하면서도 시민단체의 구제와 봉사는 사회적인 반향을 일으키는 경우가 많은데, 한국교회는 많은 것을 주면서도 인정받고 있지 못한 경우가 많았다. 여러 원인이 있겠으나, 대중매체의 활용에 소극적이었던 것도 하나의 원인일 수 있다. 기독교를 통해서 행해지고 있는 다양한 노인복지 및 장애인 대상 프로그램, 외국인 노동자를 위한 봉사, 소외계층의 교육과 물질적 후원 등 사회와 지역 사회를 위한 봉사가 단순한 전도의 방편이 아니라 사회를 위한 봉사와 섬김이라는 것을 어떻게 느끼게 해 줄 수 있을 것인가? 교단 및 교회의 홍보는 기독교 언론이나 교단지 만을 대상으로 해서는 한계가 있다. 다수의 사람들에게 영향력을 주고 있는 대중매체를 활용해야 한다.

2) 기독교적 덕성과 전문성 확보

'목사 및 목회자, 기독교 관련자들의 윤리'에 대한 강조가 어제 오늘의 일은 아니며, 부단히 강조할 필요가 있는 것은 목사의 성직으로서의 특수성 이전에 전문직 직업윤리 차원에서의 정립이라도 이루어 질 수 있어야 한다는 점이다. 무어(Moore)는 전문직의 특성을 다음과 같이 설명한 바 있다. ① 고도의 지적인 훈련을 필요로 하며, 일정한 자격을 요구한다. ② 공공에 대한 봉사를 주된 목표로 삼으며, 기술과 지식을 사회적으로 유익하게 사용할 책임을 진다. ③ 금전적 보수를 일차적 목적으로 추구하지 않으며, 물질적인 부의 획득을 직업상의 성공과 무관한 것으로 간주한다. ④ 업무수행에 있어서 자유를 중시하며, 원칙적으로 자율적인 책임을 진다.

성경의 가르침과 교리를 적용하기 이전에 전문직이 요구받고 있는 직업윤리적 기준을 충족하기 위한 노력이 목회자, 신학자, 기독교 관련 지도자 등 우리 모두에게 요청되고 있는 것이다. 슐라이어마허는 교회는 국가로부터 자유로워야 한다는 점을 강조하면서 평신도나 성직자 자신들의 폐쇄적 결합을 경계한바 있다.[15] 그의 경고는 개인적인 이해관계를 앞세우거나 신앙적 연대를 빙자하여 '연고'를 내세우기 쉬운 한국적 상황에 적용시켜 볼 수 있을 것이다. 오직 목사들 앞에는 '회중' 들만 있을 뿐이며, 어떤 특정한 양떼를 위한 목사만이

---

15) Ibid. p. 187 참고.

아니라는 점을 지적하기도 하였다. 아울러 신학 및 기독교 관련 학문의 전문성 확보가 요청된다. 십여 년 전에는 학문분류의 위상에 있어서 종교 연구의 한 분과로 취급받는 경우가 많았던 신학이 이제는 인문학의 중요한 갈래로 자리매김해가는 중요한 단계에 있다. 신학의 독특성은 아무리 강조해도 지남침이 없지만, 인문학의 한 분야로 기본적인 전문성을 확보하는 일 또한 매우 중요하다.

3) 기독교 고유의 영성 회복

학자 및 전문직 윤리의 강조와 함께 고려해야 할 문제는 목사의 영성 회복이다. 특히 개별 교회를 담임하거나 예배의 인도자로 서는 목사들에게는 가장 절실한 문제이다. 기독교학문 및 신앙과 학문의 통합 등이 활발히 논의 된다고 하더라도 목사에게는 직능에 합당한 차별성이 확보되어야 한다. 과거에 비해 평신도들의 교회활동 및 사역 참여가 다양해지고 양적으로 많아졌다고 하더라도, 목사의 고유적인 직능과 역할은 있다는 것이다. 동양 신비종교나 천주교로 개종하는 사람들의 많은 경우가 성직자가 갖고 있는 신비감이나 그 차별성에 의존하는 경우가 많음을 고려할 필요가 있다. 즉 신자들은 많은 경우에 성직자에게 무언가 특별한 모습이 있기를 기대하는 것이다. 한 사람이 특정한 종교를 받아들이는 과정에는 개인적인 성향들을 드러내는데 일반적으로 ① 심하게 느껴지는 지속적인 긴장의 경험, ② 그 문제를 종교적으로 파악하고 해결하려는 전망, ③ 자신을 종교적 구도자로 규정하는 자세 등을 필요로 한다.

루돌프 오토(Rudolf Otto, 1869-1937)는 누미노제(Numinose)란 용어를

통해 종교를 설명한 바 있다. 오토는 이런 누미노제 경험이 모든 종교의 핵심이라고 보았다. 그에 따르면 누미노제 경험은 두려움과 경외심을 불러일으키는 동시에 매혹적이기도 한 '신비에 대한 경험(mysterium tremendum et fascinans)'이다. 기독교의 영성을 직접 언급한 것은 아닌 비교종교학적 맥락에서의 논의이긴 하지만, 기독교 고유의 영성이 중요함을 확인하게 해주는 대목이다. 전에 비해 다양해지고 자유로워진 예배 형태와 함께 목사들과 회중들이 근접하는 계기가 많으며, 전도집회가 아닌 일반 토크쇼 등에도 목사가 등장하는 경우도 있다. 영향력 있는 매체를 통해 다수를 향해 복음을 전하는 계기를 갖는다는 것은 좋은 일이다. 그러나 냉정하게 따져보아야 할 문제가 있다. 매체를 통해 등장하는 소수의 목사들은 본인이 기독교적 세계관과 가치관을 간접적으로라도 전달하고 있다고 생각할지 모르나 일종의 가학적인 만족을 추구하고 있는 사람도 있다는 점이다.

과학문명과 물질주의가 팽배할수록 종교 본연의 기능과 역할은 역설적으로 더 필요성을 갖게 된다. 교회를 교회 되게 하는 것, 목사를 목사 되게 하는 것은 무엇인가라는 근본적인 질문을 다시 던져보게 된다. 결국, 본질적인 것과 부수적인 것의 구별이 필요하다. 기독교와 목사는 가장 '종교적'인 기능을 수행하게 될 때, 하나님 나라의 확장 및 기독교의 사회적 인정 및 영향력 증가라는 결과를 가져올 수 있을 것이다. 기독교는 제 종교 가운데 하나로 있기를 원하지 않고, 그것을 넘어서는 영향력을 갖기를 원한다. 그러나 이를 위해서는 기본적이며 공통적인 종교로서의 위상과 성직자의 이미지가 확보되어야 한다.

기독교의 교회는 교파성을 갖고 주거지역에 밀접하게 자리하고 있고 성직자 독신주의나 소종파적 성격을 배격하고 사회적 연대감을 강조한다. 때문에 특유의 종교성을 유지 보전하는데 어려움이 있을 수 있다. 기독교가 우리 사회에서 영향력 있는 종교가 되고 많은 사람들이 교회로 들어오는 분위기가 되기 위해서는 목사의 긍정적 이미지와 특유의 종교성 제고가 중요한 것이다.

6. 책임적인 개인과 교회

지금까지 고린도전서 10장에 나오는 제물과 제사와 관련된 성경적 가르침을 정리하면서 오늘 우리에게 주는 의미를 살펴보았고, 그 하나의 적용으로 문화에 대한 적극적인 개혁의 입장에 대해 논의해 보았다. 한국교회가 그동안 윤리적 실천이 약하다는 평가를 받게 된 데에는 윤리를 강조하면 율법주의나 공로주의적인 구원을 강조하는 것으로 잘못 생각하는 경향도 있었음을 부정할 수 없을 것이다. 행위로 구원을 이루는 것은 아니지만 구원 받은 개인과 공동체라면 변화된 행동을 수반하게 되는 것이다. 전혀 어울리지 않을 것 같았던 기업과 윤리가 매우 중요하게 연계되어, 이제는 기업조차 윤리적이지 못하면 경쟁력을 잃게 되는 상황이 전개되고 있다. 고린도 교회가 당면했던 문제들 보다 더 다양하고 복잡한 상황이 우리 앞에 전개되고 있다. 따라서 보다 책임적인 개인과 교회가 되기 위해서 성경의 가르침에 대한 적실성 있는 재해석과 실천을 통해 한걸음 더 나아가는 노력이 필요한 것이다.

참고문헌

김용옥, 『선교 70주년 기념 신약성서주석: 고린도 전서』 서울: 대한기독교서회 1961.

김지철, 『대한기독교서회 창립 100주년 기념 성서주석: 고린도전서』,서울: 대한기독교선교회, 1999.

매튜헨리, 『매튜헨리 주석: 고린도서』, 서울: 기독교문사, 1994.

매튜헨리, 『로마서&갈라디아전후서: 매튜헨리 주석』, 고양: 크리스찬다이제스트 2007.

모리스 타스키, 『틴델 주석: 고전&고후』, 서울: 기독교문서선교회 1983.

브루스 B. 바튼 외 3명, 『LAB 주석 시리즈: 고린도전서』, 서울: 한국성서유니온선교회, 2004.

알버트 반즈, 『반즈노트: 고린도전서』, 서울: 크리스찬서적 1993.

이상근, 『신약주해 고린도서』, 서울: 대한예수교장로회총회교육부, 1985.

이상근, 『신약성서주해: 고린도전후서』, 서울: 성등사 1969.

장종현, 최갑종 공저, 『사도 바울』, 서울: 기독교연합신문사, 2001.

전경연, 『한국주석: 고린도전서』, 서울: 성서교재간행사, 1989.

존 칼빈, 『칼빈성경주석』, 서울: 성서교재간행사, 1992.

코넬리스 반더발, 『반더발 성경연구 3』, 서울: 줄과추, 1999.

필립샤프, 이길상 역『교회사 전집1: 사도적 기독교』, 고양: 크리스찬 다이제스트, 2004.

David E. Garland 『The New American Commentary』, Nashville: Broadman & Holman Publishers, 1999.